本书系教育部人文社会科学研究青年基金项目"清朝索伦部与满洲关系研究"（14YJC850006）最终成果

国家社会科学基金青年项目"饶应祺治理新疆研究"（16CZS068）阶段性成果

本书得到陕西学前师范学院"中国史"重点学科资助

黄彦震 著

清朝索伦部与满洲关系研究

中国社会科学出版社

图书在版编目（CIP）数据

清朝索伦部与满洲关系研究 / 黄彦震著 . —北京：中国社会科学出版社，2021.4

ISBN 978-7-5203-7855-0

Ⅰ.①清… Ⅱ.①黄… Ⅲ.①索伦部—关系—满洲—研究—中国—清代 Ⅳ.①K289

中国版本图书馆 CIP 数据核字（2021）第 022857 号

出 版 人	赵剑英
责任编辑	安　芳
责任校对	张爱华
责任印制	李寡寡

出　　版	中国社会科学出版社
社　　址	北京鼓楼西大街甲 158 号
邮　　编	100720
网　　址	http://www.csspw.cn
发 行 部	010-84083685
门 市 部	010-84029450
经　　销	新华书店及其他书店
印刷装订	三河弘翰印务有限公司
版　　次	2021 年 4 月第 1 版
印　　次	2021 年 4 月第 1 次印刷
开　　本	710×1000　1/16
印　　张	17.75
字　　数	302 千字
定　　价	99.00 元

凡购买中国社会科学出版社图书，如有质量问题请与本社营销中心联系调换
电话：010-84083683
版权所有　侵权必究

目　录

绪论 ·· (1)

**第一章　索伦部民族分化过程与满洲对索伦部民族
　　　　 意识的影响** ·· (36)
　第一节　明末清初索伦部的基本状况 ···························· (36)
　第二节　索伦部民族分化过程 ···································· (40)
　　一　所谓"民族过程" ··· (41)
　　二　明末清初索伦部的民族经济发展过程 ····················· (43)
　第三节　满洲对索伦部民族意识的影响 ·························· (46)
　　一　民族与民族意识 ·· (46)
　　二　满洲进入对索伦部民族意识产生的影响 ·················· (48)
　　三　索伦部民族意识的多层次性 ······························· (50)
　　四　民族精英对索伦部民族意识的影响 ························ (51)

第二章　满洲民族联合过程与满洲对索伦部的政策 ········· (56)
　第一节　满洲民族联合过程 ······································ (56)
　　一　满洲崛起的文化因素 ······································· (56)
　　二　东海女真在满洲民族联合过程中的作用 ·················· (64)
　　三　索伦部在满洲民族联合过程中的作用 ····················· (66)
　第二节　满洲对索伦部的政策 ···································· (70)
　　一　朝贡赏赐 ·· (71)

二　联姻 …………………………………………………… (73)
　　三　编旗设佐 ……………………………………………… (74)

第三章　满洲对索伦部民族分化过程的影响 ………………… (80)
第一节　按族属编旗促进索伦部民族分化 ………………… (80)
　　一　编旗设佐与"阿巴""扎兰"的设立 ………………… (81)
　　二　保持民族特色的布特哈八旗 ………………………… (83)
　　三　索伦部成为黑龙江驻防八旗成员 …………………… (84)
　　四　组建新疆索伦营 ……………………………………… (90)
第二节　索伦部与满洲的文化关系 ………………………… (93)
　　一　索伦部与满洲的族性比较 …………………………… (93)
　　二　索伦部与满洲的居住地域比较 ……………………… (104)
　　三　索伦部的经济类型 …………………………………… (105)
　　四　满洲对索伦部的文化政策 …………………………… (108)

第四章　清朝对外战争中的索伦部与满洲之军事关系 ……… (118)
第一节　雅克萨战争中的索伦部与满洲的军事关系 ……… (118)
　　一　自发抗击沙俄侵略者 ………………………………… (119)
　　二　满洲视索伦部等黑龙江民族为一体 ………………… (122)
　　三　索伦兵等黑龙江军队在中俄雅克萨战争中的作用 … (124)
第二节　征服缅甸之役中的索伦部与满洲的军事关系 …… (130)
　　一　索伦兵参战人数考 …………………………………… (131)
　　二　索伦兵在缅甸之役中的表现与牺牲 ………………… (133)
第三节　平定廓尔喀战争中的索伦部与满洲的军事关系 … (135)
　　一　征调索伦达呼尔兵的数量考 ………………………… (136)
　　二　高宗对索伦达呼尔兵体恤有加 ……………………… (137)
　　三　索伦达呼尔兵参加平定廓尔喀 ……………………… (140)

第五章　清朝国内战争中的索伦部与满洲之军事关系 ……… (144)
第一节　平定准噶尔战争中的索伦部与满洲的军事关系 … (144)

  一 康熙朝索伦部与满洲的军事关系…………………… (145)
  二 雍正朝索伦部与满洲的军事关系…………………… (149)
  三 乾隆朝索伦部与满洲的军事关系…………………… (154)
 第二节 平定回部战争中的索伦部与满洲的军事关系……… (185)
  一 阿敏道带领索伦兵招抚回部………………………… (185)
  二 索伦兵参与平定大、小和卓木叛乱………………… (186)
  三 索伦兵战后驻防西北………………………………… (189)
 第三节 平定两金川战争中索伦部与满洲的军事关系……… (191)
  一 索伦兵与第一次金川战争…………………………… (191)
  二 索伦兵与第二次金川战争…………………………… (195)

第六章 一个达斡尔族村庄的社会历史调查……………………… (203)
 第一节 古老的村屯………………………………………………… (204)
  一 边防重地……………………………………………… (204)
  二 近代的抗俄斗争……………………………………… (205)
 第二节 东霍尔莫津村与霍尔莫津要塞………………………… (207)
  一 民国时期的东霍尔莫津村…………………………… (207)
  二 霍尔莫津要塞………………………………………… (208)
  三 攻克胜山与霍尔莫津惨案…………………………… (211)
  四 解放战争时期的东霍尔莫津村……………………… (212)
 第三节 中华人民共和国成立后东霍尔莫津的春天………… (213)
  一 安置移民……………………………………………… (213)
  二 经济发展……………………………………………… (214)
  三 社会事业大发展……………………………………… (220)
 第四节 改革开放后东霍尔莫津的发展………………………… (224)
  一 今日乡村……………………………………………… (224)
  二 经济发展……………………………………………… (226)
  三 社会事业发展………………………………………… (227)
  四 致富路径……………………………………………… (235)
 第五节 东霍尔莫津村的达斡尔族风貌………………………… (237)

一　服饰与饮食 …………………………………………（237）
　　二　居住与出行 …………………………………………（240）
　　三　婚姻与丧葬 …………………………………………（243）
　　四　人口状况 ……………………………………………（244）

第七章　索伦部与满洲关系的时代变迁 ……………………（248）
　第一节　清代索伦部演变溯源 ………………………………（248）
　　一　清代索伦部的历史演变概况 ………………………（248）
　　二　清代索伦部演变的原因分析 ………………………（249）
　　三　清代索伦部演变的启示 ……………………………（253）
　第二节　索伦部与满洲关系的性质 …………………………（254）
　第三节　索伦部与满洲关系的特点和评价 …………………（257）
　　一　索伦部与满洲关系的特点 …………………………（257）
　　二　索伦部与满洲关系的评价 …………………………（259）

参考书目 ………………………………………………………（263）

后记 ……………………………………………………………（276）

绪　　论

一　研究缘起

历史唯物主义认为，"社会经济形态的发展是一种自然历史过程"①。同样，马克思主义民族理论认为，民族是一种历史过程，分为产生、发展、消亡几个阶段。在此过程中，民族的边界是流动的，各民族之间分化、联合经常发生。同时，民族的定义、识别标准也在不断变化。中国自古以来是个多民族的国家，历经王朝变革，政治动荡，虽然有些民族已经不存在了，融入其他民族当中，有些民族或其一部分已经属于外国民族或跨境民族，有些民族名称改变了，民族属性、成员构成都发生了变化，但是今天的中国依然保持着统一多民族国家的形态，世代生存在这片热土上的各族人民依然和谐共处，互帮互助。

今天中国的民族格局形成于清代，清高宗完成了统一多民族国家的历史重任，从此中国境内的各民族基本保持了今天的分布格局。新中国成立以后，由中央政府组织遵循马克思主义民族理论和中国民族的实际情况，依据现实特征和民族意愿进行民族识别工作，把中国境内的民族识别为56个，这个过程极其复杂，值得深入研究。

本书所研究的索伦部是明末清初对石勒喀河、黑龙江流域、外兴安岭一带的鄂温克、鄂伦春和达斡尔人的总称，是黑龙江中上游的土著部族集团。"自索伦骑射闻天下，于是后编之达瑚尔、鄂伦春等部，世皆

---

① 中共中央编译局编：《马克思恩格斯选集》第2卷，人民出版社1977年版，第208页。

'索伦'呼之。"① "黑龙江以南之锡伯，之卦勒察，之巴尔虎，黑龙江以北之索伦，之达瑚尔，皆各设佐领，分隶吉林、黑龙江两将军，既不得以满洲呼之。又部落杂错不一，于是以骑射最著、归服较早之索伦概之。"② 其活动地域具体来说是从贝加尔湖以东、勒拿河以南，经石勒喀河、外兴安岭，到黑龙江中游的结雅河（精奇里江）、布列亚河（牛满江）一带。索伦部内迁到嫩江流域之后，分化成鄂温克、鄂伦春、达斡尔的过程，清朝对其实行的统治政策及效果，需要放到长时段中观察。由于时代的局限，清代尚不能从根本上梳理清楚索伦部三个民族发展的脉络，科学地识别出三个民族的边界，基于此，用现代的民族理论对索伦部展开研究，从民族发展过程的视角，探讨满洲对索伦部历史命运的影响，搞清楚满洲统治者划分索伦部三个民族的标准和过程，以及这三个民族之间在政治、经济、文化上的异同及其产生原因，对于理解索伦部民族意识的变化，了解清朝的民族观、民族政策和处理民族事务的经验，均具有重大意义。

索伦作为族称首现于天聪八年（1634）。俄尔吞作为族称首现于崇德五年（1640），此时鄂伦春从索伦部落集团中被识别出来，与索伦、达呼尔并列记入实录。鄂伦春生活在黑龙江以北、精奇里江源，甚至库页岛上。达斡尔作为族称首现于中国文献是在顺治六年（1649），此时达斡尔从索伦部落集团中被识别出来。鄂温克人和达斡尔人已经有了初步的认同，能够区分两个民族的边界。康熙六年（1667），打虎儿载入实录，更加明确了其部族的地位。达斡尔沿黑龙江、精奇里江、牛满河而居。

鄂伦春和达斡尔先后从索伦中识别出来，索伦便成为对鄂温克族的称呼。17世纪初叶（明末清初），鄂温克族共分三支：第一支是居住在贝加尔湖西，北勒拿河支流威吕河和维提姆河的使鹿鄂温克人，共有12个大氏族，被称为使鹿的"喀木尼堪"或"索伦别部"，又称雅库特；第二支是贝加尔湖以东赤塔河一带使马鄂温克部，被称为"纳米

---

① （清）魏源：《圣武记：附夷艘寇海记》，岳麓书社2010年版，第13页。
② （清）魏源：《圣武记：附夷艘寇海记》，第17页。

雅儿"部落或叫"那妹他"，共有 15 个氏族，又称通古斯；第三支也是最重要的一支，即"索伦部"本部，系指由石勒克河至精奇里江一带的鄂温克人。

中华人民共和国成立后，民族识别尊崇名从主人的原则，1958 年决定将索伦、通古斯、雅库特的称呼被取消，用自称命名为鄂温克族，是当今中国境内五十六个民族之一。索伦居住在鄂温克旗、阿荣旗、扎兰屯市、莫力达瓦旗和鄂伦春旗等地，占鄂温克族总人口的大多数。通古斯居住在陈巴尔虎旗和鄂温克旗的锡尼河流域。雅库特居住在根河市敖鲁古雅鄂温克民族乡。

在新中国民族识别的过程中，东北的鄂温克族、鄂伦春族、达斡尔族被识别为三个民族，划清了几个民族的边界，获得了广大群众的支持。然而在清代，对于这三个民族的称呼还是模糊的，经常发生错误。鄂温克族、鄂伦春族、达斡尔族是清代以后的称呼，明代称为北山野人或女真野人，在明末清初这三个民族统称为索伦部，清代黑龙江上游的鄂伦春、鄂温克、达斡尔人也被称为索伦，意为在河上游居住的人。

索伦三部的关系，如《达斡尔族志略初稿》所载："索伦、鄂伦春系秦汉之挹娄，东晋之物吉（勿吉），北魏之拓拔（拓跋），隋之靺鞨，唐之女真，宋辽时称为金国。内分生熟二部，满洲为熟女真之后裔，索伦、鄂伦春为生女真之后裔，与达斡尔居于黑水之北，称为黑水部。清为索伦部，鄂伦春附之。"[①] 这说明索伦部与满洲在族缘、地缘上具有密切的联系，同时索伦部中的三个部族在族源、地缘、文化上更是不可分割的。

清代索伦部在国家统一、民族整合的过程中发挥了重要作用。长期以来，清史学界、民族史学界对其研究得不少，但是大多偏重某一专题的研究，如族源族称、社会制度、宗教文化、教育风俗等方面，至今没有从索伦部与满洲关系的视角进行整体系统的研究。2014 年我以"清朝索伦部与满洲关系"为题，在教育部人文社会科学基金申请立项，

---

① 孟希舜：《达斡尔族志略初稿》，《达斡尔资料集》编辑委员会、全国少数民族古籍整理研究室编：《达斡尔资料集》（第二集），民族出版社 1998 年版，第 218 页。

本书即该项目的最终成果。尝试运用马克思主义民族理论结合民族学、社会学原理来分析阐释索伦部与满洲的关系，站在理论的高度，用全新的视角进行解读，通过现象，找出特点，总结规律。

二 中国民族关系史研究范式

中国民族史研究是历史研究的一个重要课题，中国民族关系史研究又是中国民族史研究的重要方向。2010年我进入中央民族大学历史学专业中国民族史方向攻读博士时，即关注中国民族关系史的学术传承。中央民族大学历史文化学院老一辈史学家王锺翰先生的清史满族史研究国际知名，陈连开先生的中华民族形成史研究国内知名，成为中国民族史研究的两座里程碑。

王锺翰先生将清史与满族史结合起来，是一个重大的学术选择。从清史转入满族史、东北民族史研究领域，始于1952年全国院系调整，这从《王锺翰手写甲丁日记》中可见端倪。该日记从1954年记至1957年，可从日常的研究生活中窥见王锺翰先生的学术实践。如撰写《满族在未统治中国以前的社会形态》《努尔哈齐兴起之际的社会性质问题》《皇太极时代的满族社会性质问题》《满族在努尔哈齐时代的社会经济形态》《呼尔哈部不是达呼尔人》《达呼尔人出于索伦部考》《皇太极时代满族向封建制的过渡》《明代女真人考略》等，这些论文有的与最后发表的题目略有不同，但从中可以看出王锺翰先生满族史研究谋篇布局之思路。其特点是运用唯物史观和马克思主义民族理论指导民族史研究，同时秉承中国传统史学考据之功力，成为中华人民共和国成立以来中国民族史研究的先行者，与民国时期的研究范式迥然不同。

陈连开先生于1969年珍宝岛反击战之后，负责中苏边界谈判资料整理，此时接到周恩来总理的批示，开始了研究中国多民族国家是怎样形成的问题。其间通过编绘《中国历史地图集》的机会，得到郭沫若先生概括中国古代民族关系史"北方防御，南方浸润"的指教。陈连开先生认为这一观点从宏观上概括中国民族关系史不是很准确，但的确有重要启发。① 我亦认为郭老的宏观阐述难以涵盖中国如此复杂的民族关系，但是北方注重军事防御，南方注重文化浸润，确实说出了中国南北民族关系史的差异，对研究微观区域民族关系史有重要指导意义。邱永君先生的经典之作《民族学名家十人谈》（民族出版社 2009 年版）中的《陈连开先生访谈录》对陈先生的学术史贡献有详细的访谈整理，在此不赘述，但其中提到陈先生之观点"中国各民族交替作用，共同缔造了统一中国，并保卫了祖国的统一，争取到中华民族的独立解放，是中国民族关系发展的主流和总的趋势"②。该观点对于中国民族关系史研究起到提纲挈领的作用。继而从史实上辅佐费孝通先生提出中华民族多元一体格局的理论框架，几十年后回顾和理解了民国时期顾颉刚先生与费孝通先生关于"中华民族是一个"的论争。

近年来李大龙先生从族群凝聚与融合的角度探讨中国疆域的形成过程，认为："多民族国家中国的形成历程实际上也是王朝对区域内区群不断整合的过程，二者相辅相成，互为因果。"③ 在对顾颉刚先生与费孝通先生学术争论进行学理评析后，指出时代呼唤中国民族史学界"摆脱'民族国家'理论的束缚，从传统王朝国家向近现代主权国家转变的视阈，重新构建适合阐述中华大地政权更迭和人群凝聚交融轨迹的话语体系"④。晚年的费孝通认识到顾颉刚"中华民族是一个"观点的学理价值，系统地提出并论证了"中华民族多元一体格局"的观点，是对顾颉刚观点的完善。⑤ 并对中国主体族群的凝聚与融合做出纵向的梳理，提出："古代中国人早就有自己独特的以文化特征为显著特点的划分族群的理论体系，而中华大地上出现的众多政权也在这一理论的指

---

① 参见邱永君《民族学名家十人谈》，民族出版社 2009 年版，第 63—65 页。
② 邱永君：《民族学名家十人谈》，第 66 页。
③ 李大龙：《自然凝聚：多民族中国形成轨迹的理论解读》，《西北师大学报》2017 年第 3 期。
④ 李大龙：《对中华民族（国民）凝聚轨迹的理论解读——从梁启超、顾颉刚到费孝通》，《思想战线》2017 年第 3 期。
⑤ 参见李大龙《阐述中华民族形成和发展的视角、理论与方法》，《中央社会主义学院学报》2017 年第 5 期。

导下不断地对境内的族群进行着整合。"① 族群整合在古代和近代中国没有条件去完成,这是新时代留给当今中国人的历史重任之一。

与中国民族关系史研究针锋相对的是内亚史研究。19 世纪 80 年代俄国学者莫希凯托夫提出"内亚"的地理概念,到 1940 年美国学者拉铁摩尔《中国的亚洲内陆边疆》英文版出版,内亚史研究在欧美史学界十分繁盛。"提倡内亚史的研究,有助于打破长期以来专业设置所造成的中国史与世界史彼此隔阂、缺少交流的封闭局面。"② 内亚史强调地域色彩和宏观视角,中国民族关系史注重立足实际与考据相结合,这两种研究范式本可相互补充,但是由于史观立场的差异,近年来双方争吵不断,集中于反映在 20 世纪 80 年代中期兴起的美国新清史学派上。在内亚与中原的关系上,姚大力提出:"元、清在创制内亚边疆帝国的国家建构模式问题上前后相继、一脉相续的历史线索。这种国家建构模式的形成,实则萌芽于辽,发育于金,定型于元,而成熟、发达于清。"③ 汪荣祖先生认为:"满清入主中原后所缔造的内亚帝国乃中原之延伸,中原与内亚既非对等的实体,也非可以分隔的两区,而是一个大一统帝国。"④ 那么,新清史倡导的东北—内亚主轴重于传统中国的江南—北方基线,大清帝国的满洲因素重于中华帝国的儒家思想⑤,遭到了中国大多数清史学者的反对,其高潮是李治亭先生《"新清史":"新帝国主义"史学标本》(《中国社会科学报》2015 年 4 月 20 日 B02 版)一文的发表。李治亭批驳新清史学派的清帝国主义论、清朝非中国论和满洲外来论,维护大一统的原则立场。姚大力提出"从东到西"的过程在最近的一千年里所取得的显著成果,真正为今日中国的疆域奠定了

---

① 李大龙:《从夏人、汉人到中华民族——对中华大地上主体族群凝聚融合轨迹的考察》,《中国史研究》2017 年第 1 期。
② 钟焓:《重释内亚史——以研究方法论的检视为中心》,社会科学文献出版社 2017 年版,第 4 页。
③ 姚大力:《不再说"汉化"的旧故事——可以从"新清史"学习什么》,《东方早报·上海书评》,2015 年 4 月 5 日。
④ 汪荣祖:《为新清史辩护须先懂得新清史——敬答姚大力先生》,《东方早报·上海书评》,2015 年 5 月 17 日。
⑤ 参见杨念群《新清史与南北文化观》,汪荣祖主编:《清帝国性质的再商榷:回应新清史》,台北"中央大学"出版中心 2014 年版,第 68 页。

基础①。结果立即被汪荣祖驳斥:"姚大力不妨多讲一点内亚的政经文化资源对清帝国的贡献,如果能证明内亚的资源大于中原,足可以'内亚帝国'代替'中华帝国',则新清史诸君必乐见姚大力能青出于蓝也。"②清朝的中心在东不在西,首都在北京不在承德,中央在中原不在内亚,统治在中华帝国的儒家思想而不在满洲特性八旗制度。

对于新清史提出的清朝是个殖民帝国,在大一统语境下实难成立,姚大力极力为殖民主义的概念辩解,将殖民主义的概念普世化,认为"殖民化是通过人口的集体移居而创建殖民地的活动或过程。殖民化的历史内容是一个世界由以被发现、被开发和被人居住的庞大进程。殖民化的历史就是人类本身的历史"③。这种观点将人类的一切历史都归为殖民化,混淆了正义与非正义的区别。随后他将中国境内的人口迁徙说成是未产生殖民地的殖民化过程,并提出一国当中"内殖民主义"的概念。试问未产生殖民地怎能被试为殖民化过程!将一国之内的统一问题称为"内殖民",有别于外殖,这是一种典型的文字游戏。葛兆光支持姚大力,认为清朝在西南地区的改土归流,至少有三点不同于西方帝国主义。"第一,是跳出本土远征海外,还是从中心向边缘的逐渐扩大;第二,是为了掠夺资源,还是纳入帝国;第三,是保持宗主国与殖民地的异质性,还是要逐渐把蛮夷与华夏同质化。"④汪荣祖与姚大力针锋相对,认为"侵略性与防御性的扩张是两码事"⑤,当属公正之论。俄罗斯帝国是经历了资本主义的帝国,以夺取资源、利用廉价劳工、开拓市场为目的进行侵略⑥,而清朝没有经历资本主义,其战略是保守

---

① 参见姚大力《不再说"汉化"的旧故事——可以从"新清史"学习什么》,《东方早报·上海书评》,2015年4月5日。
② 汪荣祖:《汪荣祖再答姚大力:学术批评可以等同于"打棒子"吗?》,《澎湃新闻·私家历史》,2015年6月21日。
③ 姚大力:《"新清史"之争背后的民族主义——可以从"新清史"学习什么》,葛兆光等《殊方未远:古代中国的疆域、民族与认同》,中华书局2016年版,第305页。
④ 葛兆光:《历史中国的内与外——有关"中国"与"周边"概念的再澄清》,中文大学出版社2017年版,第110页。
⑤ 汪荣祖:《汪荣祖再答姚大力:学术批评可以等同于"打棒子"吗?》,《澎湃新闻·私家历史》,2015年6月21日。
⑥ 汪荣祖:《为新清史辩护须先懂得新清史——敬答姚大力先生》,《东方早报·上海书评》,2015年5月17日。

的，噶尔丹破坏了喀尔喀蒙古的生活秩序，威胁到北京的安全，圣祖才御驾亲征。高宗经略新疆没有经济掠夺的动机，却为了祖国统一而损失钱财，体现了清朝统治者的政治诉求。"西方新帝国主义、殖民主义几乎全为了'利'，然而清帝西征有何利可图？多的是劳民伤财，乾隆十大武功反而成为由盛而衰的转折点。大清既然是为了北疆的安宁与安全，可称为'义'。"①清朝只是占领了新疆，没有占领阿富汗、浩罕汗国、巴达克山等中亚有意归附的国家，没有侵略外国的意图。钟焓批驳新清史构建的殖民征服叙事模式，提出清朝人口双向流动（汉人流向东北，满洲人流向关内）与殖民帝国人口单向流动（人口从殖民母国流向殖民地）截然不同。②

新清史强调全球化视角，回应新清史从理论上可以这样说，中国世界史研究理论体系由整体史观、现代化史观、文明交往史观、全球史观组成，与前三种史观相比，严格说来全球史观是一种史学研究方法，并不是一种史观。"全球史的基本出发点是，在世界历史发展中，跨国的联系、交流与互动起着非常重要的作用。"③全球史观对"欧洲中心论"提出了批判。在第二次世界大战结束后，大部分第三世界国家摆脱了殖民地的命运后，各国需要在史观上摆脱"欧洲中心论"，超越民族国家或地区的阻隔，摆脱孤立的历史研究。全球史观并不能与唯物史观在探索人类历史发展规律上抗衡，然后所倡导的精神却并不是相互抵触。唯物辩证法认为世界是普遍联系的。"事物之间的普遍联系是不以人的意志为转移的辩证法的第一原则。"④唯物辩证法要求我们要用系统的观点看待世界，用整体观认识问题，整体并不是简单的部分之总和。"系统是由若干相互联系、相互作用的要素组成的统一整体，整体性是系统

---

① 汪荣祖：《汪荣祖再答姚大力：学术批评可以等同于"打棒子"吗?》，《澎湃新闻·私家历史》，2015年6月21日。
② 参见钟焓《清朝史的基本特征再探究——以对北美"新清史"观点的反思为中心》，中央民族大学出版社2018年版，第10页。
③ 刘新成、邹兆辰：《一个中国学者对世界历史的思考——刘新成教授访谈录》，《历史教学》2005年第10期。
④ 王伟光主编：《新大众哲学》，中国社会科学出版社、人民出版社2014年版，第296页。

的最显著的特征,也是处理和解决系统问题需要坚持的基本原则。"①

其实这一问题在中国史研究中也很突出。改革开放以前,由于"左"的意识形态在学术领域的影响,使得人们过分关注于矛盾的斗争性,而忽略了矛盾的统一性。而矛盾双方既有统一性,又有斗争性,二者不可分割,对立统一。中国史学界的"五朵金花"(中国古代史分期问题、中国封建土地所有制形式问题、中国封建社会农民战争问题、中国资本主义萌芽问题、汉民族形成问题)是典型的以论代史、脱离考据研究范式的集中反映,其中不乏学术贡献和史料梳理,但是围绕着"欧洲中心论"而展开的讨论,中国处在被动和从属的一方,在中外比较的过程中,过多地关注于差异,而对中外的交往交流研究得很不够。

全球史观作为一种研究方法大多应用在世界史研究,而在中国史研究中较少使用,这固然有这一方法来自西方的缘故,也有国内长期将世界史和中国史分割进行教学研究,如今在行政上归属于两个一级学科分别发展的行政导向有关。将中国史纳入世界史,意义重大,任重而道远。全球史观在反对欧洲中心论的同时,也须反对自我中心主义,研治中国史,要避免"中国中心观"。同人类学一样,史学研究也要正确对待异民族研究和本民族研究的差别,在区域研究中跳出地区的藩篱和学科的壁垒,这样才能在中国发现历史。

新清史的清帝国主义论,其侵略扩张、殖民掠夺的史观是完全错误的,其实质是没有搞清楚中国的疆域范围,不能正确理解历史上的中国。在中国民族关系史的研究中,必须确定历史上的中国疆域,否则将无从谈起。习近平总书记指出:"一部中国史,就是一部各民族交融汇聚成多元一体中华民族的历史,就是各民族共同缔造、发展、巩固统一的伟大祖国的历史。"② 对于历史上的中国疆域范围学术界曾经有过激烈的讨论,主要形成了三种观点:白寿彝的"中华人民共和国疆域说"、孙祚民的"汉族王朝疆域说",谭其骧的"18世纪50年代到1840年前的清朝疆域说",结果是谭其骧先生的观点得到了学术界和政

---

① 王伟光主编:《新大众哲学》,第425页。
② 习近平:《在全国民族团结进步表彰大会上的讲话》,新华网2019年9月27日。

府的认可,并成为《中国历史地图集》的指导思想。在此基础上,具有创新观点的是李大龙提出的"康熙二十八年(1689)到1840年的清朝疆域说"①,理由是1689年中俄《尼布楚条约》签订是清朝以"中国"身份首次在国际上签约,彰显了中国的政治属性。

  2013年我进入吉林大学东北亚研究院应用经济学博士后流动站进行研究时,又关注到吉林大学老一辈史学家张博泉先生提出的"中华一体"理论框架,对于研究中国古代民族关系史尤其是北方民族关系史具有总揽全局的作用。张博泉先生从学术史上拨乱反正,对美国学者魏特夫的"征服王朝论"、日本学者江上波夫的"骑马民族论"进行驳斥。指出"征服王朝论"的理论来源是日本学者白鸟库吉的"南北民族对立论",将渤海国、辽、金、元、清北方民族政权与汉族政权相对立,将区域发展差异解释为游牧农耕"二元性",人为制造帝制王朝与征服王朝的对立。"骑马民族论"对骑马民族分类混乱,根据自身的研究需要随意分类,将匈奴、突厥、蒙古称为纯粹的骑马民族,将女真、满洲这种畜牧、农耕、游猎并存的民族称为渐进的骑马民族,甚至将日本这一岛国也称为骑马民族,理由竟是"日本能吸收外国的东西,是开放性的社会"②。"征服王朝论""骑马民族论"实为美国分裂中国民族和日本侵华的民族理论工具,他们想把北方民族划分出中国,违背了中国是多民族国家的事实。张博泉先生长期研究北方民族史和东北地方史,"中华一体"理论是在中国地方史研究实践的基础上提出的,辅以社会史、文化人类学的研究方法,对北方民族关系史的研究更有指导意义。

  从宏观上对中国民族关系史研究的著作首推翁独健主编的《中国民族关系史纲要》③,该书摒弃了学术界烦琐的理论之争,摆脱了民族同化与民族融合的分歧,对中国民族关系史做了提纲挈领的通史模式研究,具有奠基意义。

---

  ① 李大龙:《试论中国疆域形成和发展的分期与特点》,《中国边疆史地研究》2011年第3期。
  ② 张博泉:《中华一体的历史轨迹》,辽宁人民出版社1995年版,第606—607页。
  ③ 翁独健主编:《中国民族关系史纲要》,中国社会科学出版社1992年版。

从微观上对黑龙江流域民族与中原地区民族关系展开研究的专著当推吕光天、古清尧编著的《贝加尔湖地区和黑龙江流域各族与中原的关系史》①，该书把从古至今活跃在贝加尔湖地区和黑龙江流域的各个民族与中原的政治、经济、文化关系做了梳理，重点对清代贝加尔湖地区和黑龙江流域的民族与中原的关系做了研究，对其在边疆开发、与中原地区民族互动、共同组成多民族国家方面给予肯定。

以黑龙江地区民族为研究对象的专著有周喜峰教授的《清朝前期黑龙江民族研究》②，该书是目前我国学术界第一部系统研究清朝前期黑龙江地区各个民族及其社会发展历史的学术专著。作者运用大量翔实的历史资料，对明朝末期努尔哈赤统一女真到清乾隆末期二百年间黑龙江地区的满族、汉族、蒙古族、达斡尔族、鄂温克族、鄂伦春族、赫哲族、锡伯族、回族、费雅喀族、库页族等族的社会进步、经济发展、抗击沙俄入侵及军事驻防、文化宗教、风俗习惯等方面进行研究。同时，亦对清朝政府统一与治理黑龙江民族的历史过程以及各民族的迁徙和相互关系加以探索，比较全面系统地反映了清朝前期黑龙江民族的历史。作者根据正史与实录等相关史料，考证出黑龙江民族与满洲的形成有着密切的联系，敢于纠正旧说。康熙年间科尔沁蒙古所"献出"锡伯族中的达斡尔人来源问题，是一个已成定论的问题，《达斡尔族简史》等认为这部分达斡尔人是科尔沁蒙古于天聪八年（1634）俘获的。作者考证出这部分达斡尔人是崇德五年（1640）五月在清朝政府平定索伦部博穆博果尔叛乱后，由黑龙江上游迁徙到嫩江下游的索伦部达斡尔人，澄清了这一方面的史实。这部分达斡尔人同锡伯族等被编入八旗后，由于他们原在科尔沁蒙古属下时任官者少且官职低，因此其牛录的佐领均由锡伯人担任。他们同锡伯族一起驻防齐齐哈尔城，并承担坐卡巡边、保护台站、维护治安等任务。其附丁及家属则承担垦荒种田、交纳官粮、供养披甲等任务。康熙三十八年（1699）开始，这部分达斡

---

① 吕光天、古清尧编著：《贝加尔湖地区和黑龙江流域各族与中原的关系史》，黑龙江教育出版社1991年版。

② 周喜峰：《清朝前期黑龙江民族研究》，中国社会科学出版社2007年版。

尔人又同锡伯族等一起，南迁盛京等地驻防，其后又迁往新疆，逐渐融入锡伯族之中。作者提出清兵入关对黑龙江地区的开发和少数民族的发展弊大于利，清朝政府的行政管理措施和民族政策非常成功，清朝前期黑龙江民族对保卫边疆作出了巨大贡献，落后的地区有益于保持民族特色，这些观点很有理论价值。

三 关外八旗研究状况

八旗研究是清史、满洲史研究的重中之重。自从20世纪30年代孟森先生《八旗制度考实》发轫以来，有关八旗问题研究的论著便一发不可收拾，尤以王锺翰先生的《清史杂考》《清史余考》《清史续考》《清史补考》之清史"四考"为著。近四十年来，八旗研究的成果不可胜数，但是与禁旅八旗（京旗）、关内驻防八旗相比，从关外八旗内部民族关系的角度进行研究还显薄弱。

定宜庄研究员的《清代八旗驻防研究》①是研究驻防八旗的首部专著，严格地说该书是作者《清代八旗驻防制度研究》②的修订版。书中将关外与天山南北、内外蒙古（包括察哈尔）的八旗驻防归为北部边疆驻防，与直省驻防、长城沿线驻防鼎足而立，具有北抗沙俄边疆前线和祖宗发祥战略后方的双重意义。作者提出索伦牛录从结构或职能上，均与八旗牛录不同，而与清朝在东北建立的噶栅组织类似，是一种编户政策。③ 并明确提出，布特哈八旗不是新满洲④，人们经常混淆这两个概念。清代中期以后，北部边疆少数民族部落兵在清朝国家统一的历史中扮演了更为重要的角色，胜于各直省驻防八旗。⑤ 而索伦、达斡尔兵丁所得半俸半饷与京旗、直省驻防八旗相比，实为不公正之待遇。而迁徙到伊犁的索伦、达斡尔兵丁直到乾隆五十六年（1791）才得以享受

---

① 定宜庄：《清代八旗驻防研究》，辽宁民族出版社2003年版。
② 定宜庄：《清代八旗驻防制度研究》，天津古籍出版社1992年版。
③ 参见定宜庄《清代八旗驻防研究》，第79页。
④ 参见定宜庄《清代八旗驻防研究》，第82页。
⑤ 参见定宜庄《清代八旗驻防研究》，第116页。

全饷，这是满洲统治者对其远离家乡、戍边卫国的肯定。

孙守朋教授的《汉军旗人官员与清代政治研究》①视角独特，是第一部系统研究八旗汉军的专著。该书从八旗汉军官员群体入手，探讨汉军官员的历史作用、清朝统治者对汉军官员的态度与政策、汉军官缺设置等问题，重点关注乾隆朝以前督抚、驻防将军这一层次的汉军封疆大吏，以求阐述汉军官员势力的形成和发展变化。该书有采用比较史学的研究方法展开研究。清朝官员可分为四大群体，即满洲官员、蒙古官员、汉军官员和汉人官员，一般来讲，其地位按顺序由高到低。作者没有孤立地写汉军旗人官员，而是将其放在清史的背景中，运用比较史学的方法，与满洲官员和汉官进行比较。该书把汉军官员与其他三类官员进行了官缺、待遇等方面的比较，从横向上突出了汉军官员身份地位的特殊性。尤其是汉军官员介于满官、汉官之间，彼此密切关联，所以理清三者之间的关系，对于了解汉军官员地位的确定与变化、整个群体势力的发展具有重大意义。作者深入透彻地研究汉军旗人官制。第一，剖析汉军旗人的族群意识。八旗组织可以被视为一个族群。这个族群的边界，不是地理边界而主要是社会边界。从这个意义上讲，人们可以通过服饰、语言、生活方式来区别于其他群体，从而认同自己的群体。清代"不分满汉，但问旗民"，这不仅说明在物质待遇上旗人高于民人，还说明在居住地域、生活方式上旗人和民人也截然不同。旗人长期居住在一起，文化日益接近，在共同的利益支配下，必然会在心理上产生强烈的认同感，从而培养出共同的感情。汉军旗人的族群认同在汉军旗人官员身上得到充分的体现。譬如，高宗编纂《贰臣传》将清初降清的汉官汉将列为贰臣，严重伤害了汉军旗人官员的感情，对于民族关系的维系、政权的巩固，无疑起到了负面作用。另如，圣祖所说的三藩"撤亦反，不撤亦反"，论证三藩反清之必然。其实不撤藩，不触动藩主的根本利益，"未必反，撤藩未必都反"②。吴三桂等汉官汉将的反叛亦给

---

① 孙守朋：《汉军旗人官员与清代政治研究》，人民日报出版社2011年版。
② 李治亭：《康熙朝处理三藩问题辨》，《李治亭文集》，吉林人民出版社2012年版，第152页。

后人留下了推证的空间。第二，洞悉包衣势力对汉军官员势力的冲击。包衣与汉军原系两类旗下人，两类人的任职本不相同，包衣的任职本对汉军官员没有影响。但是到雍正、乾隆时期情况有所变化。"雍正朝和乾隆朝，包衣势力的发展对汉军官员的冲击，主要表现在两项规定上：一是包衣与汉军一起补汉缺，二是乾隆三年（1738）规定，包衣归汉军额内考试"①，从而造成汉军就职者减少，汉军官员势力的下降。第三，深化汉军出旗问题的研究。汉军出旗问题，以往学界多泛泛而谈，但该书深入探讨了汉军官员出旗的缘由和过程以及影响，把汉军出旗问题研究引向深入。书中讨论了汉军六品以下职官出旗反复现象。早在雍正五年（1727）"汉军闲散人丁如果情愿加入绿营，根据申请程序，可以入民籍而出旗；停止旗人作外省驿丞、典史等杂职，原则上令回旗，当然也包括即使汉军微员也不准出旗为民"②。到乾隆七年（1742）四月，规定"改归民籍世职者，仍许其带往，一体承袭；自愿出旗的汉军官员与所有出旗者一样'俱限一年内具呈本管查奏'"③，汉军出旗政策是逐步放开的。从乾隆二十七年（1762）开始实行汉军六品以下官员自愿出旗的政策，到乾隆五十五年（1790）停止汉军六品以下职官出旗。书中还研究了驻防汉军官员的出旗或调补。"在京八旗汉军官员六品以下官员是自愿出旗，而驻防汉军官员离职是强制性的，出旗或到京候缺。汉军官员出旗或调京总体来看是顺利的，没有产生影响社会稳定的骚乱，这与清廷政策引导和地方官员妥善办理有直接关系。""驻防汉军官员出旗，直接导致了汉军官员数量减少，一部分回京候补，造成官员壅滞，汉军官员升转困难。"④ 这就使汉军出旗问题的研究愈加深入而具体。

孙进己、冯永谦总纂的《东北历史地理》（下）⑤ 将明清东北民族和建置的分布条分缕析，其中有明代后期女真三大部和索伦部的分布，

---

① 孙守朋：《汉军旗人官员与清代政治研究》，第141—142页。
② 孙守朋：《汉军旗人官员与清代政治研究》，第147页。
③ 孙守朋：《汉军旗人官员与清代政治研究》，第148页。
④ 孙守朋：《汉军旗人官员与清代政治研究》，第158—159页。
⑤ 孙进己、冯永谦总纂：《东北历史地理》（下），黑龙江人民出版社2013年版。

清代达斡尔族、鄂温克族、鄂伦春族的分布，经清朝整合黑龙江沿岸各族之后的八旗驻防状况，鄂温克人、鄂伦春人、达斡尔人的佐领十分详细，很有价值。

韩狄的《清代八旗索伦部研究——以东北地区为中心》① 是第一部以索伦部为研究对象的学术专著，对索伦部各个时期的变化和史事做了系统研究，将索伦部的发展放到清朝统治的背景下进行考察，时间线索清晰，详述索伦部在黑龙江北时期的状况，南迁嫩江流域编入黑龙江驻防八旗，由"八围"编为布特哈八旗、呼伦贝尔八旗、伊犁索伦营，近代索伦、达斡尔、鄂伦春人的社会生活，以及索伦部与满洲的文化融合。

金鑫的《八旗制度与清代前期索伦达呼尔社会》② 是篇史料厚重的博士论文，充分利用《黑龙江将军衙门档案》《军机处满文录副奏折》，将明末清初到乾隆朝的索伦、达斡尔人在八旗制度管理下的社会生活、军事活动予以详细探究。

刁书仁的《清代八旗驻防与东北社会变迁》③ 首章详述清代东北八旗驻防体制，作者多年研究东北史，条分缕析，在考察黑龙江驻防八旗形成的过程中，注意职官的设置，黑龙江、墨尔根、齐齐哈尔分别设置副都统，呼伦贝尔、布特哈分别设置总管（副都统衔）。该书在写作八旗驻防制时，明确将"布特哈八旗""新满洲""巴尔虎旗""锡伯兵"并列推出，厘清这几个概念的边界，与定宜庄研究员的《清代八旗驻防研究》说法相同。徐凯根据《八旗通志》也将索伦与新满洲区分开来。④

潘洪钢的《清代八旗驻防族群的社会变迁》⑤ 对东北八旗驻防也有涉猎，跟关内旗城相比，东北八旗驻防城市有其特殊性，即没有置身于汉族的汪洋大海中，成为"方言岛"。但从材料的丰富程度来看，东北

---

① 韩狄：《清代八旗索伦部研究——以东北地区为中心》，中国社会科学出版社2011年版。
② 金鑫：《八旗制度与清代前期索伦达呼尔社会》，北京师范大学博士学位论文，2011年。
③ 刁书仁：《清代八旗驻防与东北社会变迁》，科学出版社2017年版。
④ 徐凯：《满洲认同"法典"与部族双重构建：十六世纪以来满洲民族的历史嬗变》，中国社会科学出版社2015年版，第114页。
⑤ 潘洪钢：《清代八旗驻防族群的社会变迁》，人民出版社2018年版。

旗城的材料相对于关内旗城则少得多。清末新政时期新军的建立成为取代东北八旗驻防的军事力量，"东北从旗制管理体系转向了内地的省区管理体制"①。而黑龙江省地广人稀，驻防旗人可以务农，结合畜牧渔猎，境遇较关内旗人优惠很多。吉林省驻防中的渔猎部落赫哲等，原不耕种，也拨给成片土地。东北三省是旗制改革最彻底的地区，从旗民双重管理体制改变为行省体制。

四 索伦部研究状况

国内关于索伦部的研究始于晚清边疆史地学兴起之时，散见于个人和官方著述中。魏源的《圣武记》卷一《开国龙兴记一》记载清太宗收抚黑龙江北索伦部，清圣祖编设墨尔根新满洲，科尔沁蒙古献出达瑚尔壮丁。魏源写作《圣武记》，乃出于鸦片战争时事所迫，英人入侵民族危机之时。魏源时任内阁中书舍人候补，常年阅读内阁档案。清朝兴起和盛世的记载跃然纸上，而身处嘉道中衰的时局，目睹清朝深陷于农民起义和列强相逼的窘境，往昔的辉煌与今日的暗淡形成了鲜明的对比。这激发了魏源探索清朝盛衰的经验教训，总结前代帝王处理边疆、民族、军事问题的得失，立志为救亡图存寻找办法。

何秋涛的《朔方备乘》是中国北方边疆史地名著，也是专门研究俄罗斯史地和中俄关系的代表作品，对于清代中后期的北部边防和北疆民族团结具有重要意义。作者何秋涛（1824—1862），字愿船，福建泽县人。道光二十四年（1844）进士，授刑部主事，曾代保定莲池书院院长，是西北边疆史地学代表人物。

何秋涛有感于俄罗斯对清朝的重大威胁，在爱国主义的感召下，出于知己知彼的考虑，博采群书，辑成《北徼汇编》6卷，后扩展为80卷。咸丰皇帝大加称赞，赐名《朔方备乘》，已显示出该书的重大实用性。全书共80卷，目录1卷，卷首12卷，列有圣训、圣藻、钦定书诸项，圣训是辑自清太宗至道光帝历朝皇帝关于北部边疆事务的上谕，中

---

① 潘洪钢：《清代八旗驻防族群的社会变迁》，第465页。

俄界务在此十分丰富。钦定诸书摘录《平定罗刹方略》《钦定大清一统志》《钦定皇朝通典》《钦定皇朝文献通考》《钦定大清会典》中有关俄罗斯及中俄关系的史料。正文68卷，其中圣武述略6卷，考24卷，传6卷，记事本末2卷，考订诸书15卷，辨正诸书5卷、表7卷、图说1卷。内容包括三北边疆的民族、山川、镇戍、地理沿革、中俄界址以及俄国的历史地理，从汉代到清代，从文献到实地，考证、校勘、训诂、订误，考据缜密、图文并茂。版本主要有咸丰十年（1860）刻本及石印本，毁于战火，后经李鸿章总督直隶，全力恢复残稿，于光绪七年（1881）再次刊行。清代翰林院编修李文田撰《朔方备乘札记》一卷，从音转上辨正山、地及人物名称，颇有价值。

《朔方备乘》卷二《索伦诸部内属述略》对索伦名号、影响以及索伦部兵丁在黑龙江军事力量布防中的位置。《朔方备乘》中的《平定罗刹方略》记述了罗刹对索伦的袭扰，达呼尔头目倍勒儿前往雅克萨城生擒罗刹七人。圣祖免去索伦、达呼尔一年贡赋。《朔方备乘》中的《雅克萨城考》记载巴尔达齐和博穆博果尔对满洲的不同态度及太宗征服索伦部的过程。

曹廷杰的《东三省舆地图说》从地理的角度介绍索伦、鄂伦春、达呼尔的分布。《东北边防辑要》详述鄂伦春、索伦、达呼尔之分布以及索伦部首领叶雷、博穆博果尔、巴尔达齐、根特木耳史事，清军征服索伦部诸屯及所获人口。

西清的《黑龙江外记》卷三对索伦、达呼尔、鄂伦春及黑龙江驻防八旗逐个梳理。英和的《卜奎纪略》记载康熙年间索伦、达呼尔南迁到嫩江流域，雍正十年驻防呼伦贝尔，乾隆年间又遭裁撤。卷五对布特哈贡貂互市制度介绍详备。

方观承的《卜奎风土记》从风俗上记述索伦、鄂伦春贡貂，以犬捕貂，鄂伦春妇女亦善骑射。

屠寄的《黑龙江舆图说》从地理角度讲述索伦、鄂伦春之分布，布特哈打牲衙门之职能，齐齐哈尔城之建立，黑龙江省河流分布。

《黑龙江城图说》详述东北民族源流、三大族系演变、黑龙江省建城驻防，墨尔根、布特哈、呼伦贝尔之民族分布、行政建置。

林佶的《全辽备考》记载索伦披甲八千,美貂称作索伦皮,满洲击退阿罗斯,保护索伦的历史。

徐宗亮的《黑龙江述略》于疆域、建置、职官、贡赋、兵防、贸易方面研究甚详,尤其对索伦、达呼尔久居俄境,管理颇难,但其面对俄人欺凌,则保持沉默,此处最见功夫,满洲由此对索伦、达呼尔可收抚之。

长顺主编的《吉林通志》记载打虎儿、索伦从事农耕,收获甚多。对索伦并征调之后考虑其各有产业,回往原籍安置。

徐世昌主编的《东三省政略》将陈满洲、新满洲、索伦、达呼尔、鄂伦春并列排出,可见各民族的清晰边界,也肯定了索伦三部的抗俄贡献。从建置、警务、学务、矿产展开,对兴东、呼伦贝尔收抚鄂伦春详细阐述。对黑龙江省管制、民政、财政、垦务、旗务、学务全面记载,其中涵盖索伦部诸多事务。

民国时期东北方志大肆纂修,记述更为详尽。

黄维翰的《呼兰府志》述及沿革,从交通、武事、户口方面有所记载,其历年户口考可作为研究索伦、达呼尔人口的重要资料。

徐希廉的《瑷珲县志》对满洲征调索伦部兵丁参加全国多次战争有所阐述,回部、准部、缅甸、金川各省之役无不从征。只有与八国联军作战由于档案无存,不知详情。详述索伦、达呼尔、库玛尔路鄂伦春的居址姓氏户口、征调情况、官宦人员,还附有库玛尔路鄂伦春第一初等小学校首创师生人名,徐希廉为鄂伦春人下拨荒地、建立学校,关注普通民众的生活,此为鄂伦春社会史的重要资料。

程廷恒的《呼伦贝尔志略》记载从雍正十年(1732)设副都统,由布特哈迁来索伦1636人、达呼尔730人、陈巴尔虎275人、鄂伦春359人,这3000人编为五十个牛录组建呼伦贝尔八旗。到光绪二十年(1894)设协领,专门负责收抚托河路鄂伦春。索伦兵已不像开国之初号称劲旅,而是有名无实,战斗力锐减。民国八年(1919)陈巴尔虎独立一部,脱离索伦,达呼尔族仍在索伦名下。附有索伦、鄂伦春七个旗的户数、人口数和男女比例。并对卓尔海、萨垒、瑚尔起、恒龄、明昌、达密兰这些索伦、达呼尔官员履历详细记录。

魏毓兰的《龙城旧闻》最有价值处为人物部分，详载海兰察、莽喀察、德兴阿、舒通额、穆图善、巴杨阿、伦布春、勒尔克善、阿兰保、由屯、沙晋、阿穆勒塔的生平事迹。

中东铁路经济调查局编的《呼伦贝尔》从体质人类学、文化人类学对索伦、达呼尔、鄂伦春、雅库特进行研究，结合畜牧、游猎的生产生活方式，族群边界十分清晰，令人耳目一新。对呼伦贝尔的行政组织介绍明确，索伦巴尔虎左右翼各四旗及鄂伦春镶蓝旗。其职官沿革、各部分合，设置总管、副总管、骁骑校之数量，都有详细记载。

方式济的《龙沙纪略》经制篇对卜奎、墨尔根之索伦、达呼尔户口有详细记载，风俗篇对鄂伦春、索伦皆有所阐发。物产篇记述索伦马、鄂伦春鹿及桦树皮。

张伯英总纂的《黑龙江志稿》从地理、职官、人物、风俗、宗教、军事、垦务、姓氏源流、旗务、民务、物产、财务预算、学校教育、武备、交涉、征调等方面对索伦、达呼尔、鄂伦春展开综合考察，是最为完备的一部黑龙江省志。

孟定恭的《布特哈志略》是布特哈建制以来的第一部地方志书，发行于1931年，由达斡尔族孟定恭纂修。孟定恭，族名索米子宏（汉译为"修道"），字镜双，号半园叟，西布特哈（今内蒙古自治区莫力瓦达斡尔族自治旗）大莫尔登屯正白旗莫尔登氏。毕业于齐齐哈尔的黑龙江省蒙旗师范学校，精通满汉双语，注重收集地方民族资料，勤于实地调查。历任西布特哈笔帖式、验骑校、佐领、黑龙江省议会议员、西布特哈总管公署旗务科长、布西设治局教育局局长等职。

布特哈为满语，汉译为"打牲"。康熙二十二年（1683），布特哈打牲处行政由理藩院管理，军事统归宁古塔梅勒章京。康熙二十八年（1689），在宜卧奇后屯设立总管衙门，改由黑龙江将军管辖。康熙三十年（1691），设达斡尔、索伦总管2员，设副都统衔总管1员总辖两部，同理藩院的满洲总管1员共驻于齐齐哈尔屯，直属理藩院。形成了军民分治的管理体制。1906年以嫩江为界将布特哈分为东、西两路布特哈。

全书分历代沿革（含民族、历任官吏姓名）、村落姓氏（含物产、礼节风俗)、人物(共85人)、古迹(含边堡、庙宇、碑铭、匾额)、歌谣、经政六部分,约3.7万字。资料丰富,取材严谨。取事实不取文艺,颇具志书之特点。《辽海丛书》(第七集)将其收录其中。黑龙江人民出版社1995年出版的《渤海国志长编(外九种)》将其点校,方便使用。

《布特哈志略》详述布特哈地方历代沿革,至清代以打牲音译得名,康熙朝设置总管衙门,光绪朝先设副都统,后又裁撤,划分东、西两路布特哈。对东、西布特哈村落姓氏列表统计,宗教、饮食、服饰、性格均有涉猎,所设县镇情况记载明确,后附职员列表。尤其重要人物生平甚详,如博穆博果尔、巴尔达奇、博尔奔察、海兰察、由屯、阿那保、都兴阿、西凌阿、色楞额、长顺等名将。

《清代方略全书》①是记载清朝军事活动的实录。有些方略详细记载了索伦兵参战情况。

温达等撰的《亲征平定朔漠方略》是《清代方略全书》之一种,四十八卷,66万字。康熙四十七年(1708)武英殿刻本,《四库珍本丛书》也将其收录。另有满文本。中国藏学出版社1994年出版单行本。卷首圣祖亲撰《御制亲征平定朔漠方略序》一卷和温达奏进的《方略表》。卷末附《平定朔漠告成太学碑文》《勒铭察罕七罗碑文》《勒铭拖诺山碑文》《勒铭昭木多碑文》《勒铭狼居胥山碑文》。

内容为圣祖平定漠西厄鲁特蒙古准噶尔部首领噶尔丹之方略。康熙十六年(1677)六月噶尔丹奉表入贡及饬令与喀尔喀修好,但噶尔丹迅速膨胀,攻占吐鲁番和哈密,势力扩张至甘州。康熙十九年(1680)噶尔丹出兵南疆,以12万铁骑攻占叶尔羌与喀什噶尔,扶植"白山派"首领和卓伊达雅图上台,称"阿伯克和卓"(意为世界之王),与其子统治南疆,皆听命于噶尔丹,断绝与清朝的关系,直至乾隆时彻底消灭准部,清朝的统治才得以恢复。噶尔丹兼并南疆后,又挥师西向,在四年间,接连打败哈萨克、诺盖(居黑海沿岸)、柯尔克孜等民族的抵抗,建立了准噶尔的军事统治。康熙二十三年(1684),已控制了西

---

① 《清代方略全书》,北京图书馆出版社2006年版。

北地区，北达鄂木河，西至至于巴尔喀什湖以南，东至鄂毕河的中亚地带，力量达到卫藏。康熙二十七年（1688），噶尔丹进攻喀尔喀蒙古土谢图汗部，喀尔喀蒙古扎萨克图汗、土谢图汗、车臣汗三部被攻占。康熙二十九年（1690），进军内蒙古乌朱穆秦地区，与清军发生直接军事冲突。圣祖三次亲征，康熙二十九年（1690）乌兰布通之战，康熙三十五年（1696）昭莫多之战，康熙三十六年（1697）二月，第三次亲征噶尔丹。马思哈、费扬古两路进兵，噶尔丹余部纷纷出降。三月噶尔丹在科布多阿察阿穆塔台地方饮毒药而死，其重建大蒙古国的梦想终于告灭了。圣祖三征噶尔丹，扬威西北，平定准噶尔叛乱，保蒙古、卫京师，八年浴血战斗以全胜而告终。康熙三十七年（1698）十月策妄阿拉布坦献噶尔丹尸首。该书中有大量圣祖赐予准噶尔部首领噶尔丹、策妄阿拉布坦的上谕原文，可补《实录》未载之失。

傅恒等撰的《平定准噶尔方略》是《清代方略全书》之一种，清朱丝栏抄本，体量庞大，分为三编，前编54卷，正编85卷，续编32卷，共171卷，纪略1卷。卷首傅恒等撰《恭进平定准噶尔方略表》。

前编上起康熙三十九年（1700）七月，下迄于乾隆十七年（1752）九月。记载圣祖三征准噶尔部噶尔丹和策旺阿拉布坦。策旺阿拉布坦派人杀死拉藏汗，占领西藏，康熙五十六年（1717）皇十四子抚远大将军胤禵击败大策零敦多布，驱逐准噶尔军出西藏。雍正二年（1724）平定罗卜藏丹津叛乱。雍正五年（1727）策妄阿拉布坦病故，其长子噶尔丹策零继承统治权。乾隆十年（1745）噶尔丹策零病死。直至准噶尔部名将大敦多卜策零之孙达瓦齐杀噶尔丹策零长子喇嘛达尔扎而自立。

正编八十五卷，上起乾隆十八年（1753）十月，下迄于乾隆二十五年（1760）三月。乾隆二十年（1755）高宗平定伊犁，俘获达瓦齐。乾隆二十二年（1757）平定阿睦尔撒纳叛乱。乾隆二十三年（1758）平定南疆大小和卓木布拉尼敦、霍集占兄弟叛乱。自此历经康雍乾三朝终于统一西北边疆。

续编三十二卷，上起乾隆二十五年（1760）三月，下迄于乾隆三十年（1765）八月，记载高宗设立伊犁将军，任用流官，驻防城镇。

移民屯田，以作屏藩，开发新疆，建设新疆的过程。

保泰等撰的《平定廓尔喀纪略》是《清代方略全书》之一种，五十四卷。卷首四卷，前三卷为高宗歌咏战争的御制诗，第四卷为高宗御制文，包括《十全记》《喇嘛说》《平定廓尔喀十五功臣图赞》。乾隆六十年编刊，殿版印行。与《巴勒布纪略》形成姊妹篇，分别叙述高宗两次用兵西藏，驱逐廓尔喀之事。《平定廓尔喀纪略》上起乾隆五十六年（1791）八月，下迄于乾隆五十八年（1793）十月，记载高宗第二次用兵后藏、追击廓尔喀侵略军和处理善后事宜。该书内容翔实，比《卫藏通志》《清高宗实录》更加具体。清朝钦差大臣巴忠在第一次西藏与廓尔喀的战争中，私自议和，承诺用每年300个银元宝换回廓尔喀已占土地。未得到达赖喇嘛的允许，次年无法兑现。廓尔喀第二次入侵后藏。乾隆五十六年（1791）十月，福康安、海兰察率军1.4万人入藏，乾隆五十七年（1792）五月将廓尔喀军队驱逐出境，福康安率军5000人追入廓尔喀国内。七月，廓尔喀投降，高宗准许。廓尔喀交出所抢财宝，交出与西藏私立的协约。高宗改革西藏政治体制，驻藏大臣总揽藏务，监督权完全转变为行政权。乾隆五十八年（1793）八月创设金瓶掣签制，控制灵通转世。颁布《钦定西藏善后章程》，将西藏完全纳入中央政府直接管理的范围。平定廓尔喀对于巩固西南边疆，统一清朝版图具有重要作用。虽有人认为劳而伤民，但从长时段来看，益显其珍贵。中国藏学出版社2006年出版点校版，质量很高。

托津等撰的《平定三省教匪纪略》是之一种，四十二卷，卷首一卷。托津、董诰、张煦、英和、卢荫溥等撰，嘉庆年间刻本。嘉庆二十一年（1816）告成，与《剿平三省邪匪方略》为姊妹篇。清兵入关统治中国以来，历经顺、康、雍、乾四朝，凭借文治武功以维护政权的合法性，接续中国传统王朝之正统。康、雍、乾三帝屡兴文字狱，进行思想控制以巩固统治。但是民间反清复明的浪潮此起彼伏，往往借助秘密社会民间宗教起事。该书记载自乾隆中期以来，天地会、白莲教在南北各地活跃起来。如安徽刘松带领其子和两个弟子在川楚陕甘收徒传白莲教，谪戍伊犁。乾隆末年川楚陕白莲教已成不可抑制之势，国本动摇。嘉庆元年（1796）湖北张正谟、聂杰人发动起义，拉开了川楚陕白莲教大起义的序幕。湖北、四川、河南、陕西各省响应，加上贵州、湖南的苗民起义，清政府应接不暇。嘉庆九年（1804）九月，历时八年半，清政府才平定白莲教大起义。嘉庆十八年（1813）天理教林清率领200名教徒袭击紫禁城。康乾盛世，盛极而衰，嘉庆时期正是清朝由盛世走向中衰的转折点。清政府调集16省军队平定四川、湖北、陕西、河南、甘肃五省40多万人的白莲教大起义，耗费白银2亿两，国库空虚，民生凋敝，社会动乱剧烈。进入道光时期，变乱频发，边疆与内地、汉族与少数民族矛盾并起，列强入侵，国门洞开。

《黑龙江通省事宜》将呼伦贝尔、布特哈职官设置与俸银逐个排列，很有价值。

张国淦的《黑龙江志略》记述索伦、达呼尔、鄂伦春、毕拉尔（即鄂伦春类），黑龙江各城地理职官、山脉水系。

缪学贤的《黑龙江》记载索伦、鄂伦春之战事，伊犁、卫藏、平捻豫东、吉林马贼，海兰察依仗军功崛起。光绪朝清廷收笼鄂伦春，因管理松散，鄂伦春人有跟沙俄交易貂皮者，并潜入沙俄境内，成为俄籍。

郭博勒氏是清朝达斡尔族十八个哈拉中，四个最大的哈拉之一，高官辈出，子弟繁盛，著名的有阿那保、都兴阿、西凌阿、穆腾阿，郭博勒氏家谱在东北民族中非常珍贵，记录了家族数百年十余代的历史。郭克兴在民国肇始着手编撰家谱，《黑水郭氏家谱》共有八种，分别是《乡土录》《世系录》《世德录》《扬芬录》《先茔录》《旧闻录》《艺文录》《济美录》。

《黑龙江乡土录》体例独特，将众多乡土文献按照方舆和部族分列，十分少见，却很方便读者查找。部族志中对达呼尔、索伦、鄂伦春之源流分列各种方志之观点，对近代人物的官职、军事活动、赏恤、事迹、著述列表呈现，并对达斡尔族精英有所评论，不以成败论英雄，对博穆博果尔、巴尔达齐、齐三、高喀鼐均给予肯定，对乾隆朝以后达斡尔族军功卓著，但精英大多认同满洲统治，却很少顾及家乡，致使沙俄入侵，族人南迁，丧失江北，感慨万千。号召清末族人从教育起步，自觉自强自存。《黑水郭氏世系录》中述及《郭博勒姓氏考》，对家族源流、同宗各姓详加考订。《黑水郭氏扬芬录》以郭克兴之父穆腾阿为中心人物，主要叙述其平粤、平捻、平回、平枭、驻防江宁，武功卓著。《黑水郭氏旧闻录》将家庙、宅第、祠宇、庄田、金石、文字、图像等遗迹，尽行收录，可作为社会史材料加以运用。《黑水郭氏世德录》分为近支碑传和远支碑传，辑取诸多传记材料，对研究者来说节省很多时间。

黄维翰的《黑水先民传》清传共24卷，其中众多人物传记是涉及索伦部精英的，如博穆博果尔、巴尔达齐、根特木耳、海兰察、穆腾阿、由屯、阿克岛、倍勒尔、鄂博什、阿满泰、纶布春、阿那保、色尔衮①、西凌阿、明庆、德兴阿、都兴阿、多隆阿、恒龄、舒通额、安住、花尚阿、穆图善、依楞额、色楞额、长顺、奇三、璘绰尔图、努固德等非常系统，史事完备，可作个案研究。

吴振臣的《宁古塔纪略》是一部著名的东北史地著作。作者是来自清代吴江（今江苏省苏州市吴江区）松陵镇的流人，字南荣，小字苏还，著名流人、诗人吴兆骞之子。吴振臣康熙三年（1664）生于宁古塔，康熙二十年（1681）随父离开东北，结束流人生涯。该书成于康熙六十年（1721），共一卷，近九千字，是吴振臣晚年的回忆录，原

---

① 色尔衮，达呼尔底音氏，黑龙江正黄旗人。乾隆五十年（1785），由打牲兵袭佐领。五十六年（1791）五月，上幸木兰举行秋狝，校射，赏戴花翎。十月，随大学士公福康安进剿廓尔喀，屡著战绩。五十七年（1792）六月，以收复济咙，在事有功，赏强谦巴图鲁名号。八月，进攻热索桥，夺取碉卡，补额外总管。六十年（1795），迁副总管。嘉庆二年（1797），川陕楚三省教匪不靖，色尔衮随参赞大臣德楞泰赴陕剿办。三年（1798）三月，升协领。四年（1799）二月，升总管。五年（1800）闰四月，以军营出力，赏加副都统衔。七年（1802），得旨：色尔衮督率兵勇尽力穷追，奋勇可嘉，著在乾清门侍卫上行走。九年（1804），以三省肃清，下部优叙。九月，授阿勒楚喀副都统。十年（1805）奏：吉林各城俱设前锋，惟阿勒楚喀地方未设，请添设前锋十六名。允之。十一年（1806），充伊犁领队大臣。十四年（1809）十月，召来京，调镶蓝旗蒙古副都统。十五年（1810）二月，调伯都讷副都统。八月，复调阿勒楚喀副都统。十八年（1813）九月，河南教匪李文成倡乱，陷滑县城。上命色尔衮偕副都统德英阿驰赴军营协剿。赏加都统衔。先换头品顶带，并给云骑尉世职。二十四年（1819），调黑龙江副都统。寻命以都统衔充呼伦贝尔办事大臣。道光七年（1827），因病陈请开缺，得旨：色尔衮著原品休致，赏给全俸以养余年。十三年（1833）卒。子明晋，世袭佐领。凌晋，公中佐领。灵珠，副总管。珠勒格善，二品荫生，二等侍卫。孙济克济克扎布，世袭佐领兼一云骑尉。（《清国史·嘉业堂钞本》第8册，中华书局1993年版，大臣画一传档次编，卷九十九，第534—536页）

汁原味回忆了其亲身经历，内容包括宁古塔的山川名胜、风土人情和土特物产，以及其父流放经历、沙俄入侵、边疆防务，还有南归所经驿站里程。其父吴兆骞诗作颇多，广为传颂，并被宁古塔将军巴海聘为书记，教其二子，可见流人对东北地区文化发展产生重要影响。关于沙俄入侵宁古塔及防戍情况的记录，是东北边疆史地研究的重要史料。山川名胜、风土人情、土特物产反映了当时东北自然环境、社会生活和经济发展的真实面貌。南北炕、萨满跳神、东北三宝（人参、貂皮、乌拉草）是东北少数民族的标志性社会生活文化。该书版本众多，有道光十年长沙顾氏刊《赐砚堂丛书新编》本，道光间刊《昭代丛书》本，道光二十三年郑氏青玉房刊《舟车所事》本，黑龙江人民出版社1985年出版的《龙江三纪》点校本方便实用。另外《辽海丛书续编》第2册也将其收录进去。

方式济的《龙沙纪略》是一部著名的东北史地著作，作者为清代来自安徽桐城的流人，字屋源，号沃园。康熙四十八年（1709）进士，授内阁中书。方式济曾祖方拱乾、祖方孝标、父方登峄四代流人，青史留名。康熙五十年（1711）戴名世《南山集》案发，由于其引用了方孝标的《滇黔纪闻》，方氏族人继顺治朝南闱科场案方拱乾及其子流放东北后，再次受到牵连，方登峄和方式济共四人贬谪黑龙江卜魁（今齐齐哈尔）城。方式济家学渊源，工诗善画，流放黑龙江期间，考察古迹，遍访多方，结合找到的历史文献，写出了《龙沙纪略》。该书分门别类，共为九目，一方隅、二山川、三经制、四时令、五风俗、六饮食、七贡赋、八物产、九屋宇，是研究清代前期东北地区沿革地理、社会风俗、对俄关系的重要文献，具有开创之功。东北地名多为少数民族语言文字，对于关内人来说很陌生，故了解其行政建制尤为困难。在《方隅》目中，将东北三将军的辖区范围、治所迁移明确阐述。东北平原山水相连，河流交错，源流复杂，在《山川》目中，皆做了详细记载。尤其对黑龙江之源的记载十分详备。在《经制》目中，对黑龙江境内驿站设置、驿路线路记载明确，还有关于中俄两国的界务事宜。该书版本众多，最早的是有乾隆二十年（1755）桐城方氏刻的《述本堂诗集》本。道光间吴江沈氏世楷堂刻《昭代丛书》颇为著名。黑龙江人民出版社1985年出版的《龙江三纪》点校本方便实用。另外《辽海丛书续编》第2册也将其收录进去。

《山中闻见录》是明代遗民彭孙贻所撰，记载明清战争的史书，作者原署名为管葛山人。彭孙贻字仲谋，又字羿仁，号茗斋，浙江海盐武原镇（今浙江省海盐市）人，明末拔贡生。明亡后，终身不仕清，闭门写作明末史事，也有大量诗词问世。其史观崇明蔑清，严守华夷之辨，其著作为清朝禁书。其父彭观民为南明隆武朝太常寺少卿，在江南抗清战争中于赣州保卫战殉难。该书共11卷，分为三部分。第一部分为第1—6卷，记载努尔哈赤以十三副遗甲起兵反明、以"七大恨"誓师出兵，首战抚顺，取得萨尔浒大捷，建州女真勃兴建国。皇太极使用反间计害死袁崇焕，统一漠南蒙古，收降三顺王，组建汉军八旗与蒙古八旗，定国号为大清，改元崇德，入口作战，决战松锦。多尔衮率清军挥师入关的历史。第二部分为第7卷，内容为《戚继光传》《李成梁传》《徐从治传》《刘綎传》《杜松传》，歌颂这五位明朝将领维护统一，保卫边疆的英勇事迹。第三部分为第8—11卷，内容为《西人志》《东人志（女真考）》《东人志（海西）》《东人志（建州）》，叙述了元末以来的明朝与蒙古瓦剌部、鞑靼部史事，上古以来的女真源流、分化整合及努尔哈赤统一建州女真与海西女真的过程。该书脉络清晰，史实准确，但由于在清朝为禁书，没有公开的刻本。罗振玉根据钞本将该书刻印刊行，收入《玉简斋丛书》，其中第3—5卷佚失，现在看到的第3—5卷为后人伪作。

《东三省舆地图说》，1卷，是曹廷杰关于东北历史地理、民族、考古方面的学术札记。曹廷杰（1850—1926），字彝卿，湖北枝江人。同治十三年（1874）入北京国史馆，做汉誊录。光绪九年（1883）来到吉林，在靖边军后路营中办理边务文案。历任吉林边务文案总理、呼兰木税局总理、吉林知府、吉林劝业道道员、代理蒙务处协理等职。著有《东北边防辑要》《西伯利东偏纪要》，前者侧重于历史文献的搜集研究，后者侧重于实地调查分析。《东三省舆地图说》综合了前两本书的特点，将历史文献和实地调查相结合，综合考证分析。光绪十一年（1885）曹廷杰奉派考察吉林、黑龙江两省与沙俄边界。绘成《简明图说》，后经补充，并附以作者关于东三省的条陈十六条，光绪十三年（1887）此书刊行。该书正文53条，从"肃慎国考"到"中俄东边界段说"，时间跨越几千年。内容包括民族分布、行政区划、地名、交通水道、碑文等。突出贡献是其对明代奴尔干都司永宁寺碑的碑文研究，通过明朝太监亦失哈征服奴尔干海及东海苦夷事，证明《明实录》《明会典》记载的东北卫所之正确性，从而说明明朝的统治力量已经实际到达了奴尔干都司。该书收入《皇朝藩属舆地丛书》，《辽海丛书》（第七集）也将其收录其中。

当代学术成果数量众多，经过梳理，现将有价值的学术专著分析如下。至于大量的期刊论文将在正文中，分专题加以讨论。

杨茂盛的《中国北疆古代民族政权形成研究》提出宗族部族的概念，认为氏族部落及部落联盟不能直接形成民族和国家，二者之间必须经过宗族部族阶段，这个阶段形成的标志是宗族的统治阶级率先"立宗命氏"、群体兴起民族意识，继而形成部族。[1] 鄂温克族的家长奴隶制是在毛哄的基础上形成的。[2] 由于清朝的介入，即将瓦解的氏族组织被编为牛录，在八旗制的庇护下，鄂温克人经过有序的发展，依附于满洲贵族，不会走上独立发展的道路了。

秋浦的《鄂伦春社会的发展》[3] 是关于鄂伦春族研究较早的著作。该书的观点比较传统，认为个体家庭、乌力楞（家庭公社）、氏族三足鼎立，生产力的发展导致了血缘纽带关系的解体，鄂伦春人经营农业遭受了失败，在清代布特哈八旗的"摩凌阿鄂伦春"在满洲贵族的主导下频繁征调参战，五路"雅发罕鄂伦春"对路的建制更加认同。路下设佐，佐这种组织形式后来发展为八旗制度，打破了鄂伦春人原有的氏族制度。在莫昆达和佐领管辖下，地域组织取代了血缘组织，个体交换取代了集体交换，私有制产生了。个体家庭脱离了氏族的控制，阶级社会形成了。20世纪40年代氏族制度结束了，乌力楞被地域组织代替。

---

[1] 杨茂盛：《中国北疆古代民族政权形成研究》，黑龙江教育出版社2004年版，前言，第2—3页。
[2] 杨茂盛：《中国北疆古代民族政权形成研究》，第25页。
[3] 秋浦：《鄂伦春社会的发展》，上海人民出版社1978年版。

赵复兴的《鄂伦春族游猎文化》①以游猎文化为主线，对鄂伦春族的组织形式、生产交换、宗教信仰、婚丧礼仪作了全方位的研究。都永浩的《鄂伦春族 游猎·定居·发展》②以鄂伦春民族的形成、发展、结构、游猎文化为主线，对清代和民国时期鄂伦春族的发展做了详尽的论述。韩有峰的《黑龙江鄂伦春族》③以当代鄂伦春族研究为重点，兼及黑龙江鄂伦春族的历史和社会组织。

秋浦等的《鄂温克人的原始社会形态》④是对额尔古纳河畔的鄂温克人（雅库特）的调查研究，兼及其他部分的鄂温克人和鄂伦春人的调查资料。跟农业区和牧业区的鄂温克人不同，游猎在额尔古纳河畔的鄂温克人社会发展缓慢，新中国成立时仍然停留在原始社会末期。但其内部不是一成不变，晚清时期枪支的输入使得个体家庭冲击了乌力楞（家庭公社），私有制出现了，但是很微弱，没有出现剥削现象。雅库特与鄂伦春互称"特格"，既关系密切，又有着清晰的民族边界。清代雅库特处于父系氏族公社，晚清时期乌力楞（家庭公社）和个体家庭并存。

孔繁志对敖鲁古雅的使鹿鄂温克（雅库特）的研究值得关注。《敖鲁古雅的鄂温克人》⑤和《敖鲁古雅鄂温克人的文化变迁》⑥两书是姊妹篇。前者从历史的视角详述沿革，后者从文化的视角注重民俗变迁。

敖鲁古雅的使鹿鄂温克在新中国成立后经历过三次定居，分别是1957年、1965年和2003年。谢元媛《生态移民政策与地方政府实践——以敖鲁古雅鄂温克生态移民为例》⑦对2003年第三次定居做了人类学考察，这次生态移民使得使鹿鄂温克的生产生活方式从狩猎经济转为城镇定居。然而猎民并不满意，在敖鲁古雅的使鹿鄂温克族中间出

---

① 赵复兴：《鄂伦春族游猎文化》，内蒙古人民出版社1991年版。
② 都永浩：《鄂伦春族 游猎·定居·发展》，中央民族学院出版社1993年版。
③ 韩有峰：《黑龙江鄂伦春族》，哈尔滨出版社2002年版。
④ 秋浦等：《鄂温克人的原始社会形态》，中华书局1962年版。
⑤ 孔繁志：《敖鲁古雅的鄂温克人》，天津古籍出版社1989年版。
⑥ 孔繁志：《敖鲁古雅鄂温克人的文化变迁》，天津古籍出版社2002年版。
⑦ 谢元媛：《生态移民政策与地方政府实践——以敖鲁古雅鄂温克生态移民为例》，北京大学出版社2010年版。

现了严重的冲突。该书从文化差异的视角研究定居对游猎民族的影响，结论是敖鲁古雅的使鹿鄂温克生活环境不像媒体宣传得那样差，相对于保人的政策，保文化则更加合适。现代化的实现必须以保留边缘族群的文化为原则。

波·少布的《黑龙江鄂温克族》① 对黑龙江鄂温克族的族称族源、历史建制、社会组织条分缕析，书中的表格统计下了很大功夫，对于清朝鄂温克族与满洲的关系、降服人口、朝贡、索伦兵驻防征调有很大参考价值。沈斌华、高建纲的《中国鄂温克族人口》② 是人口学的专著，从人口学的研究范式切入，很有启发。鄂温克族在中华人民共和国成立前实行氏族外婚制，同姓不允许通婚，包办婚姻和早婚十分普遍。这些现象在中华人民共和国成立后有所改变，同姓通婚，婚姻自由，初婚年龄提高。达斡尔族与鄂温克族通婚的历史悠久，在城镇、牧区与半农半牧区两族通婚广泛，比例较高。在牧区鄂温克族与蒙古族通婚为主，在猎区与半农半猎区鄂温克族与汉族通婚为主。

吴守贵对鄂温克人的研究主要体现在《鄂温克人》③、《鄂温克族社会历史》④ 和《鄂温克历史文化发展史》⑤ 这三部曲当中。三本书将鄂温克族的历史进程概括为两条主线和三个发展阶段，较为清晰。两条主线是狩猎经济和氏族社会，三个发展阶段是使用弓箭，实现以猎为主；使用动物，驯鹿驯养业出现；养殖业和种植业兴起，向生产性经济发展。

研究达斡尔族的成果最多，景爱先生的《达斡尔族论著提要》⑥ 是从目录学的角度出发，对清末以来关于达斡尔族研究的重要成果逐个加以评论。有几部专著值得加以强调。孟志东的《云南契丹后裔研究》⑦ 一书，虽然在民族识别中，云南契丹后裔15万人并没有确定为达斡尔族，但是确定其来源是元代初期契丹人南征大理而镇抚于

---

① 波·少布：《黑龙江鄂温克族》，哈尔滨出版社2008年版。
② 沈斌华、高建纲：《中国鄂温克族人口》，内蒙古大学出版社1991年版。
③ 吴守贵：《鄂温克人》，内蒙古文化出版社2000年版。
④ 吴守贵：《鄂温克族社会历史》，民族出版社2008年版。
⑤ 吴守贵：《鄂温克历史文化发展史》，中国社会科学出版社2015年版。
⑥ 景爱：《达斡尔族论著提要》，人民出版社2015年版。
⑦ 孟志东：《云南契丹后裔研究》，中国社会科学出版社1995年版。

此。郭布勒·巴尔登的《新疆达斡尔族》①详述达斡尔人西迁、逃亡、返回与建营，八旗索伦营的行政建置，社会组织。刘金明的《黑龙江达斡尔族》②历史部分仅占三分之一，该书将根特木耳划为达斡尔族是错误的，应为使马鄂温克人（通古斯）。沈斌华、高建纲的《中国达斡尔族人口》③是人口学的专著，从人口学的研究范式切入，很有创新。达斡尔族族外通婚很常见，最多的是与鄂温克族通婚，在通婚中能够分清楚哈拉的不同，说明达斡尔族与鄂温克族的民族边界依然清晰和民族认同依然强烈。丁石庆的《达斡尔语言与社会文化》④提出清朝达斡尔族与满洲的关系分为冲突、缓和、影响三个阶段，从达斡尔语和满语的关系上透视出两个民族交往交流交融，满洲作为发展水平高的民族进入达斡尔族中，助推了达斡尔文明的脚步。达斡尔族重视教育，使用满文创作书写，最终形成了达斡尔人的达满双语文化现象。

滕绍箴、苏都尔·董瑛的《达斡尔族文化研究》⑤是当前达斡尔族研究的最高水平。该书以民族认同取代民族同化，明确反对亚洲大陆二元文化对立观，驳斥新清史是"骑马征服王朝论"的变态和翻版，坚持满洲人的中国认同，清朝皇帝跟历代王朝皇帝一样，都是以儒家思想治国理政，绝非利用。倡导民族关系史的主流是和，达斡尔族跟中华各民族一样是具有爱国主义精神的民族，女真与汉人的认同是在自然状态下的认同，不是强制认同。达斡尔族文化兼具农业文化和打牲文化，是东北民族中先进的代表，这源于契丹文化的优秀。作者考据精湛，确定巴尔达齐所娶的公主是努尔哈赤之弟多罗诚毅勇壮贝勒穆尔哈齐第四子、功封固山襄敏贝子务达海之女⑥，并根据乾隆年间的两位达斡尔将领托尔托保和博斌以族为氏，确定达斡尔氏是博穆博果尔的家族，因此

---

① 郭布勒·巴尔登：《新疆达斡尔族》，天马出版社2005年版。
② 刘金明：《黑龙江达斡尔族》，哈尔滨出版社2002年版。
③ 沈斌华、高建纲：《中国达斡尔族人口》，内蒙古大学出版社1998年版。
④ 丁石庆：《达斡尔语言与社会文化》，中央民族大学出版社1998年版。
⑤ 滕绍箴、苏都尔·董瑛：《达斡尔族文化研究》，辽宁民族出版社2014年版。
⑥ 滕绍箴、苏都尔·董瑛：《达斡尔族文化研究》，第19页。

确定博穆博果尔的族属为达斡尔族。①

景鄂海、巴图宝音编著的《中国达斡尔族史话》②和孟志东主编的《中国达斡尔族通史》③是新世纪以来的两部达斡尔族通史，撰写体例很相似，都是从契丹史、辽史写到达斡尔史，这一体例遭到了景爱的批评，达斡尔不能等同于契丹，他还有契丹以外的成分。民族的形成过程很漫长，不同成分出出进进不可能避免，因此不能人为地拉长本民族的历史。

史禄国的《北方通古斯的社会组织》④为民族学经典之作，作者利用西伯利亚和东北地区的调查资料系统研究了鄂温克、鄂伦春人的地理环境、经济类型、组织结构、风俗习惯等。但是作者的意识形态存在严重问题，他是站在沙皇俄国的立场，为俄国资产阶级侵略我国服务，其白俄的身份，也极力反对苏联红色政权。该书认为鄂温克和鄂伦春人是自愿接受沙俄统治，将殖民侵略描述成是发展水平高的民族对发展水平低的民族的经济帮助，这完全不符合事实。在历史观上，他认为民族（ethnos）是个认同的群体，忽视经济基础对社会发展的决定性作用，而是只强调民族关系的影响，从而不可能对鄂温克、鄂伦春人的社会经济形态进行全盘的拆析。

总之，学术研究的过程，通常是从个别问题研究开始，最后上升为综合研究，这是一个不断深化的过程。就本书而言，前人虽然在微观层面进行了很多研究，但是没有在整体上研究清朝索伦部与满洲的关系，本书即要在整体上进行系统性的深入研究。注重索伦部的民族分化过程、民族意识的变迁，说明索伦部既依附满洲又具有本民族认同的复杂关系，进而找到民族之间互动交融的特点和规律，正确理解清朝的民族观和民族政策。对于索伦部中的三个民族的分化过程和民族意识的研究，探究满洲对其民族分化过程和民族意识的影响，是个崭新的课题。运用马克思主义民族理论结合民族学、社会学原理研究中国民族关系史也是个创新。

---

① 滕绍箴、苏都尔·董瑛：《达斡尔族文化研究》，第36页。
② 景鄂海、巴图宝音编著：《中国达斡尔族史话》，民族出版社2005年版。
③ 孟志东主编：《中国达斡尔族通史》，辽宁民族出版社2018年版。
④ ［俄］史禄国：《北方通古斯的社会组织》，内蒙古人民出版社1984年版。

五 创新点、新档案和研究方法

（一）创新点

第一，从民族关系的视角，动态地研究索伦部与满洲的关系，考察清朝索伦部民族分化过程中满洲所起的作用，清入关前索伦部在满洲民族联合过程中所起的作用；第二，通过研究索伦部民族经济发展过程，厘清满洲进入之前，索伦部的民族边界；第三，注重民族意识的考察，研究满洲对索伦部民族意识变迁的影响，注重场景的变化，提出索伦部民族意识的多层次性；第四，注重民族精英对索伦部民族意识、民族命运的影响；第五，利用清代原始文献，展现清朝索伦部在对外战争和国内战争中的参战过程和所起的作用，总结战争对民族关系的影响和清朝统一国家认同的方略；第六，对索伦部与满洲关系的性质、特点作出总结，对其民族关系作出客观评价。

（二）新档案

清代的满汉文档案是最具权威性的重要资料，近年来学术界整理出版了一些新档案，对本书有重要作用的，在此加以介绍。

中国第一历史档案馆、鄂温克族自治旗民族古籍整理办公室编的《清宫珍藏海兰察满汉文奏折汇编》[①]是在中国第一历史档案馆收藏的132万件朱批奏折和录副奏折中挑选出的海兰察的奏折286件，其中正件247件，附件38件，上谕1件，时间从乾隆三十七年（1772）到乾隆五十八年（1793）。奏折涉及海兰察一生的主要军事活动，包括征金川土司、平甘肃起义、平台湾起义、抗击廓尔喀入侵。高宗频繁加赏，海兰察被誉为乾隆朝"武臣之冠"。这些奏折是窥测清朝君臣互动，君主对少数民族精英领袖笼络的珍贵材料。

中国第一历史档案馆、鄂伦春民族研究会编的《清代鄂伦春族满汉

---

① 中国第一历史档案馆、鄂温克族自治旗民族古籍整理办公室编：《清宫珍藏海兰察满汉文奏折汇编》，辽宁民族出版社2008年版。

文档案汇编》①收录了从康熙二十二年（1683）九月至宣统元年（1909）二月二十六日200多年间有关清代鄂伦春族的咨文、奏折等满汉文档案资料311篇。档案来自《内阁满文俄罗斯档》《黑龙江将军衙门档案》《军机处满文录副奏折》《宫中汉文朱批奏折》。

中国第一历史档案馆、莫力达瓦达斡尔族自治旗达斡尔学会、莫力达瓦达斡尔族自治旗达斡尔民族博物馆编的《清宫珍藏达斡尔族满汉文档案汇编》②共收档案805件，从康熙四年（1665）到宣统二年（1910）跨度为245年。包括正件628件、附件177件，其中满文档案444件、满汉文合璧档案95件、汉文档案89件。其来源为户部、兵部、理藩院、军机处、黑龙江将军、伊犁将军和皇帝，按种类分为题本、朱批奏折、录副奏折、议副档、上谕档和寄信档。其内容为清代达斡尔族迁徙、设置、贡貂、狩猎、出征、生活等方面事宜。

贺玲主编的《中国新疆历史文化古籍文献资料译编》第37卷《锡伯族》③中收录的汉文文献大多为清朝档案、奏折，如《黑龙江将军衙门满文档案》《军机处满文月折档》《军机处满文上谕档》《军机处满文录副奏折》《军机处汉文录副奏折》《军机处满文寄信档》等，史料价值珍贵，皆为此前没有出版的档案。索伦兵与锡伯兵从东北迁到新疆，常年生活在一起，有驻卡、放牧、巡边、行围、操练、查揖盗贼之职责，因此锡伯文献中有大量对索伦兵的记载，不可或缺。

贺玲主编的《中国新疆历史文化古籍文献资料译编》第40卷《索伦》④是专门对迁入新疆的索伦兵进行的资料汇编，包括清代历朝实录、《黑龙江将军衙门满文档案》《军机处满文录副奏折》《军机处满文

---

① 中国第一历史档案馆、鄂伦春民族研究会编：《清代鄂伦春族满汉文档案汇编》，民族出版社2011年版。
② 中国第一历史档案馆、莫力达瓦达斡尔族自治旗达斡尔学会、莫力达瓦达斡尔族自治旗达斡尔民族博物馆编：《清宫珍藏达斡尔族满汉文档案汇编》，辽宁民族出版社2018年版。
③ 贺玲主编：《中国新疆历史文化古籍文献资料译编》第37卷《锡伯族》，克孜勒苏柯尔克孜文出版社、新疆人民出版社2016年版。
④ 贺玲主编：《中国新疆历史文化古籍文献资料译编》第40卷《索伦》，克孜勒苏柯尔克孜文出版社、新疆人民出版社2016年版。

月折档》《筹办夷务始末》《平定准噶尔方略》《平定陕西甘肃新疆回匪方略》等，满文档案的翻译弥足珍贵，对索伦兵在清代新疆统一过程中的行为和作用的考察具有重要价值。

《达斡尔资料集》编辑委员会、全国少数民族古籍整理研究室、黑龙江省档案馆编的《达斡尔资料集第九集档案专辑》①所收档案从康熙二十四年（1685）到1938年，这些档案来自索伦达斡尔总管衙门、布特哈总管衙门、布特哈副都统衙门、西布特哈总管公署、布西设置局、黑龙江将军衙门、黑龙江副都统衙门、黑龙江省公署、龙江道道尹公署等机构。

黑龙江省档案馆、黑龙江省民族研究所编的《黑龙江少数民族（1903—1931）》②所收档案以清末民初鄂伦春族为主，达斡尔族、鄂温克族为辅。

郝建恒等译的《历史文献补编——十七世纪中俄关系文件选译》③是根据1846—1875年出版的《历史文献补编》12卷俄国史文件集，选译的材料，内容涉及俄罗斯封建帝国的内政、外交、军事、贸易等情况，共计76件。从哥萨克侵略活动、中俄雅克萨之战、尼布楚谈判签订条约、早期中俄贸易的诸多史料中，从俄国人的记载中，可以考察索伦部与沙俄的接触情况，更可贵的是可以观察索伦人的民族意识。

刘民声等编的《十七世纪沙俄侵略黑龙江流域史资料》④辑录17世纪30—80年代中俄两国在黑龙江流域互动的资料，达斡尔人、雅库特人、通古斯人处在沙俄与清朝两大势力之间，各民族的意识变化、政治选择、经济发展值得深入研究。

（三）研究方法

索伦部属于北方少数民族，研究少数民族历史要广泛利用历史学、

---

① 《达斡尔资料集》编辑委员会、全国少数民族古籍整理研究室、黑龙江省档案馆编：《达斡尔资料集第九集档案专辑》，民族出版社2009年版。
② 黑龙江省档案馆、黑龙江省民族研究所编：《黑龙江少数民族（1903—1931）》，哈尔滨内部出版1985年版。
③ 郝建恒等译：《历史文献补编——十七世纪中俄关系文件选译》，商务印书馆1989年版。
④ 刘民声等编：《十七世纪沙俄侵略黑龙江流域史资料》，黑龙江教育出版社1998年版。

民族学、人类学、社会学、民俗学、语言学等不同学科的研究成果。只有这样才能开阔眼界、扩大思路，形成科学准确的认识和观点。

本书主要运用历史学的研究方法，对史料进行分类整理、归纳分析、综合比较，重点运用各种档案、实录、正史、方志及现有的相关研究成果，以马克思主义唯物史观和民族理论民族政策为指导，史论结合，研究清朝索伦部与满洲的关系。同时采用了人类学、民族社会学等学科的原理和方法，进行多学科交叉研究，注重民族分化过程、民族意识的考察，从多种角度解释历史。采取整体研究与个案研究相结合的方法，在微观和个案研究的基础上，进行宏观地综合性的研究。同时注重运用田野调查的方法，实地印证历史文献的记载，并考察民族经济发展、风俗习惯和心理素质的时代变迁。

第一章

索伦部民族分化过程与满洲对索伦部民族意识的影响

民族关系是具有特定内涵的特殊的社会关系，是民族发展过程中相关民族之间的相互交往、联系和作用、影响的关系，是双向的、动态的。民族关系是在人们的交往联系中，不仅具有社会性，而且具有民族性的社会关系，本质上是涉及民族这个社会人们共同体的地位和待遇，民族这个社会利益群体的权力和利益，民族及其成员的民族意识和感情的特殊的社会关系。① 要研究清朝索伦部与满洲的关系，学术界对索伦部诸民族的基本概况尚存在着各种分歧，梳理清楚十分必要。

第一节 明末清初索伦部的基本状况

索伦部世代生活在黑龙江流域，明末清初分布在西起石勒喀河，东至黑龙江北岸支流精奇里江（今俄罗斯结雅河），北起外兴安岭，南至大小兴安岭，是今天中国黑龙江中上游的鄂温克族、鄂伦春族和达斡尔族的总称。明朝称其为"北山野人"或"女真野人"，清朝称其为索伦。明末清初索伦部仍保持着比较原始的部落组织。

"北山野人，乞列迷之别种。养鹿乘以出入，水产海驴、海豹、海猪、海牛、海狗皮，殳角、鲂须以为异物昔入贡，今不通焉。"（《全辽志》卷六，《辽东志》卷九）有学者认为："此族所居之北山，当为三

---

① 金炳镐：《民族关系理论通论》，中央民族大学出版社2007年版，第166页。

江汇合处以北的小兴安岭及外兴安岭,此族'乘鹿以出入'则正为今鄂伦春族的先人。"① 北山野人是通古斯女真、鄂伦春和鄂温克,丛佩远先生已在《元代的野人、吾者野人、女直野人与北山野人》一文中做了经典的推断,结论令人信服。

女真野人,又称女直野人,"性刚而贪,文面椎髻,帽缀红缨,饰以海贝,用金银锡圈为项饰。胸掩细甲,衣彩帛,垂皮条长与足齐,坠以金锡牌,间以磁石,行则琅锵有声,谓之鸦儿马吉。劲弓长矢,射山为食,不治产业。暑则野居,寒则室处,妇人饰帽垂珠珞,衣缀铜铃,死者枢悬于树"(《辽东志》卷九)。据此材料,丛佩远从狩猎、树葬、文面的风俗习惯出发,将其确定为鄂伦春人。②

明末清初,黑龙江北岸(包括石勒喀河流域)民族众多,分布复杂,名称混乱。俄国学者多尔基赫根据波雅尔科夫、哈巴罗夫、斯切潘诺夫的报告和俄国史料的记载,提出三种说法:第一,索伦部、萨哈查部论。明末清初,黑龙江北以索伦部为主,共同居住了索伦、达斡尔、鄂伦春三个民族。索伦民族势力强大,已经建立了汗国,即建立了政权。第二,"达呼尔地方"论。明末清初,俄国人称从贝加尔湖到东海,从黑龙江北到外兴安岭地区为"达呼尔地方"。进而将沙俄在尼布楚建的俄兵国称为"达斡尔兵国",对其俄兵称为"达斡尔兵"。第三,三分论。明末清初,黑龙江上游的达呼尔族集团,从乌尔喀河、奥列多伊河注入黑龙江的地方,至结雅河(精奇里江)口,以族长拉夫卡伊、多沙虎尔、戈伊古达尔、班布莱伊、托尔固为首的五个集团。精奇里江流域的达呼尔族和达呼尔化的通古斯集团,从结雅河的支流乌木列坎河口附近至结雅河口附近,有以达呼尔为主的巴尔达齐、多帕塔儿、钵坎、塞洛噶、果古尔和塞布奇六个集团,达呼尔化的通古斯有巴雅噶儿、托尔欠、厄津固、杜拉及托木河的通古斯五个集团。从结雅河(精奇里江)口以下的黑龙江沿岸至小兴安岭山脉地区的果古尔(久契

---

① 孙进己、冯永谦总纂:《东北历史地理》(下),黑龙江人民出版社2013年版,第502页。
② 丛佩远:《元代的野人、吾者野人、女直野人与北山野人》,《史学集刊》1988年第3期。

尔）集团，族长有托恩加、厄秋涅、俄尔托科、吉拉纳。①

日本学者阿南惟敬认为："居住在黑龙江上游的部族，有索伦部、萨哈尔察部（或黑龙江）和虎尔哈部三个代表集团。"② 这和多尔基赫的观点完全一致，索伦部、萨哈察部和虎尔哈部分别对应了黑龙江上游的达呼尔族集团、精奇里江流域的达呼尔族和达呼尔化的通古斯集团和从结雅河（精奇里江）口以下的黑龙江沿岸至小兴安岭山脉地区的果古尔（久契尔）集团。王锺翰先生指出："包括在索伦部名称下面的达呼尔人的另一称呼应该就是萨哈尔察部。"③ 滕绍箴先生据此提出不同意见，认为萨哈尔察部的达斡尔族分布情况由于资料不足，很难讲清楚。④ 尽管如此，滕绍箴将精奇里江的六个达斡尔部落依次考证分布位置，具有重要的学术意义。

清朝把黑龙江上游，雅克萨城至精奇里江之间的土地称为索伦部，这包括了以上日本学者认定的三部分地域和民族。俄人将此地称为达斡尔地方，并不意味着此地只有达斡尔一个民族，而是在精奇里江、黑龙江中游、石尔喀河流域的风俗习惯语言达斡尔化的几个少数民族。这些民族有达斡尔化的通古斯人、山里通古斯人、游牧蒙古人，但是仅有达斡尔人建有城砦村屯，农业发达，人口众多。当沙俄进入黑龙江中上游地区，自然首先占领城寨，夺取粮食，因此受到达斡尔人的激烈反抗，因此俄国人称此地为"达斡尔地方"。

鄂温克

明末清初，即 17 世纪初，鄂温克族共分三支：第一支是居住在贝加尔湖西，北勒拿河支流威吕河和维提姆河的使鹿鄂温克人，共有 12 个大氏族，被称为使鹿的"喀木尼堪"或"索伦别部"，又称雅库特，

---

① 参见《达斡尔资料集》编辑委员会、全国少数民族古籍整理研究室合编《达斡尔资料集》第十集（上），民族出版社 2011 年版，第 1180—1182 页。

② ［日］阿南惟敬：《关于清太宗对黑龙江的征讨》，《世界民族》1983 年第 3 期；［日］阿南惟敬：《关于清初的黑龙江虎尔哈部》，《民族译丛》1994 年第 4 期。

③ 王锺翰：《达呼尔人出于索伦部考》，《王锺翰清史论集》第 3 册，中华书局 2004 年版，第 1565 页。

④ 滕绍箴、苏都尔·董瑛：《达斡尔族文化研究》，第 38 页。

酋长是叶雷、舍尔特库等；第二支是贝加尔湖以东赤塔河一带使马鄂温克部，被称为"纳米雅儿"部落或叫"那妹他"，共有 15 个氏族，又称通古斯，其中一个氏族酋长叫根特木耳；第三支也是最重要的一支，即"索伦部"本部，系指由石勒克河至精奇里江一带的鄂温克人。

鄂伦春

鄂伦春与鄂温克同源，是索伦别部，"噩伦千""奥伦千"是其自称，汉译为鄂伦春，意为"住在山上的人"或"使用驯鹿的人"。

俄尔吞作为族称首现于崇德五年（1640），"兀鲁苏屯之博穆博果尔索伦、俄尔吞、奇勒里、精奇里，兀赖布丁屯以东，兀木讷克、巴哈纳以西，黑龙江额尔图屯以东，阿里阐以西，两乌喇兵共六千，来袭正蓝旗后队"①。此时鄂伦春从索伦部落集团中被识别出来，"俄伦春者，索伦、达呼尔类也"②，与索伦、达呼尔并列记入实录。鄂伦春生活在黑龙江以北、精奇里江源，直至库页岛上。

达斡尔

达斡尔作为族称首见于明代蒙文文献《蒙古源流》中，"天下称扎萨克图合罕，致其大国于太平，征赋于珠尔齐特、额里古特、达吉忽尔三部"③。珠尔齐特、额里古特、达吉忽尔三部经沈曾植先生清译本笺证，《续通考·三卫门》载唐顺之奏疏：嘉靖二十九年（1550），把都儿、打来孙二房，收属东夷而居其地，遂巢穴辽蓟间。案达贲逊库登台吉，即《藩部表》库登汗，巴林三部之祖，亦即明人所称徙牧东方之小王子打来孙也。图们台吉即明人所谓土蛮，既已南徙度漠，故取供赋于珠尔齐特三部落也。或疑三部落即指三卫，珠尔齐特者福余也，存参王静安校：珠尔齐特者女真也。额里克特者卫拉也。张尔田先生校补，

---

① 《清太宗实录》卷 51，崇德五年三月乙丑，中华书局 1985 年版。
② 何秋涛：《朔方备乘》卷 2，《索伦诸部内属述略》，李兴盛主编：《黑龙江地方古籍整理》（第一辑）（二），第 1020 页。
③ 萨冈彻辰：《新译校注蒙古源流》，道润梯步译校，内蒙古人民出版社 2006 年版，第 289 页。

案珠尔齐特指海西诸部,达奇鄂尔无考,颇疑鄂尔当作果尔即古格异译,盖谓西藏也。《世杀谱》作朱尔漆忒、纳里古忒、搭吉古尔咸纳贡臣服。搭吉古尔即是指"达斡尔"。

达斡尔在崇德二年(1637)出现在俄文文献《俄国人对阿穆尔的发现和边区开发的开端》中,维季姆河的鄂温克人向哥萨克讲说达斡尔酋长巴托加的住地和生产生活方式。此时鄂温克人就能清楚地区分自己与达斡尔人。①

达斡尔在顺治六年(1649)出现在满文文献清初内国史院满文档案中,"达呼尔七村贡貂皮二百六十一"②,此时达斡尔从索伦部落集团中被识别出来。顺治八年(1651),达斡尔酋长图隆恰、托尔加对进入结雅河的哈巴罗夫说:"我们是达斡尔人,我们的氏族世居此地,在我们治下有一千多张弓。"③ 鄂温克人和达斡尔人已经有了初步的认同,能够区分两个民族的边界。

达斡尔在康熙六年(1667)出现在汉文文献《清圣祖实录》中,打虎儿载入《清实录》,更加明确了其部族的地位,"查打虎儿有一千一百余口,未编佐领,应照例酌量编为十一佐领,设头目管辖"④。达斡尔沿黑龙江、精奇里江、牛满河而居,从事耕作,"他们所种庄稼种类比俄国人多,一直到石勒喀河河口都有庄稼"⑤。最著名的酋长是博穆博果尔。

第二节　索伦部民族分化过程

索伦部族属分化问题是一个令学术界长期忽视的问题,专门撰文论述此问题的很少。满都尔图的《关于族源及达斡尔民族的形成》一文

---

① [苏]诺维科夫·达斡尔斯基:《俄国人对阿穆尔的发现和边区开发的开端》,《阿穆尔州地志博物馆与方志学会论丛》(选辑),黑龙江人民出版社1978年版,第29页。
② 中国第一历史档案馆编:《清初内国史院满文档案译编》(中册顺治朝),光明日报出版社1989年版,第477页。
③ 郝建恒等译:《历史文献补编——十七世纪中俄关系文件选译》,商务印书馆1989年版,第64页。
④ 《清圣祖实录》卷22,康熙六年六月甲戌朔,中华书局1985年版。
⑤ 郝建恒等译:《历史文献补编——十七世纪中俄关系文件选译》,第2页。

认为：共同的地域、共同的语言、共同的经济生活、共同的民族认同和凝聚力是成为达斡尔族区别于鄂温克族、鄂伦春族的标准。① 这其实是用现在的思维去分析当时的情况，没有用详尽的史料具体分析索伦部当时的心理状态。本书从学理上具体分析索伦部中三个不同族属的边界分离，进而回答这三个民族是如何区分开来并形成的，其中农业生产方式起到了决定性的作用。索伦部主要是三个古代部族的集团，其从明末清初的部族集团到清代中期形成三个独立的民族，是索伦部民族分化的过程。如何认识和解读这个过程，探索索伦部民族的形成过程，在政治、经济、族体形态上均是有意义的。明末清初，经济因素在索伦部民族分化过程中起了决定性作用。由于经济形态的差异，鄂伦春、达斡尔先后在索伦部中被识别出来，各部族得以能够区别自我与他者的差异，从而认同于自我，区别于他者。其中，达斡尔人先进的农业生产方式起到了类族辨物的作用，促进了达斡尔人的认同，也为鄂温克、鄂伦春两族之间的区分降低了难度。在清朝构建统一多民族国家的过程中，索伦部的经济属性被政治属性所冲淡。

一 所谓"民族过程"

20世纪60年代，苏联民族学界提出"民族过程"的概念，认为各个层次和性质的民族都具有相当的稳定性，一切民族共同体的特点不仅世代相传，而且也时刻在发生变化，这种变化就是"民族过程"。所谓"过程"是指"一种受科学规律支配的、具有确定终点的变化序列"②。民族的发展是一种过程意味着两个命题：第一，民族是在历史上形成的，它有终结的那一天，马克思主义民族理论对其阐述最为明确；第二，民族形成之后的发展是有阶段性的，马克思主义将其表述为氏族—部落—部族—民族，或原始民族—古代民族—现代民族，西方民族理论将其表述为族类共同体（ethnic community, ethnic）或族群（ethnic

---

① 杨优臣、何文钧主编：《达斡尔族研究论文选》，哈尔滨出版社2009年版，第1—11页。
② ［英］马丁·阿尔布劳：《全球时代——超越现代性之外的国家和社会》，高湘泽等译，商务印书馆2001年版，第135页。

group）作为民族（nation）的前身。

民族共同体有两种存在形式，即纯粹的民族和民族社会机体。这样，民族过程也分为纯粹的民族过程和民族社会过程。纯粹的民族过程表现为民族本身的变化，即语言、文化、风俗习惯、行为准则、民族自我意识等的变化，民族社会过程表现为民族社会共同体的变化，马克思主义认为首要的是经济因素的变化。纯粹的民族过程分为两种基本形式，即民族分化过程和民族联合过程。① 一些苏联学者进一步将民族过程分为广义和狭义两种：一个民族的任何一种基本要素，首先是语言和文化的显著变化都属于广义的民族过程；狭义的民族过程是指那些终归要导致民族属性，即民族自识性（民族自我意识）的变动的那些变态过程。② 民族分化过程是指，原来是一个统一民族的成员分化为几个单独的民族，或从一个民族中分化出几部分，各自成为独立的民族。民族联合过程是指，把原属不同民族的成员联合成为一个统一的民族，改变参与联合民族的原族属。

中国自古以来就是一个多民族的国家，有着独特的国情和历史文化传统。苏联的民族理论值得中国学习和借鉴，但不完全适用于中国。苏联的民族过程理论分为纯粹的民族过程和民族社会过程。这是一个忽视场景，忽视民族与社会互动的划分，而索伦部在黑龙江以北，处在一个多部族混居的社会，其中依据经济类型的差异，其成员可以区分出彼此的不同。民族和社会是无法脱离的，民族成员也身处社会当中，民族以这种特殊的形式反映了社会存在。王希恩先生将民族过程划分为族体形态过程、民族经济过程和民族政治过程③，是符合中国古代民族实际的。具体到索伦部来说，其早期的历史是族体形态十分稳定，各部族以血缘为纽带，文化特征形成，规模形态稳定。其政治过程处在部族阶段，还没有形成民族，离国家更是遥远。索伦部各部发展相对平衡，虽

---

① 参见［苏］勃罗姆列伊《民族与民族学》，李振锡、刘宇端译，第7章"民族过程"，内蒙古人民出版社1985年版；［苏］勃罗姆列伊、马尔科夫主编：《民族学基础》，赵俊智译，中国社会科学出版社1988年版，第7、8页。

② ［苏］科兹洛夫著，林柏春译：《世界民族过程的某些问题》，《民族译丛》1982年第5期。

③ 王希恩：《民族过程与国家》，甘肃人民出版社1998年版，第7页。

有差距，但没有形成质的不同。明末清初，索伦部居住在黑龙江北，其内部只能通过经济过程来加以区别。马克思主义民族理论历来重视经济在社会中的作用，认为经济是决定民族发展的重要因素，但不是唯一因素，历史唯物主义不是单纯的经济决定论，也充满了政治诉求。

二 明末清初索伦部的民族经济发展过程

明末清初，索伦部在黑龙江以北的社会发展大体平衡，达斡尔略先进于鄂温克和鄂伦春。但是各部族依然可以通过经济形态的差异，区别自我与他者，从而认同于自我。鄂伦春、达斡尔先后在索伦部中被识别出来，这是缘于其具有不同的生产生活方式，鄂温克以狩猎为主，兼及饲养业；鄂伦春主要以狩猎和饲养驯鹿、马匹为主；达斡尔的以农耕经济为主，兼及狩猎和饲养业。

黑龙江流域各部族具有强烈的地域认同，这给满洲区分索伦部中的各族带来了不便。"黑龙江，索伦地，今所居不尽索伦。满洲、汉军，徙自吉林，巴尔呼、鄂勒特，归自蒙古；达呼尔、俄伦春、毕喇尔，则其同乡，而别为部落者。世于黑龙江人，不问部族，概称索伦，黑龙江人居之不疑，亦雅喜以索伦自号。说者谓索伦骁勇闻天下，假其名足以自壮。"① 用地域名概称民族，是清代文献中常见的现象。如清朝将黑龙江直到东海的女真人统称为呼尔哈人。为区别之，又分为松阿哩呼尔哈、东海呼尔哈、黑龙江呼尔哈等。

鄂温克、鄂伦春、达斡尔对外皆称自己为索伦，直到满洲与索伦部接触之时，依然称其为索伦部。那么在没有他者与索伦部相接触之前，即满洲没有与索伦部接触之前，索伦部的各部族能否相区别开呢？我认为，在索伦部中可以凭借生产生活方式上的差异相互区别开。

有一个事例可以说明，早期索伦部内部已经能够相互分清楚彼此。1637年，叶尼塞斯克督军派遣哥萨克头领马克希姆·佩尔菲利耶夫，率领一批哥萨克前往流入勒拿河的维季姆河。当他们到达齐帕河时，当地的鄂温克人向哥萨克讲，在流入维季姆河的卡尔加河上住着一位达斡

---

① （清）西清：《黑龙江外纪》卷3，黑龙江人民出版社1984年版，第28页。

尔酋长，名叫巴托加，他有很多貂皮，以此向另一位达斡尔酋长拉夫凯换取银器和绸缎。拉夫凯酋长住在距巴托加酋长住地三四天路程的石勒喀河畔、乌尔河口。① 这个例子说明在 1637 年以前鄂温克人就能够区分出达斡尔人，明确知道两位达斡尔酋长巴托加和拉夫凯的居住地域和交易方式，这是由于达斡尔人与鄂温克人的生产生活方式不同，所以鄂温克人就能够区分出达斡尔人，区分是互相的，达斡尔人也能够区分出鄂温克人。

还有一处记载："147 年（此系'创世'纪年，应为公历 1638—1639 年）他，马克西姆卡，从勒拿河畔的粤廖克明斯克堡出发，沿维季姆河上溯寻找，探听未纳税人的新土地。与他同行的军役人员和猎人共 36 名。……在穆亚河河口，他，马克内西姆卡，抓了一名舍列金斯克乡的通古斯人孔博伊科作为人质。……人质孔博伊科、佩基耶夫及其他通古斯人在回答马克西姆卡的询问时说：沿维季姆河上行可到达斡尔酋长巴托加等的住地。"② 此处记载与上一段史料大体相似，只是时间略微相差一两年，马克西姆卡就是马克希姆·佩尔菲利耶夫的不同翻译，两条史料都记载同一个达斡尔酋长巴托加，其居住地域同为维季姆河，可知确系一人。这两条史料可以互证。

崇德六年（1641），皇太极活捉博穆博果尔，征服索伦部之后，得以深入地了解了索伦部内部各部族的区别，在语言、相互称谓和生产生活方式上的差异，进一步明确其族称。清顺治六年（1649），达斡尔作为族称首现于中国文献，得到官方的承认，记载于官方史书《清实录》中，"达呼尔七村贡貂皮二百六十一"③，此时达斡尔从索伦部落集团中被识别出来。一说达斡尔族名意为耕种者。索伦语谓耕种者曰达胡里，这从另一侧面证明了达斡尔人相对于鄂温克人和鄂伦春人拥有发达的农业，相对先进的经济形态。

在索伦部中，以生产生活方式来区分彼此是最简单的办法。具体说

---

① 参见［苏］诺维科夫·达斡尔斯基《俄国人对阿穆尔的发现和边区开发的开端》，《阿穆尔州地志博物馆与方志学会论丛》（选辑），第 29 页。
② 郝建恒等译：《历史文献补编——十七世纪中俄关系文件选译》，第 1—2 页。
③ 中国第一历史档案馆编：《清初内国史院满文档案译编》（中册顺治朝），第 477 页。

来，鄂温克是住在大山林中的人们，鄂伦春是山岭上的人或驯鹿的人们，达斡尔是耕种者，三个族称明确地表示出三族不同的生产生活方式。而不同的社会经济又可相互补充不足，鄂温克人住在大山林中以狩猎为主，鄂伦春人住在山岭上以狩猎或驯鹿为主，达斡尔人住在山脚下的平原地区，以农耕为主。鄂伦春、鄂温克用毛皮或肉类与达斡尔的粮食农产品相交换，形成相互依存的易货贸易。

达斡尔人的农业之发达，记载甚多。久切尔人和达斡尔化的通古斯人也受其影响。"在结雅河和石勒喀河畔生长6种作物：大麦、燕麦、糜子、荞麦、豌豆和大麻"①，粮食品种丰富。萨哈尔察部的巴尔达齐栽种"蔬菜、黄瓜、罂粟、大豆、蒜、苹果、梨、核桃和榛子"②，其副食品种丰富，包括蔬菜、水果和干果。哈巴罗夫追击拉夫凯时记载，"田野里生产的作物有大麦、燕麦、黍、豌豆、荞麦、大麻籽"③，其判断可以够沙俄军队吃两三年，可见达斡尔人农业之发达。

同是狩猎民族，鄂伦春与鄂温克的生产生活方式要比二者跟达斡尔的差距小得多，"使鹿部"主要以鄂伦春人为主，但也有鄂温克人。一些史书记载鄂伦春为索伦别部。鄂温克自称噩伦千或奥伦千，"鄂伦春，索伦之别部也。元时称为林木中百姓，清初称为树中人，又呼为使鹿部，俗呼之为麒麟。"④ "鄂伦春实亦索伦之别部，其族皆散居内兴安岭山中，以捕貂为业，元时称林中百姓。"⑤ 故二者只能以居住方式为区别，反映在自称中。崇德五年（1640），俄尔吞出现在清朝官方史书《清实录》中，"兀鲁苏屯之博穆博果尔索伦、俄尔吞、奇勒里、精奇里，兀赖布丁屯以东，兀木讷克、巴哈纳以西，黑龙江额尔图屯以东，阿里阐以西，两乌喇兵共六千，来袭正蓝旗后队"⑥。

---

① 郝建恒等译：《历史文献补编——十七世纪中俄关系文件选译》，第13页。
② 郝建恒等译：《历史文献补编——十七世纪中俄关系文件选译》，第13页。
③ 郝建恒等译：《历史文献补编——十七世纪中俄关系文件选译》，第39页。
④ 程廷恒、张家璠：《呼伦贝尔志略》，李兴盛主编：《黑龙江地方古籍整理》（第一辑）（二），第1022页。
⑤ （清）徐世昌等编纂：《东三省政略》，吉林文史出版社1989年版，李澍田等点校，附件1，宣统三年。
⑥ 《清太宗实录》卷51，崇德五年三月乙丑。

将索伦部民众划分成不同的民族，是用现代民族概念或民族识别来划分古代人群的结果，并一定科学，也不一定优于古代的人群分类。清朝统治者的方法，是将达斡尔、鄂伦春、鄂温克、锡伯、赫哲等统称为打牲部，按生产生活方式来区分人群。索伦部中的三个民族在与满洲相接触之前已有了明确的边界，这个边界明显地表现于经济形态上。索伦部民族经济的发展，促进了其民族分化过程，为满洲进入之后，索伦部南迁嫩江流域，形成鄂温克、鄂伦春、达斡尔三个民族奠定了坚实的基础。当然，鄂温克、鄂伦春、达斡尔三个民族的边界不仅表现在经济形态或生产生活方式上，还有其他因素，但是在民族意识兴起之前，无法考量政治因素，索伦部成员仅凭借经济形态或生产生活方式在索伦部中已经能够认同与区别其他成员。

索伦部居住在黑龙江北的时期，是处在各部族聚居的状态，索伦部的经济过程向前发展，达斡尔是经济最发达的部族，通过经济上的差异，尤其是达斡尔发达的农业生产方式，索伦部中自身能够相互区别，存在各族的边界。在此之后，满洲与索伦部最先接触，与他者的接触，导致索伦部中的各部族在政治上产生差别，这远比经济上的差别更为复杂。内迁嫩江流域以后，由于索伦部被编入八旗组织，氏族组织与军事组织合而为一，强化了氏族组织的作用。政治、军事活动突出，族人皆以俸禄为生，虽然索伦部的经济生活仍靠农耕、狩猎，却不是其主要生活来源，经济基础的作用被削弱了。农业生产方式的差异在明末清初起到了类族辨物的作用，展现了其时代特点。清朝前期各地的索伦部经济类型也出现了一些差异，但是索伦部的经济属性被政治属性所冲淡，这是在清朝构建统一多民族国家的过程中不可避免的。

第三节 满洲对索伦部民族意识的影响

一 民族与民族意识

民族定义的研究成果概括起来无非分成客观存在与主观建构两种标准，即原生论与工具论。原生论认为："民族是从历史的根基上发展起来并经由生物性遗传得来的，人从一出生就被赋予了特定的生物特性和某种非常感性化的民族特质,这种特质决定了人在心里上的归属感。"①工具论认为:"民族性是一种社会工具,在不同的社会情景下会变化,它的边界是流动的而不是静态的。而且,正是社会本身,建构了人们的民族性。"② 其实,这两种观点都有失偏颇,主客观因素对民族的形成都有制约。民族的形成固然受到语言、地域、宗教、习俗、血缘(真实的或建构的)③ 等客观要素的影响,但是仅有这些不足以形成民族,因为里面缺乏场景(circumstantial)要素的参与。自我意识与客观要素有很大的区别,不属于同一系列的内容,它比客观要素复杂得多,是能够反映客观现实的主观认知,它本身就是一个组织,包括若干成分。客观要素的不确定性、不稳定性使人怀疑其是否能够形成民族。

  民族称谓,正如费孝通先生所说,有一个从"他称"转变为"自称"的过程。梁启超先生曾说,"何谓民族意识?谓对他而自觉为我。'彼,日本人;我,中国人',凡遇一他族而立刻有'我中国人'之一观念浮于其脑际者,此人即中华民族之一员也"④。费孝通先生说"同一民族的人感觉到大家是同属于一个人们共同体的自己人的这种心理"就是"民族的共同心理素质"或民族意识。⑤ 熊锡元认为民族意识包括:"第一,它是人民对于自己归属于某个民族共同体的意识;第二,在与不同民族交往的关系中,人们对本民族生存、发展、权利、荣辱、得失、安危、利害等等的认识、关切和维护。"⑥ 俄国学者刘克甫认为,"自我意识是最后形成的,而且有着明确的外部表现——自称。……一个民族只有有了明确、统一的自称,标志其自我意识的成熟,这个民族

---

① 关凯:《族群政治》,中央民族大学出版社2007年版,第44页。
② 关凯:《族群政治》,第45页。
③ 通过血缘的追述是靠不住的,我们通常使用的族谱是山字形的,缘于父系成员一辈一辈的追述。但是一个人的血缘关系还有其母系成员组成的另一半基因,实际上要想追述一个人的血缘关系是要形成父系母系两条线,族谱应该是呈倒山字形的,但是这样,任何一个人都记不住三代以上的亲人的名字,所以无法记载。倒山字形的族谱还会把所有的人最后都连成一个网,失去了其原始的意义。这说明族谱也是人们建构的,建构的过程中抛弃了母系的传承,形成了父系的传承,其中含有政治的思考。
④ 梁启超:《中国历史上民族之研究》,《梁任公近著》(第一辑)下卷,商务印书馆1923年版,第43页。
⑤ 费孝通:《费孝通民族研究文集》,民族出版社1988年版,第73页。
⑥ 熊锡元:《与刘克甫书再谈民族共同心理素质问题》,《民族研究》1989年第4期。

共同体才算是最后形成了。"① 张海洋教授认为: "民族的形成不是单一群体的自身进化所能完成的过程,而是互动的群体相互认同或辨异的产物。"② 也就是说,必须有他者进入,民族才能产生,具体对于索伦部来说,这个首先进入的"他者"就是满洲。

费孝通先生认为: "生活在一个社区之内的人,如何不和外界接触不会自觉地认同。民族是一个具有共同生活方式的人们共同体,必须和'非我族类'的外人接触才发生民族的认同,也就是所谓民族意识,所以有一个从自在到自觉的过程。"③ 和费老一样,很多学者都认为民族意识就是民族认同。王希恩先生对此提出反对意见。他认为,民族意识包括民族认同和民族成员对自己民族利益的感悟两部分,前者是从语言、外貌、宗教信仰、风俗习俗等方面的趋同,后者是对物质和精神利益的追求,二者是对立统一,缺一不可的。从民族过程上来说,自在的民族是无法感悟到群体利益的,自觉的民族才能感悟到群体利益。④ 民族利益感悟对民族认同也有反作用,即民族利益感悟及其表现越激烈,越能增加民族成员的认同。认同和共同利益感悟呈现一种正比例关系。

二 满洲进入对索伦部民族意识产生的影响

当满洲作为他者与索伦部相接触后,民族意识才能在索伦部人的头脑中产生。然而索伦部的民族意识不是每时每刻都活跃在索伦部成员的思维活动中。当索伦部与满洲相遇,索伦部需要把自己所属群体与满洲、包括之后接触到的沙俄哥萨克相区别时,民族差别和民族矛盾才会出现,民族意识和与之相关的感情才会浮现于索伦部成员的思维活动中,进而影响其心理感情、价值判断和行为决策。民族意识不是抽象的,它来自生活实践并表现在民族成员的行为中。个体的民族意识和感情会汇集成群体的情绪,引发群体事件,尤其是民族精英的民族意识起

---

① 贺国安:《刘克甫谈汉民族研究》,袁少芬、徐杰舜主编:《汉民族研究》,广西人民出版社1989年版,第62—66页。

② 张海洋:《中国的多元文化与中国人的认同》,民族出版社2006年版,第5页。

③ 费孝通主编:《中华民族多元一体格局》(修订本),中央民族大学出版社1999年版,第9—10页。

④ 王希恩:《民族认同与民族意识》,《民族研究》1995年第6期。

到决定性的作用。在封闭的社会里，普通民众没有机会接触外界，民族精英是最先接触外界的人。群体的情绪反过来也会影响个体的民族意识和民族感情，二者相互影响。

一个群体的民族意识一旦产生，即会在与其他民族的交往中不断明确和强化本民族的边界，并且努力推动以本民族为单位的集体政治、经济、文化甚至军事行为。在一个多民族社会里，民族之间在交往互动过程中，民族会逐步成为具有特定经济或政治利益的群体单元，并会在此基础上产生某种内部的"自身动力"，民族的个别成员和领袖们也可能会通过动员民族的集体行为来为自身争取这些利益。[1]

民族认同是社会成员对自己民族归属的认知和感情依附，即民族身份的确认。民族之间的交往是民族认同发生的前提，并决定着民族认同发生的强弱程度。当索伦部独居黑龙江北，未与外族社会直接或间接接触时，不可能形成他们所在族体与外族不同的判断，也不会有其应该归属哪个民族和随之产生的归属感。满洲与索伦部相接之后，不同的语言、风俗习惯和价值观念等印象马上进入索伦部成员的思维中。索伦部对自己族体的归属感和感情依附立刻产生，索伦部的民族意识便产生了。

索伦部民族意识的产生条件是民族之间交流的客观需求，表现于满洲全力开拓北疆，扩大民族共同体，获得物质利益。当索伦部与满洲接触时，必定会感觉到彼此之间民族性的差异，随之而来的是利益的争夺，在这种区分满洲与索伦部这种他者与自我的过程中，出于强化本民族意识的需要，索伦部产生了民族意识，发生了民族认同。

在没有遇见满洲时，索伦部不在意世界上的其他种族，只有在遇到与自我不同的他者时，才会产生民族意识，这其中包括两者之间的利益冲突和协调。利益可以影响认同，民族意识不是一成不变的，随着民族之间的交往，认同会随着利益的变化而变化，而且伴随着民族融合，民族意识的内涵（如判定索伦部与满洲的边界之标准）也会有变化。在索伦部与满洲的互动中，双方的差异会显现出来，这些差异会构成民族

---

[1] Glazer, Nathan and Daniel P. Moynihan, eds., *Ethnicity: Theory and Experience*, Cambridge: Harvard University Press, 1975, p.7.

内部凝聚力和产生民族意识的重要来源。

三 索伦部民族意识的多层次性

出于各自的政治考虑，索伦部与满洲的政治交往与政治界限也是民族意识的重要组成因素。民族的政治性高于血缘相似性。当索伦部与满洲接触时，索伦部为了保护自己的利益，需要加强本族成员之间的团结和凝聚力。索伦部与满洲在体质上几乎没有什么差异，又由于索伦部和满洲长期的互动、联姻和行政区划的复杂变迁，使得二者出现了"混合型"民族的特点或存在着一些"混合型"部分。当索伦部和满洲相接触时，最直观的是体质差别，这是视觉所给予人们的第一印象，其次是语言差别，是否能够理解对方所说的话，再其次是生活习俗差别，从穿衣戴帽、饮食起居、器具等方面区分，在这里经济活动中的差别不是直观的，最不容易注意到的。

民族意识是一种群体意识，个体的认同可以影响群体的认同，群体意识的认同具有多层次性，其范围从小到大，群体的内涵可以随时变化。群体的划分可以有不同的层次，在不同的层次上具有不同的认同意识。当两个群体互动时，才会出现群体认同的问题，当群体成员身处不断变化的群体中，再与他者相接触，认同的范围也在不断变化。

索伦部是一个部族集团，当鄂温克与鄂伦春相遇时，他们以鄂温克和鄂伦春相互区分，同时也会发现彼此存在着共性；当他们遇到在这个共性方面与鄂温克和鄂伦春都不同的达斡尔时，鄂温克便和鄂伦春组成了狩猎群体，以便和差异较大的达斡尔相区别；接着达斡尔又可能与狩猎群体组成索伦部，以便与差别更大更深刻的满洲相区别；当沙俄进入，索伦部便和满洲相结合以对抗沙俄，这个过程不断升级延续，形成多层次的群体认同系统。这就是"多叉连续分层系统"[①] 的理论假设。在人类学所倡导的场景性中，场景的差异，使得人们心理不同层面上的群组认

---

① Gladney, Dru C., "Relational Alterity", *History and Anthropology*, Vol. 9, No. 4, 1996, p. 455；马戎编著：《民族社会学：社会学的族群关系研究》，北京大学出版社 2004 年版，第 72 页。

同意识会表现得不同。在索伦部与满洲的接触中,各个层面所包含的政治、地域、文化、血缘等构成认同意识的内涵组合情况不同,某一层面上的认同意识会强化,而其他层面上的则会弱化。在民族认同当中,共同体意识是可以构建的,包括起源、血缘、信仰、传统、习俗等。

四 民族精英对索伦部民族意识的影响

民族精英在社会中会为本民族争取利益,争取成为本民族利益的代表者,在民族精英为本民族争取利益的同时,其个人的利益也很可能一起得到。民族精英与民族成员之间存在复杂的互动关系,民族精英只有维护本民族成员的利益,才能获得民族成员对他的支持。也正是因为,民族精英成为政府的实权人物后可以给本民族带来利益,民族成员才会支持本民族精英。

民族精英的利益与其所属民族的利益存在相同的方面,也存在不同的方面。当民族获得利益时,精英作为民族成员之一也获益。精英视整体利益为己任,把个人的命运与民族的命运系于一起,会得到民族民众的支持,相反,也有一些民族精英以争取本民族利益为幌子,实际为其个人争取利益,使其个人成为民族领袖,提高自己的社会地位,成为政府中的重臣,获得政治和经济利益。在与国家的关系中,民族精英如果认同于政府统治,可以得到政治和经济两方面的利益,如果不认同政府的统治,则可能从外国的敌对势力那里获得政治和经济上的支持,成为发动民族分裂活动,掀起内战的民族领袖,如果侥幸成功,其可能成为新政权的领袖,即使是傀儡政权,也对某些民族领袖具有巨大的吸引力。更有甚者,有些民族精英也可能以牺牲民族整体的利益来获得其个人的政治和经济利益。

明清之际[①],索伦部居住在黑龙江北,普通民众没有机会与满洲相

---

① 关于明清之际的时间断限,史学界无定论,参见鱼宏亮《明清之际经世之学研究》,博士学位论文,北京大学,2002 年,第 1—2 页。笔者认为,明清之际的时间断限应起于明万历四十四年(1616)努尔哈赤创立后金政权,标志清前史开始,终于顺治十八年(1661)永历帝被俘于缅甸,南明最后一个政权覆灭,标志南明史终结。参见李治亭《南明史辨——评〈南明史〉》,《史学集刊》1999 年第 1 期。先有清(后金),后没明(南明),这期间 45 年,当为明清之际。

接触，只有民族精英才通过朝贡的机会，与满洲统治者接触。对于清代前期索伦部民族精英的政治选择前文已有述及，主要是索伦部的博穆博果尔、雅库特的叶雷、通古斯的根特木耳、萨哈尔察精奇里氏的额驸巴尔达齐。他们四人是清代前期索伦部的民族领袖的代表，四人选择了两条政治道路，即在政治上反抗或认同满洲，前三者选择了反抗满洲，后者选择了认同满洲，归顺清朝。索伦汗国的博穆博果尔的族属问题在学术界存在争议，对其是鄂温克人还是达呼尔人，争执不断。① 博穆博果尔是达斡尔语，为"逗孩童反复摇晃滚动"之意。他是索伦部的领袖，对抗皇太极时，他所率领的民众基本都是多金、多铎、雅克萨、阿萨津等达斡尔城砦的达斡尔人。滕绍箴先生根据乾隆年间的两位达斡尔将领托尔托保和博斌②以族为氏，确定达斡尔氏是博穆博果尔的家族，因此确定博穆博果尔的族属为达斡尔族。③ 博穆博果尔被清太宗击败，叶雷由于无法适应嫩江上游的地理条件，导致大量驯鹿的死亡，从而威胁到其原有的生产生活方式，根特木耳由于人属被夺和司法不公而逃亡。索伦部在政治上认同满洲，与以上三位领袖的政治选择有很大关系，也与额驸巴尔达齐极其积极地认同满洲有很大关系。索伦部各族不得不跟随额驸巴尔达齐在政治上认同清朝，正因如此，在索伦部有些成员中一直对巴尔达齐及其家族存在憎恨，后来衍生出齐帕告状，巴尔达齐遭清廷惩处的达斡尔族民间传说。④

---

① 参见刘金明《论达斡尔族部落首领博穆博果尔》，《黑龙江民族丛刊》1989 年第 2 期；古清尧：《谈博穆博果尔其人与清军对索伦部的征讨》，《民族研究》1994 年第 6 期。

② 博斌，达呼哩氏，满洲镶黄旗人。黑龙江驻防。于乾隆三十八年（1773）随征金川，有功。四十一年（1776），凯旋，恩予入宴，驻京，授蓝翎侍卫。四十六年（1781），擢三等侍卫。四十七年（1782），擢二等侍卫。五十二年（1787），台湾林爽文构逆，随陕甘总督福康安往剿。寻迁头等侍卫，赏呼嵩额巴图鲁名号。五十三年（1788），赏博斌副都统衔，在乾清门行走。台湾平，图像紫光阁，列后三十功臣中。十一月，授英吉沙尔领队大臣。五十八年（1793）正月，命回京，寻授呼兰城守尉。十一月，复授头等侍卫兼副都统衔，在乾清门行走。旋授正红旗蒙古副都统。五十九年（1794），调镶白旗蒙古副都统。六十年（1795），管健锐营事。嘉庆二年（1797）卒。子哈丰阿，黑龙江骁骑校。哈芬泰，蓝翎侍卫。柏尔恭阿，三等侍卫。（《清国史·嘉业堂钞本》第 7 册，大臣画一传档次编，卷十六，第 629—630 页）

③ 滕绍箴、苏都尔·董瑛：《达斡尔族文化研究》，第 36 页。

④ 参见古清尧《巴尔达齐遭清廷惩处说辨议——兼谈达斡尔族有关历史传说的虚幻与史影》，《民族研究》1993 年第 6 期；金鑫《巴尔达齐遭清廷惩处说之由来补释——以"齐帕告状"故事的史实原型为切入点》，《民族研究》2010 年第 4 期。

博穆博果尔是17世纪40年代黑龙江上中游索伦部达斡尔族酋长。雄踞乌鲁木丹城，控制精奇里江和黑龙江流域。天聪八年（1634），皇太极一进黑龙江，征讨黑龙江上游的呼尔哈部。崇德元年（1636）皇太极任命梅勒章京吴巴海镇守宁古塔，管辖黑龙江与乌苏里江流域的疆土。清朝在黑龙江开始正式设治。博穆博果尔在崇德二年（1637）朝贡一次，崇德三年（1638）朝贡一次，随后发动叛乱。崇德四年（1639），皇太极二进黑龙江，征讨索伦部博穆博果尔。十一月，皇太极派大将索海、萨穆什喀等率官属兵丁，往征索伦部落。此次平定的目标是博穆博果尔，此时博穆博果尔由于不满其待遇比巴尔达奇差，停止朝贡。铎陈、阿撒津、雅克萨、多金四木城人，抗击清军。达尔布尼、阿恰尔都户、白库都、汉必尔代聚七屯之人于兀库尔城驻扎对抗。唯有巴尔达奇的多科屯占在清军一边，其余小兀喇各处兵都投入博穆博果尔的阵营。清军从呼玛尔河分兵前进，首战攻下雅克萨。随后攻占乌库尔。在陈诚鏖战中，博穆博果尔率领6000大军增援，在阿里阐至铎陈间中伏，双方各有损伤。这一战索伦部付出了惨重的代价，崇德五年（1640）三月，索伦部被俘7000多人。十二月太宗声东击西，放开北路，在齐洛台（今俄罗斯赤塔）活捉博穆博果尔，征服索伦部。这为崇德八年（1643）皇太极三进黑龙江，再征黑龙江呼尔哈部打下了基础，使得皇太极得以统一整个黑龙江流域。

民族认同是指，一个民族的成员对自己民族归属的认知和感情依附。民族认同以民族文化为基础，包括对血缘、风俗、语言、宗教等族性的认知。索伦部成员通过对其狩猎经济、萨满教信仰、民族精英的认知，强化了其民族认同。

社会学家在把"社会分层"的概念运用到民族关系时提出了"民族分层"（ethnic stratification）的概念①，说明在一个多民族国家里，各个民族在社会地位、经济收入等方面，存在着以民族为基本分野的社会阶层划分。在清朝这个多民族的国家里，索伦部成员凭借其卓越的军功

---

① ［美］F. 科普林（Francis Kobrin）、C. 格德沙尔德（Calvin Goldscheider）：《民族分层》，马戎编：《西方民族社会学的理论与方法》，天津人民出版社1997年版，第168页。

在社会地位、经济收入等方面存在优势地位。当一个人凭借其民族身份便能在社会中取得更多的利益、机会和特权，其就会非常重视这个民族身份，势必会为了巩固地位、捍卫特权而保持前进的动力。在这种以民族划界的利益分配中，索伦部必然会增强民族意识，加强民族凝聚力，民族的边界更多的是反映在民族成员的心理上，民族的象征性意义在此时最鲜明地表现出来。如何增强民族意识与凝聚力，可以通过本民族历史传说、精英人物、山水城市、生活习惯、宗教信仰、歌曲舞蹈等符号，其中精英人物是很重要的一个因素。精英人物包括其英雄事迹可以写入本民族的历史，被构建起来，融入本民族成员的记忆中，成为本民族的象征，铭记本民族的辉煌，成为民族成员的骄傲，作为民族边界的标志，并世代相传，作为对下一代人加强民族意识教育的生动素材。这样，即使民族差别大都消失了，民族之间没有实质性的差别，只要民族象征存在，民族意识就会存在。而在民族象征中，精英人物是实际存在的，并被载于史册，是最有说服力的象征。如乾隆朝领侍卫内大臣一等超勇公海兰察就被称为乾隆朝武臣之冠，成为鄂温克族的民族精英代表，流传于后世。

  清代是统一多民族国家的关键时期，历经康熙、雍正、乾隆三代帝王，终于完成了这一伟业，尤其是高宗的十全武功，奠定了清朝的版图，与此同时索伦部积极参加统一的军事战争，崛起了一大批军功贵族，他们获得国家给予的巨大物质利益和精神鼓励，在政治上极度认同清朝，把个人的利益与国家的利益放在一起。索伦部军功集团对其普通民众的民族意识产生了重大影响，致使索伦部成员在清代的战争中付出了巨大牺牲。同时，在多民族的社会中，索伦部的民族身份已经成为一个符号，在战争中屡立战功，频繁加赏，使得索伦部与其他民族相比得到了更多的利益分配。乾隆末年布特哈副总管奇三告状，述说了索伦部成员在楚勒罕中遭遇到的不公正待遇，维护了索伦部三个民族的利益，是索伦部民族精英影响民众增强民族自觉意识的代表。乾嘉以来，索伦部以军功获得高官的人多以百计，此时正是振兴民族之时，然后这些民族精英大多只知效忠满洲统治者，不知顾及本民族利益，索伦部禁识文字，有官无俸，岁纳貂皮。索伦部三个民族的精英没有抓住复兴的时机，带领民众，壮大民族的实力。

　　总之，索伦部居住在黑龙江北的时期，是处在各部族聚居的状态，索伦部的经济过程向前发展，达斡尔是经济最发达的部族，通过经济上的差异，索伦部中自身能够相互区别，存在各族的边界。明末清初，满洲与索伦部最先接触，与他者的接触，导致索伦部中的各部族在政治上产生差别，这远比经济上的差别更为复杂。由于与满洲相接触，索伦部产生了民族意识，进而对索伦部与满洲的关系产生影响。索伦部民族领袖选择的不同政治道路，对民族意识具有重要影响。

第二章

满洲民族联合过程与满洲对索伦部的政策

明清之际,满洲崛起于东北,以居住在辽宁东部的建州女真和吉林松花江沿岸至南部的海西女真为主体,联合东北其他少数民族形成满洲共同体。满洲的民族联合过程属于聚合过程,血缘、文化相近的民族或部落、部族汇聚为一个民族共同体。在满洲民族联合的过程中,索伦部一些人员加入满洲,成为新满洲,融入满洲共同体中。对于满洲民族联合过程的发展作出了重要贡献。满洲对于仍居住在黑龙江北的索伦部,实行朝贡赏赐、联姻、编旗设佐等政策,淡化其民族认同,加强其对满洲的政治认同。

第一节 满洲民族联合过程

满洲崛起于东北白山黑水之间,由弱小变强大,不仅夺取了政权,而且扩大了民族,直至今天满洲的人口数量在全国少数民族中,仅次于壮族,排名第二。满洲民族联合过程的发展,吸收了东北各少数民族,包括赫哲族、费雅喀、鄂温克、鄂伦春、达斡尔、锡伯等东北民族。满洲统治者先进的民族观决定了满洲在当时的历史条件下,成为全国的统治民族,同时东北各少数民族对于满洲民族联合过程的发展作出了重要贡献。

一 满洲崛起的文化因素

满洲是出自东北的弱小民族,在明清之际的政治舞台上崛起,进而一统中国，不单单是武力的因素那么简单，文化的因素应当引起我们的重视。学术界历来认为满洲文化落后，尤其是入关前更为"野蛮"。然而落后在哪，体现于哪些方面，并没有科学地进行分析，所以这个结论是武断的、不负责任的，从而形成了人们的认识误区。实际上，满洲文化并不落后，恰恰相反，具有很强的先进性。满洲的文化意识、民族观、历史观、精神素质、价值判断、掌握全局的能力等方面无处不彰显出其文化的独特性与先进性。后金得以打败明朝、南明、大顺、大西政权，武力的因素固然重要，然而文化的因素也是不可或缺的。满洲以文化取胜，继而文化兴国，一统中华，拉开清代统一多民族国家的序幕，奠定了现代中国的政治版图，打造了中华民族的文化巅峰。

历史上任何一个发展水平低的民族想要打败发展水平高的民族，无不先在政治上、经济上、文化上首先向其学习，否则只能出现抢掠后即撤退的结果，满洲也不例外。女真从明代开始以狩猎经济与中原汉族的农业经济进行贸易，居住地域逐渐南迁，与汉族的商品货币贸易迅速发展，吸收汉族先进的农业生产技术，提高了自身的社会生产力，经济类型向农业经济过渡。在吸收汉族、蒙古族先进文化的同时，将本民族引向独立发展的新阶段，为其社会发展、满洲共同体的形成奠定了坚实的基础。

满洲在入关前就积极学习汉文化和蒙古文化，以应用于政治和军事实践，弥补自身的不足。这主要表现在文字统一、组织统一和思想统一三个方面。

第一，文字统一。万历二十七年（1599）努尔哈赤命巴克什额尔德尼和噶盖创制满文，形成女真文字统一。巴克什，缘于16—17世纪蒙古语称榜什、把什，意为师傅，汉译为先生、大儒、读书人。1615年，巴克什成为正式官名。巴克什既是低级文职的称谓，也是给贵族文职官员的赐号。巴克什经常随军征战，文武双全。低级文职负责记述后金国史，办理外交事务，翻译文件，有起居注官的性质，各旗巴克什还负责户口钱粮。贵族文职官员负责创制满文，翻译汉文典籍，作为通使往来外国，有日讲官的性质。天命六年（1621）七月，努尔哈赤下令在八旗中设立学校，选出八位巴克什分别担任各旗师傅。

贵族文职官员赐号巴克什者著名的有额尔德尼、达海、库尔缠、希福、硕色、索尼。太祖朝额尔德尼巴克什利用蒙古字母创制老满文，为满洲共同体的建立和后金政权的合法性作出了贡献。太宗朝天聪六年（1632）达海巴克什在满文字母后侧加圈点，创制新满文，并主持翻译大量汉文书籍，如《刑部会典》《素书》《三略》《万宝全书》《通鉴》《六韬》《孟子》《三国志》《大乘经》等，加快了满汉文化交流。巴克什还要负责联络蒙古各部，如库尔缠、希福、索尼联络科尔沁蒙古，与喀尔喀盟誓，到喀喇沁、阿鲁部处理案件、征调兵丁。到察哈尔、喀尔喀清查户口，编制牛录，赴朝鲜办理对外事务。

由于海西女真扈伦四部居住在汉人与蒙古人之间，凭借这一地缘优势，海西女真人兼通满、蒙、汉语者很多，巴克什在后金时期以海西女真为多，也有蒙古人。天聪五年（1631）七月初八设六部，改巴克什为笔帖式。巴克什的消亡是时代发展的必然，随着后金政权不断发展，大量汉族儒臣加入其中，他们的文化水平自然高于巴克什，太宗形成了满蒙汉一体的民族新观念，打破了满洲一统天下的局面。

创制满文的方法是利用蒙古文字母，结合满语语音，组成语句。满文的创制改变了女真人在女真大字和女真小字消失多年后，只讲女真语，而书蒙文的特殊文化现象。天聪二年（1632），皇太极命巴克什达海改造老满文，形成新满文。主要办法是编制"十二字头"，字旁各加圈、点，固定字形，确定音义，创制特定字母，施用切音。从努尔哈赤初创满文到皇太极改造满文，历时33年，形成了成熟的满文，作为清朝的官方语言和文字之一，用来记注政事，翻译汉文书籍。天聪三年（1629）皇太极设立文馆，书写《满文老档》《清太祖武皇帝实录》。到天聪六年（1632），已翻译完的有（明）《刑部会典》《素书》《三略》《大诰》等书，正在翻译之中的有《万宝全书》《资治通鉴》《六韬》《孟子》《三国志》《大乘经》等书。入关后，满汉两种文字合璧，应用于国书、诏令、奏疏等文件，有清一代，清朝统治者把"国语"（也称"清语"）即满语和骑射作为满洲根本，非常重视。"文字是语言的书写符号系统，可以克服语言在交际中受到的时间和空间上的限制，增强语言的交际功能。"① 在我国的56个民族中,约有80种语言,但是只有少数的民族或语言拥有固定的文字。女真人的语言和文字的统一,增强了建州女真的凝聚力和民族认同,构建了形成民族共同心理的必要条件,使女真民族自觉的意识增强,显示出了努尔哈赤作为一个卓越政治家的胸怀和眼光,使建州女真"既从古老的女真族脱离出来,也从蒙古的强大影响下获得解放,迅速形成本民族的文化"②,大大促进了女真各部的统一,标志着满洲初步形成,为满洲的最终形成奠定了坚实的基础。

第二,组织统一。万历四十三年(1615),努尔哈赤创建八旗制度,形成女真组织统一。早在明万历二十一年(1593)古勒山大战时,已出现努尔哈赤的部队按旗编制的记载:"太祖兵到,立阵于古垾山险要之处,与赫济格城相对,令诸王大臣等各率固山兵,分头预备。"③万历二十九年(1601)努尔哈赤建立四旗,旗分黄、白、红、蓝四色,三百丁为一牛录,设置牛录额真管辖。万历四十三年(1615),努尔哈赤将四旗扩建至八旗。将黄、白、蓝、红四旗扩充为正黄、正白、正蓝、正红、镶黄、镶白、镶红、镶蓝八旗,每三百人设一牛录额真,五牛录设一甲喇额真,五甲喇设一固山额真。每固山额真左右设梅勒额真。总计八旗兵数应不过六万人。天聪九年(1635)皇太极编成蒙古八旗,崇德七年(1642)皇太极编成汉军八旗,旗色和建制同满洲八旗一样。八旗制度的建立表明满洲统治者在民族观念上发生重大变化,打破了传统的华夷观,这是其制胜的武器,联合蒙古、汉族、和其他弱小民族,组建八旗制度,进行组织统一,在行政、军事、经济、刑法上实现统一,推进了女真社会的发展,加强了女真内部的阶级关系,促进了满洲的形成和发展,加速了东北民族融合的步伐。

第三,思想统一。思想统一表现在民族观、宗教观和历史观三个方面。在民族观上,入关前女真人用文化统一满、蒙、汉及其他弱小民

---

① 庄孔韶主编:《人类学通论》,山西教育出版社2004年版,第173页。
② 李治亭:《努尔哈赤》,人民文学出版社2011年版,第94页。
③ 《满洲实录》卷2,中华书局1986年版,第95—96页。

族，奠定了入关后满洲最高统治者大一统思想的理论基础，形成各族团结，共同抗明的思想统一战线。努尔哈赤实行"顺者以德服，逆者以兵临""恩威并施"的方针，通过联姻授官笼络蒙古各部酋长，进而联合蒙古。努尔哈赤还起用废官罪臣微员末将等降金汉官，巩固统治。而努尔哈赤后期，尤其是天命六年（1621）三月进入辽沈以后，疏远汉官、压迫汉人的政策，使得金国的统治出现了严重的危机。皇太极继位后实行新政，提出了满汉一体，满、蒙、汉一体，参汉酌金，熔铸满汉这些新的民族政策，巩固了统治，为定鼎中原奠定了坚实的基础。

在宗教观上，用萨满教统一女真内部及东北其他民族，用喇嘛教联合蒙古和西藏，用儒释道联合汉族。入关前，女真人及东北其他民族都信仰萨满教，这是一个原始的多神信仰的传统宗教。由于满—通古斯语族各民族在历史上一直信仰萨满教，没有宗教信仰的变化，所以女真人很容易就利用萨满教统一了女真内部及东北其他弱小民族，在此不再缀叙。

清兵入关前，汉地佛教和喇嘛教均已传播到东北地区。努尔哈赤十分尊重汉地佛教和喇嘛教，多次修复和保护战争中毁坏的佛寺，规定："任何人不得拆毁庙宇，不得于庙院内拴系马牛，不得于庙院内便溺，有违此言，拆毁庙宇，拴系马牛者，见即执而罪之。"① 天命六年（1621）礼遇蒙古科尔沁部喇嘛囊苏到东北传教。囊苏在沈阳圆寂后，努尔哈赤遵其遗嘱，为其建塔安葬，年年祭祀。令人在"辽东城南门外韩参将之园屯舍内处修庙治丧。英明汗命巴喇嘛祭之，并遣图鲁什往接裳办喇嘛属下的诸申、科尔沁之六十三户，赐一汉人屯堡，以葬喇嘛之遗体。又赏给验射后之弓五十张，赏甲五十副，马五十匹，和驴二十头，及差使之奴仆男五十人，女五十人"②，以显示对喇嘛教的敬重。

努尔哈赤曾说："所谓福，就是成佛。在今世若其身，尽其心，来

---

① 中国第一历史档案馆、中国社会科学院历史研究所译注：《满文老档》（上册），中华书局1990年版，第267页。
② 中国第一历史档案馆、中国社会科学院历史研究所译注：《满文老档》（上册），第365页。

世时能生在一个好地方，福便得到了。"① 《建州闻见录》也记载了努尔哈赤及其将领数念佛珠的行为。相对于努尔哈赤来说，皇太极的汉文化素养要高很多，他不信仰佛教，他认为："喇嘛等口作讹言，假以供佛持戒为名，潜肆邪淫，贪图财物，悖逆造罪。又索取生人财帛牲畜，诡称使人免罪于幽冥，其诞妄为尤甚。喇嘛等不过身在世间，造作罪孽，欺诳无知之人耳。至于冥司，孰念彼之情面，遂免其罪孽乎？全之喇嘛当称为妄人，不宜称为喇嘛，乃蒙古等深信喇嘛，靡费财物，忏悔罪过，欲求冥魂超生福地，是以有运转轮点布施之事，甚属愚谬，嗣后俱宜禁止。"② 甚至认为："蒙古诸贝勒自弃蒙古之语，名号俱学喇嘛，卒致国运衰微。"③ 同时基于赋税、徭役、兵员、财政的考虑，皇太极调整了努尔哈赤时期给予喇嘛优惠的政策，限制寺庙和僧人数目，勒令多余的人还俗。

但是皇太极逐渐意识到喇嘛教对于笼络蒙、藏有重大作用，转为在蒙、藏地区鼓励发展喇嘛教。这说明皇太极是一个成功的政治家，将个人的情感与政治措施区分得相当清楚。

天聪六年（1632）六月，皇太极第二次率军西征林丹汗，占领归化城，发布文告称："格根汗归化城庙宇勿许拆毁，如意毁坏庙宇及擅取庙内一应器物者……绝不轻恕。"④ 天聪八年（1634），皇太极第三次率军西征林丹汗，下令："经过之处，勿毁庙宇。"⑤

崇德四年（1639）皇太极曾致书拉藏汗和达赖喇嘛，热情洋溢，鼓励发展喇嘛教。两封书信如下：

> 大清国宽温仁圣皇帝致书于图白忒汗：自古释氏所制经典，宜于流布，朕不欲其泯绝不传，故特遣使延致高僧，宣扬法教。

---

① 中国第一历史档案馆、中国社会科学院历史研究所译注：《满文老档》（上册），第258页。
② 《清太宗实录》卷28，天聪十年三月庚申。
③ 《清太宗实录》卷18，天聪八年四月辛酉。
④ 中国第一历史档案馆、中国社会科学院历史研究所译注：《满文老档》（下册），第1297页。
⑤ 《清太宗实录》卷19，天聪八年六月辛酉。

大清国宽温仁圣皇帝致书于掌佛法之大喇嘛：朕不忍古来经典泯绝不传，故特遣使延致高僧，宣扬佛教，利益众生，唯尔意所愿耳。①

　　同年，皇太极率领王公大臣隆重欢迎达赖、班禅的使者，固始汗之侄，鄂齐尔图第三子，伊拉古克三呼图克图来盛京传教。皇太极与其以平辈身份携手相见，三跪九叩共同拜天。伊拉古克三呼图克图在盛京居住了八个月，诸王贝勒五日一宴。返回时厚赐金银，并给达赖喇嘛、固始汗、拉藏汗写信亲善。这些措施为皇太极征服科尔沁部、察哈尔部，其后获得蒙古喇嘛的宗教认同奠定了坚持的基础。皇太极鼓励蒙、藏地区发展喇嘛教既可以限制其人口的增长，又可以拉近感情，结成战略联盟，共同对抗明朝，可谓一举两得。漠北喀尔喀诸部也因此坚决投向清朝，而拒绝了噶尔丹和沙俄的利诱，缘于其对中华民族的认同。

　　早在万历四十三年（1615）正月，努尔哈赤即在赫图阿拉建设七大庙，其中就包括孔子庙和玉皇庙。孔子庙位于赫图阿拉东南隅，其先儒庙东西庑各三间，内中祭祀公羊高等先儒77位，孙侨等先贤79位，大成殿三间祭祀先师孔子及亚圣诸先贤12位。七大庙与内城诸衙署、商市等建筑布局，反映出儒家居中不偏、不正不威的传统观念。②玉皇庙是对天界最高统治者玉皇大帝的崇拜，此外，在赫图阿拉还建有关羽的庙。玉皇大帝和关羽都是道教中的供膜拜的神仙。皇太极也曾命大学士范文程去盛京孔子庙祭祀孔子。同时，努尔哈赤和皇太极对汉地佛教也很尊重，极为重视佛寺的修缮和建设。利用儒释道联合汉族，使得大批进入东北的降清汉人顺利地融入满洲，也为皇太极创建汉军八旗提供了思想上的支持。

　　在历史观上，女真最高统治者注重总结历史经验，以史为鉴。努尔

---

　　① 《清太宗实录》卷49，崇德四年十月庚寅。
　　② 参见滕绍箴《论清代满洲认同中原文化之管见》，赵志强主编：《满学论丛》（第一辑），辽宁民族出版社2011年版，第127页。

哈赤早年喜好《三国演义》《水浒传》等历史小说，入关前编纂《满文老档》《清太祖武皇帝弩尔哈奇实录》。清太祖的名字来自满语，罗马转写为"nurhaci"。汉译名"弩儿哈奇"，最早见于《清太祖武皇帝实录》。乾隆初年，清朝编纂《清太祖高皇帝实录》，称为"弩尔哈齐"。民国时期编纂《清史稿》，称为"努尔哈齐"。而清太祖汉译名"努尔哈赤"，最早来源于《明实录》中的"奴儿哈赤"，是明朝人对东北少数民族的丑化用词，这反映出中国古代华夷之辨的原则。皇太极更是喜欢读史，《清太宗实录》50多处记载其读史、讲史、用史。从早期读《三国演义》《三国志传》，进而读正史，《汉书》《隋书》《唐书》《辽史》《宋史》《金史》《元史》《资治通鉴》等。其读史有时召集王大臣集体讨论学习，有时命汉官讲读讨论，有时提请汉官为其答疑解惑。皇太极积极吸收历史经验，"从历史中寻找改朝换代的理论根据，总结治国抚民的经验教训，发扬将帅体恤士卒的历史传统，提倡忠君爱国的封建正统思想"①。皇太极认识到天下从来不为一姓占有，改朝换代兴废轮常是不可避免的，皇天无亲，唯德是辅，天子与匹夫的差别在于受否有德，"天下者，非一人之天下，惟有德者能居之，亦惟有德者可称为天子。匹夫有大德，可为天子；天子若无德，可为独夫"②。从而提出了历史进化论的观点，形成了朴素唯物主义的天道观。

  清朝与日益衰退的明朝和李自成、张献忠的农民军相比，是一个运转正常的政权。明朝亡于文化，清朝兴于文化。天下之治乱在文化，文化之治乱在学术。清代著名理学家陆陇其论明亡时说："天启、崇祯之际，风俗愈坏，礼义扫地，以至于不可收拾，其所从来，非一日矣。故愚以为明之天下，不亡于盗寇，不亡于朋党，而亡于学术。学术之坏，所以酿成寇盗、朋党之祸也。"③ 陆陇其通过详细梳理儒家学说的发展理路，深刻地认识到学术风气强烈地影响着国家的兴衰。在对明清鼎革的历史沉思中，痛切地指出明亡于阳明心学的兴盛和程朱理学的衰微。

---

① 孙文良、李治亭：《清太宗全传》，江苏教育出版社2005年版，第362—366页。
② （清）蒋良骐：《东华录》，中华书局1980年版，第37页。
③ 陆陇其：《学术辩》（上），《三鱼堂文集》卷2。

只有尊崇程朱理学，力黜阳明心学，才能达到是非明而学术一、人心正而风俗淳。

满洲人善于学习，勇于进取，锲而不舍，包容思想，团结奋斗。文化的统一促进了满洲的形成，清朝的建立。大清国国力处于劣势，能够打败实力强大的明朝，军事力量固然是决定性的，然后文化的优势也是不能忽视的。当然，客观地说，清入关前的文化也有一定的局限性，这是无法避免的时代局限。观念决定了行为与作风，历史证明文化可以兴国，也可以亡国。对于清入关前满洲文化的解析，对于当代发展中国特色社会主义文化有着深刻的历史启示。

二 东海女真在满洲民族联合过程中的作用

苏联的民族理论将民族联合过程分为三种类型，即聚合过程、同化过程和一体化过程。聚合过程是指，血缘、文化相近的民族或部落、部族汇聚为一个民族共同体。同化过程是指，一个民族处于另一个民族的环境中间，汇入另一个民族中。一体化过程是指，一些民族产生了文化和自我意识的共同特征，而相互接近。满族的民族联合过程属于聚合过程。

努尔哈赤首先统一建州女真，从万历十一年（1583）起兵复仇，到万历十六年（1588）统一建州女真各部，包括苏克素护河部、浑河部、完颜部、栋鄂部、哲陈部。其次统一海西女真，通过古勒山大战，万历二十一年（1593）统一长白山三部，即鸭绿江部、讷殷部、朱舍里部。他们居住在图们江、珲春河、绥芬河一带，应属建州女真，只是他们地处较远，交通不便，农耕渔猎兼而有之，特别是兴凯湖以北，东至滨海地区，以渔猎的生产方式生活，建州海西的实际力量都没有达到长白山三部，所以其成为建州与海西争夺满洲统治权所必须争夺的对象。随后兼并哈达、辉发，四战乌拉，三征叶赫，至万历四十七年（1619）统一海西女真扈伦四部。自从金朝灭亡以来，女真人大量融入汉人。统一建州女真和海西女真，将自分散的女真人再度凝聚起来，为整合成新的民族共同体奠定了基础。

东海女真的生活区域"东西为海西建州以东，松花江至乌苏里江直达滨海地带，南北为南起图们江向北延伸至前苏联滨海地区以南"①，包括"黑龙江下游、外兴安岭南北、库页岛、锡霍特山脉、堪察加半岛，以及日本海、鄂霍茨克海沿岸"②，这个地区生活的女真人，统称为东海女真，包括窝集部、瓦尔喀部、呼尔哈部。东海女真离中原遥远，地处极东，生产水平低下，文化落后，不经常向中央王朝朝贡。然而在明清之际的历史变局中，不得不卷入纷争，努尔哈赤统一东海女真，使其中的一部分人加入满洲共同体，满洲开始了民族联合过程，改变了当地的民族格局。

窝集部，或作兀哲部、兀吉部、渥稽部，意为"森林"，包括瓦尔喀部和呼尔哈部。瓦尔喀部位于"今图们江、乌苏里江东及以下至黑龙江下游和三江至海的广大地域"③。呼尔哈，因呼尔哈河得名，或作虎尔喀、库尔喀、诺雷部，俄人称其为阿其泱人或那笃奇斯人，位于牡丹江沿岸和松花江下游地区。

努尔哈赤于万历十九年（1591）收服鸭绿江部，万历二十一年（1593）收服讷殷部，继而进攻东海女真。这段时间，建州与海西息争，努尔哈赤得以进攻东海女真以扩充实力，扩大满洲民族共同体。皇太极从东海俘获人口要在八千以上，加上努尔哈赤时期俘获的三万到五万人，编入新满洲加入满洲共同体，对于东海部的民族格局的产生重大影响，形成重大变化。东海部人口大量迁入辽东，留下没有俘获的人口成为东海部的主要民族的构成人员。人口牲畜财富的大量减少，使得黑龙江下游的民族经济更加落后，边防危机加重。此外，努尔哈赤在天命元年（1616）七月，派大将达尔汉、侍卫扈尔汉与安费扬古领兵两千名，进攻黑龙江中下游的萨哈连部，十月初夺取十一处村寨，招抚四十位酋长，直接导致了使犬部归附后金。东海部的大量成员被编入新满洲，加入满族共同体中，促进了满族民族联合过程的发展，东海女真对满族民族联合过程作出了重大贡献。

---

① 李治亭：《努尔哈赤》，人民文学出版社2011年版，第78页。
② 何光岳：《女真源流史》，江西教育出版社2004年版，第329页。
③ 袁闾琨等：《清代前史》（上卷），沈阳出版社2004年版，第235页。

三　索伦部在满洲民族联合过程中的作用

明代后期，朝廷党争不断，用人失策，政治体制遭到破坏。在东北地区，明朝实行羁縻政策管辖。当明代后期，中央王朝实力衰落，东北"各部蜂起，皆称王争长，互相战杀，甚且骨肉相残，强凌弱，众暴寡"①。努尔哈赤于万历十一年（1583）以十三副铠甲起兵复仇，统一建州五部。兼并哈达、辉发，四战乌拉，三征叶赫，统一海西四部，于万历四十四年（1616）建立后金政权。皇太极于天聪九年（1635）十月，改族称为满洲，标志着满洲最终形成。天聪十年（1636）四月，改元崇德，改国号为大清。

关于满洲成为民族共同体的时间问题，姚大力、孙静总结出三种观点：一是在17世纪前叶，努尔哈赤建国或皇太极改族称为满洲或16世纪末叶满文的创制；二是在清末民初，八旗集团从一个多种族的军事组织和世袭等级体系被其自身以及当日社会视作一个种族群体（ethnic group）（路康乐）；三是满洲由最初的文化共同体，在乾隆朝转变为一个"人种"（race），到清末才最终地转型为一个"种族群体"（ethnic group）（柯娇燕、谢理·里格尔）。②

第一种观点为我国史学界的传统观点，符合逻辑与史实，应予坚持。费孝通先生认为："民族的得名必须先有民族实体的存在，并不是得了名才成为一个民族实体的。"③满洲同样也是先有民族实体的存在，而后才得名，这是唯物史观的科学表达。天聪九年（1635）十月十三日皇太极曾说："我国之名原有满洲、哈达、乌拉、叶赫、辉发等，每有无知之人称之为诸申。诸申之谓者，乃席北超墨尔根族人也，与我何干？嗣后凡人皆须称我国原满洲之名。倘仍有以诸申为称者必罪之。"④《清太宗实录》中也有相似记载："我国原有满洲、哈达、乌喇、叶赫、

---

① 《满洲实录》卷1，第21页。
② 参见姚大力、孙静《"满洲"如何演变为民族——清中叶前"满洲"认同的历史变迁》，《社会科学》2006年第7期。
③ 费孝通主编：《中华民族多元一体格局》（修订本），第10页。
④ 关嘉禄等译：《天聪九年档》，天津古籍出版社1987年版，第129页。

辉发等名，向者无知之人往往称为诸申。夫诸申为号，乃席北超墨尔根之裔，实与我国无涉。我国建号满洲，统绪绵远，相传奕世。自今以后，一切人等只称我国满洲原名，不得仍前妄称。"① 天聪九年（1635）定名满洲，是在文字统一、组织统一、思想统一的基础上，最终形成的满洲民族共同体。

后两种观点是美国新清史学派的观点，大致相同，认为满洲产生于清末民初。这在理论上是受到"民族乃是通过民族主义想象得来的产物"②的影响，他们认为："民族主义早于民族的建立。并不是民族创造了国家和民族主义，而是国家和民族主义创造了民族。"③ 所以得出"民族是一项相当晚近的人类发明"④，这样才明白后两种观点提出的满洲民族共同体形成时间为何如此之晚。这是典型的唯心史观论调，思维决定存在，把民族视为想象的共同体，否认民族实体的存在，最终走向了历史虚无主义。

钟焓已对这种"民族晚生论"作出全面驳斥。柯娇燕提出"民族晚生论"这一观点，认为中国各民族均产生于近代，这缘于她个人的建构，而不是从非汉文史料出发，是以论代史的典型代表。人是历史的主体，历史由人创造，柯娇燕却认为先有国家，后有民族，建立国家的是人群（peoples），而民族（nation）是在国家建立以后，人群才能形成民族意识，至近代欧洲民族主义产生以后，中国各民族才能产生。这是典型的欧洲中心主义和唯心主义精神创造物质的论调，得到了罗友枝、欧立德、路康乐这些美国新清史学派成员的力挺，他们都认为满洲形成的时间应为清末民初。中央民族大学历史文化学院的钟焓教授是反对新清史学派的代表人物，在其代表作《清朝史的基本特征再探究——以对北美"新清史"观点的反思为中心》一书的第二章有详尽论述，其将柯娇燕的满族形成三部曲，从史实上予以全面揭露，得到了中国学术界的广泛认同。满洲跟其他民族一样，都属于前资本主义社会的民

---

① 《清太宗实录》卷25，天聪九年十月庚寅。
② ［英］霍布斯鲍姆：《民族与民族主义》，李金梅译，上海人民出版社2000年版，第9页。
③ ［英］霍布斯鲍姆：《民族与民族主义》，第10页。
④ ［英］霍布斯鲍姆：《民族与民族主义》，第10页。

族，因此不能将欧美、苏联的民族理论生搬硬套，削足适履，而要结合中国实际，研究中国民族史上的重要问题。

对于黑龙江西部嫩江流域的科尔沁蒙古及其所属的锡伯、卦尔察部族，后金采用政治联盟、联姻礼遇、恩赏封爵、立法约束及编旗等策略进行联合①，至天命九年（1624），后金已经统一嫩江流域的科尔沁蒙古及其所属的锡伯、卦尔察部族。努尔哈赤从万历二十四年（1596）开始进军黑龙江，开始了统一黑龙江下游的步伐，至天命十年（1625），征服东海女真瓦尔喀部、呼尔哈部，并于天命元年（1616）进攻黑龙江中下游的萨哈连部，招抚使犬部。皇太极从天聪五年（1631）开始，继续用兵于东海女真，到天聪十年（1636）为止。随后，皇太极继承努尔哈赤的事业，统一黑龙江中上游，三进黑龙江，进而统一了整个黑龙江流域。

一进黑龙江。天聪八年（1634）二月，皇太极谈道："虎尔哈慢不朝贡，将发大兵往征，尔等勿混与往，恐致误杀，从征士卒，有相识者，可往视之，此次出师，不似从前兵少，必集大众以行也。"② 这表明，虎尔哈对满洲在政治上没有认同，满洲作为他者，还没有进入索伦部，两个民族还没有接触。皇太极欲通过武力强行进入索伦部，使得其朝贡后金，在政治上认同满洲。天聪八年（1634）十二月，皇太极"命管步兵梅勒章京霸奇兰、甲喇章京萨穆什喀，率章京四十一员、兵二千五百人，往征黑龙江地区。"③ 规定"俘获之人，须用善言抚慰，饮食甘苦，一体共之，则人无疑畏，归附必众"④。皇太极指出，"此地人民，语言与我国同，携之而来，皆可以为我用。攻略时，宜语之曰：尔之先世，本皆我一国之人，载籍甚明，尔等向未之知，是以甘于自外。我皇上久欲遣人，详为开示，特时有未暇耳，今日之来，盖为尔等计也。如此谕之，彼有不翻然来归者乎？"⑤ 这是以语言相同为理由，

---

① 参见周喜峰《清朝前期黑龙江民族研究》，中国社会科学出版社2007年版，第16—21页。
② 《清太宗实录》卷17，天聪八年二月己巳。
③ 《清太宗实录》卷21，天聪八年十一月壬辰。
④ 《清太宗实录》卷21，天聪八年十一月壬辰。
⑤ 《清太宗实录》卷21，天聪八年十一月壬辰。

利用文化认同为手段，希望上升到政治认同的做法，指出索伦和满洲皆是一国之人，实际是一族之人的意思，效果很成功，导致巴尔达齐、博穆博果尔、叶雷等部族领袖纷纷来朝贡。天聪九年（1635）四月，官步兵梅勒章京霸奇兰等奏报："收复编户壮丁二千四百八十有三，人口共七千三百有二，所有牲畜，马八百五十六、牛五百四十三、驴八。又俘获妇女幼稚一百十六人、马二十四、牛十七，及貂皮、狼皮、狐皮、猞猁狲皮，并水獭、骚鼠、青鼠、白兔等皮三千一百四十有奇，皮裘十五领。"① 这样，索伦部对于后金政权有了初步的认同，这种认同是基于政治的考虑，是为了保存自身的安全和获得利益。

二进黑龙江。崇德四年（1639）十一月，皇太极派大将索海、萨穆什喀等率官属兵丁，往征索伦部落。此次平定的目标是博穆博果尔，这时的博穆博果尔由于不满其待遇比巴尔达奇差，由于利益的比较，他对大清政权有了抵触情绪，停止了朝贡。大清再次用武力手段征服索伦部，索伦部与大清进行了大规模的战争。铎陈、阿撒津、雅克萨、多金四木城人抗击清军。达尔布尼、阿恰尔都户、白库都、汉必尔代聚七屯之人于兀库尔城驻扎对抗。"兀鲁苏屯之博穆博果尔索伦，俄尔吞、奇勒里、精奇里、兀赖布丁屯以东，兀木讷克、巴哈纳以西，黑龙江额尔图屯以东，阿里阐以西，两乌喇兵共六千"，势力强大。唯有巴尔达奇的多科屯占在清军一边，其余小兀喇各处兵都投入博穆博果尔的阵营，说明黑龙江上中游的索伦部在博穆博果尔的带领下，民族意识兴起，当有其他民族与其相接触时，团结一致，进行抗击。这一战索伦部付出了惨重的代价，崇德五年（1640）三月，索伦部被生擒五百三十人，被俘获"男子二千二百五十四人，女子幼稚共四千四百五十名"②。四月，索伦部被俘"男子三千一百五十四人，妇女二千七百一十三口，幼小一千八十九口，共六千九百五十六名"③，人数众多。五月，索伦部"三百三十七户，共男子四百八十一人"前去投降满洲。④ 十二月，在

---

① 《清太宗实录》卷23，天聪九年四月癸巳。
② 《清太宗实录》卷51，崇德五年三月壬己。
③ 《清太宗实录》卷51，崇德五年四月乙巳。
④ 《清太宗实录》卷51，崇德五年五月戊戌。

甘地席特库、济席哈擒获索伦部落"男子一百七十四名",在齐洛台地方获得"男妇幼稚九百五十六名口"①,并擒获博穆博果尔。

三进黑龙江。崇德七年(1642)九月,皇太极命沙尔虎达、叶赫朱玛喇往征虎尔哈。崇德八年(1643)正月,沙尔虎达、朱玛喇还师,"获男子妇女幼稚,共一千六百十九名口"②。三月,皇太极命护军统领阿尔津、哈宁噶等往征黑龙江虎尔哈部落。七月,阿尔津、哈宁噶还师,"携来男子妇女幼稚,共二千五百六十八名口"③。在清太宗去世前,再一次用武力打击索伦部。

总之,天聪八年(1634),皇太极一进黑龙江,征讨黑龙江上游的呼尔哈部。崇德元年(1636)皇太极任命梅勒章京吴巴海镇守宁古塔,管辖黑龙江与乌苏里江流域的疆土。崇德四年(1639),皇太极二进黑龙江,征讨索伦部博穆博果尔。崇德六年(1641),活捉博穆博果尔,征服索伦部。崇德八年(1643),皇太极三进黑龙江,再征黑龙江呼尔哈部。至此,皇太极统一整个黑龙江流域。从此,"自东北海滨,迄西北海滨,其间使犬、使鹿之邦,及产黑狐、黑貂之地,不事耕种、渔猎为生之俗,厄鲁特部落,以至斡难河源,远迩诸国,在在臣服"④。索伦部的大量成员被编入满洲,加入满洲共同体中,促进了满洲民族联合过程的发展。

第二节　满洲对索伦部的政策

后金(清)政权三进黑龙江,征服索伦部,将大量人员编入新满洲,对于大部分留在索伦部中的成员,除了军事征伐之外,满洲还需要实行其他政策,以淡化索伦部的民族意识,加强索伦部对满洲的政治认同,这其中主要有朝贡赏赐、联姻、编旗设佐等政策。

---

① 《清太宗实录》卷53,崇德五年十二月己未。
② 《清太宗实录》卷64,崇德八年正月辛亥。
③ 《清太宗实录》卷65,崇德八年七月戊戌。
④ 《清太宗实录》卷61,崇德七年六月辛丑。

一 朝贡赏赐

清兵入关前，黑龙江各部族频繁到后金（清）朝贡，说明了黑龙江各部族在政治上认同满洲。这其中包括索伦部，其在政治上臣服，经济上纳贡，与满洲确立了政治上的隶属关系，承认努尔哈赤和皇太极是其最高统治者，土地和人民纳入后金（清）版图。朝贡关系一经确立，满洲是不容再改变的，只能是向前发展，整合索伦部，而不能是倒退，不再朝贡。朝贡赏赐虽然是经济活动，但是具有政治意义。对于后金（清）政权朝贡，意味着归顺后金（清）政权，在此过程中，索伦部也得到了巨大的物质利益，被赏赐以鞍马、蟒衣、缎衣、弓矢撒袋、房屋、帽、靴、布等物，加强了其对后金（清）政权的政治认同。

索伦部向后金政权朝贡是一个漫长的历史过程。朝贡开始于天命十一年（1626）十二月，"黑龙江人来朝，献名犬及黑狐、元狐、红狐皮、白猞猁皮、水獭皮、青鼠皮等物"①。这是清代文献首次记载"黑龙江人"向后金政权朝贡。自此以后，黑龙江上游各部族纷纷朝贡于后金（清）政权。天聪八年（1634）五月，"黑龙江地方头目巴尔达齐，率四十四人来朝，贡貂皮一千八百一十八张"②。这是巴尔达齐首次向后金（清）朝贡，他成为第一位亲自向后金（清）朝贡的黑龙江地方首领。天聪九年（1635）四月，"黑龙江索伦部落头目巴尔达齐率二十二人来朝，贡貂狐皮等物"③，从此定期朝贡。

巴尔达齐为萨哈尔察部首领，萨哈尔察部是达斡尔先人。学术界以前普遍认为，萨哈尔察部属于索伦部，没有独立出来。根据近年来东北历史地理的深入研究，萨哈尔察部被从索伦部中区分出来，作为独立的部，主要分布在黑龙江上游和精奇里江流域。④ 滕绍箴先生将巴尔达齐部落的居住地具体到精奇里江上溯一段的塞布奇（色布奇）屯，根据

---

① 《清太宗实录》卷2，天命十一年十二月壬戌。
② 《清太宗实录》卷18，天聪八年五月丙戌。
③ 《清太宗实录》卷23，天聪九年四月壬寅。
④ 参见孙进己、冯永谦总纂《东北历史地理》（下），第663页。

是江右的色布克峰。①

在巴尔达齐的带领下，黑龙江北岸支流精奇里江附近的达呼尔人向后金朝贡最为积极，最认同于后金。巴尔达齐居住在黑龙江上游北岸更远的地区，这说明黑龙江地方萨哈尔察部、索伦部对后金的政治认同逐渐加深，由近及远，各部落纷纷认同后金。对于索伦部向后金（清）朝贡的记载，《清实录》史不绝书，在此不一一列举。值得注意的是之后的两次朝贡。第一次是崇德二年（1637）闰四月，索伦部最大的首领博穆博果尔首次来朝，"贡马匹貂皮"②，标志着索伦部已对满洲形成政治认同。对此皇太极在六月，赐博穆博果尔、褚库尼等"鞍马、蟒衣、凉帽、玲珑鞓带、撒袋、弓矢、甲胄、缎、布等物有差"③。第二次是崇德三年（1638）十一月丙午，黑龙江博穆博果尔、瓦代、噶凌阿等来朝，"贡貂皮、猞猁狲等物"④。皇太极于十二月戊午"赐索伦部落博穆博果尔、噶凌阿、瓦代等五人，衣服、马匹、弓、矢、房屋，及一切器物"⑤。这是博穆博果尔仅有的两次来朝，自此之后，皇太极二进黑龙江，击败博穆博果尔。相对于朝贡的日期和次数来说，博穆博果尔确实比巴尔达齐消极，但是作为索伦部最大的酋长，他的实力最为强大，居住地很远，朝贡的积极性不大，也是可以理解的。况且博穆博果尔毕竟开始朝贡了，这标志着其对清政权的认同。皇太极为何还要远征博穆博果尔？对此，传统的解释是博穆博果尔嫉妒清政权对巴尔达齐的优厚待遇，对于给予他的待遇十分不满，再加上自己实力的强大，博穆博果尔在第二次朝贡以后，断绝了朝贡，政治上不再承认满洲的统治。而我认为，其实这正是博穆博果尔在与满洲接触后，民族意识崛起的表现。在满洲进入之前，他并没有意识到自己强大实力的存在，在与满洲接触后，其民族意识从自在走向自觉，并利用其民族领袖的身份，带领索伦部成员欲摆脱满洲的控制。所以在与皇太极的战争中，博穆博果尔

---

① 参见滕绍箴、苏都尔·董瑛《达斡尔族文化研究》，第40页。
② 《清太宗实录》卷35，崇德二年闰四月庚戌。
③ 《清太宗实录》卷36，崇德二年六月壬寅。
④ 《清太宗实录》卷44，崇德三年十一月丙午。
⑤ 《清太宗实录》卷44，崇德三年十二月戊午。

一次能够组织起六千人的反抗，可见民族意识走向自觉的强大力量。在皇太极使用军事手段消灭了博穆博果尔之后，索伦部再也不能聚集起这么大的力量了，满洲的政治影响再一次辐射到黑龙江两岸，朝贡活动又频繁起来。总之，通过朝贡赏赐，使得索伦部在政治上认同满洲，从而加速了清政权对黑龙江地区的统一。

二 联姻

联姻是加强索伦部对满洲政治认同的另一个重要措施。后金与东北边疆少数民族首领联姻早有先例，早在后金政权建立之前，万历二十七年（1599）正月，"东海渥集部之虎尔哈路长王格、张格率百人，朝谒，贡黑、白、红三色狐皮，黑、白二色貂皮，自此渥集部之虎尔哈路，每岁朝谒。其长博济里，首乞婚，上嘉其率先归附，因以大臣女六，配其六长"①。努尔哈赤将6个大臣之女，许配给入贡乞婚的东海渥集部虎尔哈路路长博济里等6人，"以抚其心"②。然而，初次与东海呼尔哈部联姻，却并没有取得预期的效果。博济里变心反叛，杀掉努尔哈赤派遣的商人，努尔哈赤毅然夺取博济里的三十六寨。③ 这说明在联姻的同时还要具备雄厚的军事实力，才可保证东北各少数民族对满洲的政治认同。清政权建立后，皇太极曾多次将大臣之女嫁给黑龙江萨哈尔察部的酋长④，崇德四年（1639）九月初十日，"以镶黄蒙古固山额真吴赖弟巴赛之女妻萨哈尔察部额驸巴尔达齐弟额讷布，行定婚礼，宰羊四只，备酒八瓶设宴。承政满达尔翰、参政超哈尔、鄂莫克图等与此宴"⑤。九月二十二日，"以镶白旗甲喇章京库尔禅之女妻黑龙江额苏里屯塔纳赖，礼部宰羊五，列筵六席，参政鄂莫克图、副理事官哈尔松阿等亲宴之。以镶蓝旗牛录章京雅木布鲁之女妻额办里屯图尔巴尼，礼部

---

① 《清太祖实录》卷3，中华书局1986年版，万历二十七年正月壬午。
② 《清入关前史料选辑》第一辑，中国人民大学出版社1985年版，第319页。
③ 中国第一历史档案馆、中国社会科学院历史研究所译注：《满文老档》（上册），第48—49页。
④ 参见《盛京吏户礼兵四部文》之（三）"礼部文"的第13、14、15号文。
⑤ 中国第一历史档案馆编：《清代档案史料丛编》（第14辑），中华书局1990年版，第130—131页。

宰羊五只，列筵六席，参政超哈尔、副理事官拉木拜等亲宴之"①。尤其是对巴尔达齐给予极高的礼遇。天聪十年（1636），巴尔达齐与清联姻，四月以额驸身份朝贡。②实际上，巴尔达齐所娶并非公主，乃是异姓之女，但清政府依然称其为公主，称巴尔达齐为额驸。崇德三年（1638）五月己卯，"遣萨哈尔察部落额驸巴尔达齐，偕所尚公主归"③。滕绍箴先生考证出，巴尔达齐所娶的公主是努尔哈赤之弟多罗诚毅勇壮贝勒穆尔哈齐第四子、功封固山襄敏贝子务达海之女④，应当给予充分重视。

此外，黑龙江下游的赫哲、费雅喀等族也和满洲建立了联姻关系，东北少数民族称其为娶"皇姑"。娶"皇姑"制度有一个形成、发展的过程，开始于努尔哈赤统一女真时期，在清朝建立后，得以继续发展，并已由最初以大臣女出嫁改为皇族宗室女下嫁。⑤东北少数民族不论身份，只要备足聘礼"黑狐皮两张、九张元狐皮之褥子二、九张黄狐皮之褥子四、十七张貂皮之皮筒子十二、貂皮一百张"⑥，经三姓副都统查验，便可申请联姻。婚礼在北京举行，由政府操办，皇帝会赏赐丰厚的厚礼，皇姑会带回丰厚的嫁妆。这一制度对于东北地区的民族融合起到关键作用，加强了满洲与赫哲、费雅喀等民族之间的血缘关系和交往程度，增强了与赫哲、费雅喀对满洲的政治认同，加强了朝廷与边疆少数民族头领的联系，巩固了对边疆地区的统治。

三 编旗设佐

清太宗三进黑龙江，俘获了大量东海女真和索伦部人员，同时也招抚了很多索伦部人员。天聪九年（1635）四月出征瓦尔喀，收服编户"壮丁二千四百八十有三，人口七千三百有二，俘获妇女幼稚一百十六

---

① 中国第一历史档案馆编：《清代档案史料丛编》（第14辑），第133页。
② 《清太宗实录》卷28，天聪十年四月乙卯。
③ 《清太宗实录》卷41，崇德三年五月乙卯；《清太宗实录》卷65，崇德八年七月辛酉。
④ 滕绍箴、苏都尔·董瑛：《达斡尔族文化研究》，第19页。
⑤ 周喜峰：《清代东北赫哲等族娶"皇姑"制度及其历史作用》，《光明日报》理论版，2009年12月29日，第12版。
⑥ 辽宁省档案馆、辽宁社会科学院历史研究所、沈阳故宫博物馆译编：《三姓副都统衙门满文档案译编》，辽沈书社1984年版，第398页。

人"①。同月收抚瓦尔喀"壮丁五百六十人，妇女五百口，幼稚九十口，又俘获妇女六十六口"②。崇德二年（1637）六月，吴巴海率兵追击叶雷残部，"获妇女幼小八十七人"③。崇德三年（1638）四月，沈志祥"俘获萨哈尔察男子六百四十名，家口一千七百二十名"④。

崇德五年（1640），满洲在平定博穆博果尔后，力量进入索伦部。三月，攻打博穆博果尔，生擒五百三十人，俘获"男子二千二百五十四人，女子幼稚共四千四百五十名"⑤。四月，索伦部被俘"男子三千一百五十四人，妇女二千七百一十三口，幼小一千八十九口，共六千九百五十六名"⑥，人数众多。五月，索伦部"三百三十七户，共男子四百八十一人"前来投降。⑦ 征虎尔哈，"计获男子三百三十六人，归降男子一百四十九人，共四百八十五人"⑧。留捕海豹和捕貂鼠之人在原地，实际带到盛京四十四人。"俘获家属七百九十六口，归降家属四百八十一口，共一千二百七十七口。"⑨ 实际带到盛京八十三口。多济里喀柱俘获"男子四十三人，家属一百一十五口"⑩。

这样，索伦部被分为两大部分，即南迁的成员和留在江北的成员。对于南迁的索伦部成员，从此开始进行编旗设佐进行管理，而对于留在江北的索伦部成员，并没有设制，仍然保持其以血缘、氏族为纽带的村屯形式，继续生活，对大清国实行朝贡政策。

满洲对索伦部不同部落的政策制定主要是取决于其对满洲政治认同的程度而定。天聪八年（1634），巴尔达奇开始内附，从此直到崇德八年（1643），索伦部来朝约17次，其中巴尔达齐亲自或遣人来朝就达9次，占到来朝贡总次数的一半以上，可见其对满洲在政治上高度认同。

---

① 《清太宗实录》卷23，天聪九年四月癸巳。
② 《清太宗实录》卷23，天聪九年四月甲辰。
③ 《清太宗实录》卷36，崇德二年六月辛丑。
④ 《清太宗实录》卷41，崇德三年四月甲午。
⑤ 《清太宗实录》卷51，崇德五年三月壬己。
⑥ 《清太宗实录》卷51，崇德五年四月乙巳。
⑦ 《清太宗实录》卷51，崇德五年五月戊戌。
⑧ 《清太宗实录》卷51，崇德五年五月甲辰。
⑨ 《清太宗实录》卷51，崇德五年五月甲辰。
⑩ 《清太宗实录》卷51，崇德五年五月甲辰。

滕绍箴先生认为:"中国边疆的少数民族在中原王朝传统文化辐射下,心向中原形成历史惯性,不可扭转。中华民族凝聚力是相向发展,不断加强,已经形成历史规律。"① 清朝对巴尔达齐最为放心,因此其辖区不进行编旗设佐,仍以贡貂形式进行朝贡,但是要由满洲任命其各氏族部落的首领,受满洲信任的巴尔达齐家族在江北的势力很大。博穆博果尔是政治上不认同满洲的代表,其辖区全部实行编旗设佐进行管理,主要采取编设索伦牛录与编入满洲八旗两种方式。其原则是按照认同满洲的程度进行处置。

对于极度认同于满洲,主动归附来降的索伦部族,实行编设索伦牛录的政策,以其原有的氏族组织为基础进行编设,任命其族长作为世袭佐领。崇德五年已编成八个索伦牛录②,生活于嫩江流域,到崇德六年,共编设了十六个索伦牛录,全部生活于嫩江流域。

对于清太宗在战争中俘获的索伦部成员,则直接带到盛京,编入满洲八旗,后随清兵入关,融入满洲之中。清太宗第二次征讨索伦部之后,于崇德五年(1640)七月,索海、萨穆什喀俘获"新满洲壮丁两千七百九人,妇女幼小两千九百六十四口,共五千六百七十三人"③,编入满洲八旗。萨尔纠英古征库尔喀,俘获的新满洲壮丁四十二人,和之前多济里喀柱俘获的男子四十三人,均补入满洲八旗,弥补披甲缺额。十一月,索海萨穆什喀"携来新满洲男子二千七百五十一名,妇女三千九百八十九口"④,编入满洲八旗。十二月,在甘地席特库、济席哈擒获索伦部落"男子一百七十四名",在齐洛台地方获得"男妇幼稚九百五十六名口"⑤。镶黄旗满洲都统第五参领第一佐领,系崇德五年将索伦人丁编为半个牛录,后因人丁滋盛,遂编一整牛录。⑥ 正白旗满洲都统第一参领第十二佐领,系康熙元年(1662)以索伦地方来归

---

① 参见滕绍箴、苏都尔·董瑛《达斡尔族文化研究》,第21页。
② 《清太宗实录》卷51,崇德五年五月戊戌。
③ 《清太宗实录》卷52,崇德五年七月癸未。
④ 《清太宗实录》卷53,崇德五年十一月壬辰。
⑤ 《清太宗实录》卷53,崇德五年十二月己未。
⑥ (清)鄂尔泰等修:《八旗通志》,东北师范大学出版社1985年版,第1册,第38页。

人丁编立。① 镶蓝旗满洲第五参领第十五佐领，系以索伦、瑚尔珲、鄂尔珲、瓦尔喀、胡尔哈五处人丁编立。② 清太宗第三次征讨索伦部时，崇德八年（1643）正月，沙尔虎达、朱玛喇征松阿里江虎尔哈部，"获男子妇女幼稚，共一千六百十九名口"③。七月，阿尔津、哈宁噶征黑龙江部落，"携来男子妇女幼稚，共二千五百六十八名口"④，均加入满洲八旗。

在战争俘获的索伦部成员编入满洲八旗，在明清鼎革之际，从龙入关，在京城身处移民社会中，入关之后，清朝仍不断从黑龙江的索伦部中挑选人员进京。如康熙三十六年（1697）七月十六日，黑龙江副都统喀特呼为派员解送鄂伦春进贡貂皮事咨索伦总管喀拜等文记载："索伦、达斡尔、鄂伦春原有丁三千五百四十八名，其中扣除病故、进京者六十二名外，共剩丁三千四百八十六名。"⑤ 这说明此62名布特哈牲丁中身体健康者成为京旗中的成员，并充当侍卫。刘小萌先生指出："精奇里、克音、乌力苏、德都勒、托尔佳、傲拉、倭勒、多锦、多拉尔等众多达斡尔、索伦姓，均作为'满洲一姓'，被载入《八旗满洲氏族通谱》中，正是部分东北土著居民与满洲人融合的反映。"⑥ 居住在京城的索伦部成员与满洲相比无疑是弱势群体，人数少，力量小，居住在满洲人的海洋中，其威胁力大大减小，也很快被满洲化，这也说明了索伦部与满洲两个民族的边界开始重合，当然这是人为建构的，在重合的过程中，是两个民族融合的过程，其时间很漫长，在满洲的眼中，加入满洲八旗的索伦部成员与真正的满洲依然是不同的，满洲认同索伦部成员也需要一个漫长的过程，这在利益分配上反映得十分明显。康熙年间的玛布岱是满洲正白旗中的达呼尔人，当康熙三十八年（1699）黑龙江将军南迁齐齐哈尔时，萨布素举荐其担任齐齐哈尔副都统，遭到了

---

① （清）鄂尔泰等修：《八旗通志》，第1册，第71页。
② （清）鄂尔泰等修：《八旗通志》，第1册，第186页。
③ 《清太宗实录》卷64，崇德八年正月辛亥。
④ 《清太宗实录》卷65，崇德八年七月戊戌。
⑤ 中国第一历史档案馆、鄂伦春民族研究会编：《清代鄂伦春族满汉文档案汇编》，民族出版社2001年版，第537页。
⑥ 刘小萌：《清代北京旗人社会》，中国社会科学出版社2008年版，第445页。

圣祖的严词拒绝，理由就是其出身不是纯正的满洲。即使战功赫赫得"乾隆朝武臣之冠"海兰察也只能当到参赞大臣，而无缘将军与副将军。而将军多为满洲勋贵，如杭州将军、黑龙江将军恭镗，其二世祖额驸恩格德尔由八旗蒙古抬旗擢入八旗满洲正黄旗，其父为文渊阁大学士琦善。

康熙朝以后，黑龙江的索伦部成员停止大规模进京，但是仍然保留有自顺治年间进入京城充当皇帝侍卫的人员，称作"萨音哈哈"①。这一方面说明清朝皇帝对索伦部成员的信任；另一方面说明索伦部成员骑射技术高超，较好地保持了其民族特征。侍卫的来源有行围时表现优异者，也有在战争中立功受赏者。其中在战争中被授为侍卫之人，举不胜举，海兰察即是如此。除进京充当侍卫之外，在战争结束后，也有主动向黑龙江将军或皇帝直接请求进京办事者，被批准后，其可携眷进京。乾隆十五年（1750）四月，高宗令黑龙江将军傅尔丹挑选索伦达斡尔身强力壮善于摔跤者送到京城。② 在编入京旗的过程中，大部分编入满洲八旗，也有少部分编入蒙古八旗。

索伦部无论是被编成索伦牛录，还是进入满洲八旗，其在生活方式上逐渐满洲化，后者更为明显，而前者也成为布特哈八旗和黑龙江驻防八旗的基础。刘小萌先生认为，到崇德七年（1642），仅博穆博果尔辖区的索伦部成员就已经被编设成二十二个牛录以上。③ 当然，索伦牛录还只是八旗满洲牛录的雏形，"无论从结构或职能看，均异于八旗牛录，而近乎清政权在东北其它地方所建立起的噶栅组织。因此，应将索伦牛录的编设视作清政权在黑龙江上游推行编户政策的一种努力"④。索伦牛录的职责任务主要是向满洲贡貂，也可与满洲进行贸易，用貂皮换取生活用品。这种经济上的联系，使得索伦牛录对满洲产生了经济上

---

① 意为好汉，又作强壮人。
② 中国第一历史档案馆、莫力达瓦达斡尔族自治旗达斡尔学会、莫力达瓦达斡尔族自治旗达斡尔民族博物馆编：《清宫珍藏达斡尔族满汉文档案汇编》，辽宁民族出版社2018年版，第837页。
③ 刘小萌：《清前期东北边疆"徙民编旗"考察》，《满洲的社会与生活》，北京图书馆出版社1998年版，第229页。
④ 刘小萌：《清前期东北边疆"徙民编旗"考察》，《满洲的社会与生活》，第229页。

的依靠，增强了民族感情，强化了索伦部对满洲的政治认同。

  总之，东北少数民族包括索伦部大量加入新满洲，在满洲民族联合过程中发挥了积极作用。索伦部的民族意识在满洲强大的军事实力和正确的民族政策下逐渐淡化，伴随而来的是其对满洲的政治认同。17世纪中叶，沙俄对索伦部的掠夺，在政治上把索伦部推到后金（清）政权一边。在沙俄东进的过程中，沙俄殖民者凭借武力，给黑龙江流域的索伦部人民以巨大的灾难，使其丧失了物质利益与民族尊严，恰逢此时，满洲伸出援手，一面组织索伦部南迁到黑龙江以南，一面组织军事力量以对抗沙俄侵略者。满洲在索伦部生死存亡的紧急关头，令其南迁到嫩江流域，并组织满洲的军事力量与沙俄进行了两次雅克萨战争，签订了中俄《尼布楚条约》，给予索伦部物质帮助与精神安慰，在此过程中，加深了索伦部与满洲深厚的民族感情，使其在政治上不得不认同后金（清）政权。南迁之后的索伦部完全在满洲力量范围之内，获得了安全的生活环境，很快被纳入清朝的管理体制当中。

第三章

满洲对索伦部民族分化过程的影响

索伦部南迁嫩江流域之后，其族体形态过程、民族经济过程和民族政治过程均向前发展，索伦部得以分化为鄂温克族、鄂伦春族、达斡尔族三个民族，满洲在此民族分化过程中制定了一些政策，保证了索伦部民族分化过程的顺利发展，并且将鄂温克族、鄂伦春族、达斡尔族纳入到清朝的管理体制当中，在政治与文化双重构建下，鄂温克族、鄂伦春族、达斡尔族在政治上认同清朝统治，同时在文化上也存在对自身的民族认同。满洲没有将鄂温克族、鄂伦春族、达斡尔族同化掉，虽历八旗，仍按族属，体现了满洲统治者开放的民族观和成熟的民族政策。总体上来说，清朝通过一系列民族政策正确地处理了满洲与鄂温克族、鄂伦春族、达斡尔族的民族关系，加强了鄂温克族、鄂伦春族、达斡尔族的国家认同，为统一多民族国家奠定了坚实的基础。

第一节 按族属编旗促进索伦部民族分化

清代前期，沙俄入侵黑龙江流域，索伦部在与其对抗的过程中不断向南迁徙。恰逢此时，明清鼎革，清军大举入关，东北地区空虚，索伦部加入新满洲的成员均随满洲进入中原，逐渐融合于满洲八旗之中。留下的成员南迁到嫩江流域，一些分散到黑龙江各城编入驻防八旗，一些被编成布特哈八旗和新疆索伦营。清朝对索伦部编旗是按照族属编制牛录，这促进了索伦部民族分化为鄂温克族、鄂伦春族和达斡尔族的过程。

一 编旗设佐与"阿巴""扎兰"的设立

顺治元年（1644），清兵入关，此时正是沙俄大规模入侵黑龙江流域之时，索伦部大举南迁到嫩江流域。鄂温克族主要分布在大兴安岭东部的嫩江上中游地区，即济沁河、阿荣河、革尼河和诺敏河中上游地区，鄂伦春族迁徙到黑龙江上游及大兴安岭山区，达斡尔族主要分布在嫩江中下游平原，即嫩江及其支流讷莫尔河、诺敏河中下游地区。从黑龙江上游迁徙到嫩江流域，使得索伦部改变了在黑龙江北生活的状况，放弃了世代生活的家园，进入移民社会中。

清朝对南迁嫩江流域的索伦部成员进行编旗设佐，编为"布特哈打牲部落"，归属理藩院管辖，康熙二十三年（1684），设立黑龙江将军，改归其管辖。在顺治朝，清朝对于在政治上认同满洲的索伦部首领授予牛录章京，令其自主管辖索伦部落。到康熙朝以后，清朝进行了实际地大规模编旗设佐。康熙四年（1665）七月，"那恩（嫩江）地方二十九索伦佐领温察太、木朱虎等，入贡貂皮，给赏缎布等物有差"①，这表明此时嫩江流域已编成29个索伦佐领。康熙六年（1667），清朝首先将南迁的索伦、鄂伦春2134名壮丁按姓氏编成29个佐，并任命了佐领。②

康熙六年（1667）六月，将乌莫迪、齐帕、岳库达为首的310名达斡尔族壮丁编为3个佐。康熙七年（1668），将1105名达斡尔族壮丁编为11个佐，③即达斡尔人共14个佐。

康熙八年（1669），设立索伦总管管辖佐领。康熙十年（1671）以后，清朝把图勒图、阿布纳、索嫩、扎木根、额和内、勒木白德、马鲁凯、德里布、喇巴奇、乌鲁库依、古德赫、特卜赫、图克奇胡尔等部众

---

① 《清圣祖实录》卷16，中华书局1985年版，康熙四年七月己酉。
② 金鑫：《八旗制度有清代前期索伦达呼尔社会》，北京师范大学博士学位论文，2011年，第65—66页。
③ 《关于布特哈地区过去历史的抄本》，《有关达呼尔、鄂伦春与索伦族历史资料》第二辑，第49—50页。

相继编设佐领①，总称"布特哈打牲部落"。这样索伦部成员逐步纳入清朝的行政管理体制。布特哈打牲部落以贡貂为业，不披甲驻防，即主要行使经济职能而没有军事职能。

康熙二十三年（1684），圣祖一下江南，视察河工，拉开了康乾盛世的序幕。这一年，清朝刚刚在黑龙江地区设置了黑龙江将军，管理边疆各民族。同时，面对着索伦部众多牛录，管理混乱的局面，清朝设立"阿巴"和"扎兰"，实际上是归并佐领，化零为整，方便管理。"阿巴"和"扎兰"是佐领与旗之间的过渡时期社会组织形式。将嫩江流域的索伦壮丁编为五个"阿巴"，即阿尔拉、涂克冬、雅鲁、济沁、托信阿巴②，将达斡尔壮丁编为三个"扎兰"，即都博浅、莫日登、讷莫尔③，均由理藩院管辖。康熙二十三年（1684），设鄂温克、达呼尔总管各一名。布特哈打牲部落改由黑龙江将军管辖。康熙二十八年（1689），在嫩江右岸宜卧奇设立布特哈总管衙门。康熙三十年（1691），增设一名满洲总管④，并让布特哈八旗索伦、鄂伦春、达斡尔人披甲驻防。"齐齐哈尔地方，以索伦、达呼尔之众，酌量令其披甲驻防，遣满洲兵二百人往彼教训之。伊等居址附近，亦心乐披甲。如此既无远徙之苦，亦不致需用糇粮矣。自是遂为定制。"⑤ 这表明布特哈八旗除了贡貂之外，兼有军事职能。

雍正五年（1727）十月，"添设索伦、打虎儿八参领下，满洲副总管四员，索伦、打虎儿副总管四员"⑥。雍正九年（1731），清朝将索伦五个"阿巴"按居住围场编入八旗⑦，归布特哈总管衙门管辖。

---

① 《关于钦差大臣与俄国使臣交涉尼布楚国境记录》、《关于布特哈的索伦、达呼尔、鄂伦春等族原流放》，《有关达呼尔、鄂伦春与索伦族历史资料》第二辑，第20、24页。

② 在诸敏河一带设阿尔拉阿巴，在阿荣河、格尼河一带设涂克敦阿巴，在雅鲁河及音河一带设雅鲁阿巴，在济沁河一带设济沁阿巴，在绰尔河一带设托信阿巴。

③ 在讷莫尔河一带设讷莫尔扎兰，辖近30个屯，在嫩江中游北部设都伯沁扎兰，辖近30个屯，在讷莫尔河与嫩江汇合处的嫩江中游南部一带设莫尔丁扎兰，辖40余屯。

④ 《钦定大清会典事例》卷740，《理藩院·设官·黑龙江打牲处官制》，光绪二十五年重修本。

⑤ 何秋涛：《索伦诸部内属述略》，李兴盛主编：《黑龙江地方古籍整理》（第一辑）（二），第1001页。

⑥ 《清世宗实录》卷62，中华书局1985年版，雍正五年十月丁未。

⑦ 《讷河县志》，黑龙江人民出版社1989年版，第586页。

二 保持民族特色的布特哈八旗

布特哈八旗是雍正时代清朝将黑龙江上中游南迁到嫩江中游的索伦部成员,按照八旗制组建起来的一种管理形式,它既属于八旗驻防,又区别于驻防八旗,是兵民合一的组织。"布特哈"为满语打牲或狩猎之意,故清代文献也将其称为打牲八旗或打牲部。

关于组建布特哈八旗的时间问题存在争论,现以档案为准,学界已公认为是雍正十年(1732)。雍正十年,清朝以布特哈打牲部落的鄂温克族五个阿巴和达斡尔族三个扎兰为基础,正式组建了布特哈八旗。"雍正十年闰五月二十七日,黑龙江将军卓尔海等所奏派驻济拉木泰兵后剩余打牲丁编设旗分佐领、设置官员及比丁事宜一折"①,得到允许。"除派驻济拉木泰之兵外,剩余布特哈五十八牛录丁,加之未编之牛录达斡尔、霍托克部壮丁,鄂伦春木鲁、苏觉阿部丁,共有三千六百六十一名,请将此等人各按八旗颜色,不分离其原居地方、族部,每旗各委设二名副总管管理。"②

清朝将索伦、达斡尔、鄂伦春、巴尔虎等牲丁3661名"按八旗旗色"编成108个佐领,以索伦达斡尔总管统领全局。每个佐由本族人员担任佐领,但是每个旗的旗主是满洲副总管和该族副总管,满洲副总管掌握实权。在行政上归黑龙江将军管理,但还需在理藩院备案。布特哈八旗共有壮丁7300人,以打牲贡貂作为赋税缴纳,兼有巡边和出征任务,各自维持生计,没有粮饷发放。这一状况直到乾隆二十五年(1760),清朝才给予布特哈八旗2000个披甲名额,发放半俸。

鄂伦春十九佐领,索伦、达斡尔、巴尔虎共设四名总管统管其事。"今将军卓尔海等将达斡尔三十六佐领归为镶黄、正黄、正白三旗,索伦四十八佐领及鄂伦春□□九佐领归为镶黄、正黄、镶白、正红、镶红、正蓝、镶蓝七旗,巴尔虎五佐领、特楞古特、克尔萨喀勒及塔畬乌

---

① 中国第一历史档案馆、鄂伦春民族研究会编:《清代鄂伦春族满汉文档案汇编》,第615页。
② 中国第一历史档案馆、鄂伦春民族研究会编:《清代鄂伦春族满汉文档案汇编》,第615页。

梁海等八佐领归为镶蓝旗。"① 具体而论,"达斡尔人聚居的杜博浅扎兰编为镶黄旗、莫日登扎兰编为正黄旗、讷莫尔扎兰编为正白旗,索伦人聚居的阿尔拉阿巴编为正红旗、涂克敦阿巴编为镶白旗、雅鲁阿巴编为镶红旗、济沁阿巴编为正蓝旗、托信阿巴编为镶蓝旗"②。

布特哈八旗的组建是清朝处理民族问题的一个创新,将索伦部的主力纳入八旗体制,又使其保持了自身民族特色,可看成政治一体、文化多元的典型,也是当代多元文化主义所倡导的做法,可资借鉴。该做法具有以下积极意义:第一,把索伦部建构成布特哈八旗,寓兵于民,对于巩固东北边防,抵御沙俄的威胁,保障《尼布楚条约》的实际执行,有重大作用;第二,保持索伦部的族性,使其在黑龙江地区得以形成近代民族。民族形成是个长时期的过程,索伦部南迁嫩江流域以后,其氏族社会组织依然得以保存,没有发生重大变化,各个部族然以氏族为单位居住或分散游牧、渔猎,索伦部可以按着自己的轨迹形成近代民族;第三,贡貂义务强化了军事职能,骑射技术锻炼了民族精神,索伦以狩猎为主的经济形式得以强化,使其成为八旗中的生力军,在清代统一多民族国家的战争中发挥重大作用,索伦部与满洲的政治经济联系加强,民族利益趋向一致,增强了民族向心力和国家认同;第四,尊重索伦部的文化,使其在满洲化的同时没有失去自身的语言文化和风俗习惯,使其在政治上认同于满洲,在文化上有自我的特色,这些为新中国的民族识别工作提供了便利。

三 索伦部成为黑龙江驻防八旗成员

八旗制度是满洲的根本制度,也是满洲扩大民族的有力工具。八旗组织初期建构的目的就是使其变成民族的熔炉,而不是民族的马赛克。八旗组织初创于努尔哈赤时代,形成于皇太极时代,以满洲八旗、汉军八旗和蒙古八旗三支力量为主体,兼纳朝鲜、达斡尔、鄂温克、鄂伦

---

① 中国第一历史档案馆、鄂伦春民族研究会编:《清代鄂伦春族满汉文档案汇编》,第612页。
② 麻秀荣、那晓波:《清初八旗索伦编旗设佐考述》,《中国边疆史地研究》2007年第4期。

春、赫哲、锡伯、维吾尔、藏族、俄罗斯等民族成分，这些少数民族多编入满洲八旗。八旗组织是由满洲统治者建构的综合组织，集政治、经济、军事于一体，具有行政管理、组织生产、军事征伐三项职能。明清鼎革，八旗兵作为主力入关，统一全国，但是造成了东北地区兵力空虚的局面。八旗分为京旗与驻防八旗两大部分，京旗是指驻扎京师及附近、负责保卫京师的八旗军，驻防八旗是指驻防于全国战略要地及边疆重镇的八旗军。

黑龙江地区是满洲先世的故乡，北靠沙俄，西接蒙古，东临朝鲜，与日本隔海相望，这里民族众多，情况复杂，战略位置十分重要，是东北边防的最前线。在清兵入关之前，明朝的力量无法到达黑龙江地区，在羁縻卫所制的管辖下，黑龙江地区归属于奴儿干都司管理，实际上东北边防处于有边无防的阶段。这时沙俄还没有入侵，满洲在东北形成，其注意力都集中在与明朝相对抗。而在明清两朝交替之时，正是沙俄入侵黑龙江流域之际，此时满洲联合黑龙江地区各少数民族在两次雅克萨战争中，最终打败沙俄，于康熙二十八年（1689）签订了中俄《尼布楚条约》，勘定了中俄东段边界，东北边防出于划界设防的阶段。战后，为了保卫东北边疆，清朝在黑龙江地区设立驻防八旗，索伦兵成员参加了驻防，成为黑龙江驻防八旗兵中的成员。

顺治元年（1644），清朝在盛京建制，设立盛京总管，统辖东北地区，但是离黑龙江地区遥远，加之兵力不足，对黑龙江地区没有实际的控制。顺治九年（1652），清朝加强吉林地区的驻防，东部的宁古塔很快成为与盛京并重的驻防地。这两个重镇因为地理的原因都无法直接防守黑龙江流域。面对北部边防的压力，康熙二十二年（1683），圣祖派宁古塔副都统萨布素率宁古塔、吉林乌喇等处八旗兵在黑龙江"建城永戍"，并采纳萨布素的建议，令五百达斡尔兵于康熙二十三年（1684）三月先到瑷珲城驻扎。[①] 清朝设立镇守瑷珲等处将军，其辖区为"北至外兴安岭，西北至格尔必齐河，西邻喀尔喀车臣汗部，南与

---

① 金鑫：《雅克萨之战前后的达斡尔五百官兵考述》，《中国边疆史地研究》2011年第1期。

哲里木盟北部相接，东及东南与吉林以松花江为界"①。黑龙江驻防八旗的最高军政长官是黑龙江将军。各驻防城设立副都统、城守尉，分别管理各城，相互协助，总辖于黑龙江将军。黑龙江将军衙门历经三次迁移，康熙二十三年（1684），驻黑龙江左岸的旧瑷珲城（今俄罗斯境内的维芙勒伊村），康熙二十四年（1685），移驻黑龙江右岸的新瑷珲城（今黑龙江省黑河市瑷珲区），康熙二十九年（1690）移驻墨尔根城（今黑龙江省嫩江县），康熙三十八年（1699）移驻齐齐哈尔城。为了加强东北北部边防军政建设，清朝设立了黑龙江城、墨尔根城、齐齐哈尔城、呼伦贝尔城、呼兰城驻防八旗，保卫边疆，将所属区域的各族人民编入驻防八旗，以便于管理。

黑龙江副都统，驻瑷珲城。康熙二十二年（1683），清朝设瑷珲将军，即黑龙江将军，同时设副都统。康熙二十三年（1684），于黑龙江右岸建新瑷珲城，黑龙江副都统与黑龙江将军共驻新瑷珲城。康熙二十九年（1690），黑龙江将军移驻墨尔根，此城作为黑龙江副都统所在地。康熙三十二年（1693），黑龙江副都统移驻墨尔根，瑷珲设城守尉驻防。雍正八年（1730），清朝在新瑷珲城再设黑龙江副都统。有火器营，驻有满、汉、鄂温克、鄂伦春、达斡尔兵1200余名，人口13024，其中索伦兵60名，达斡尔兵420名。康熙二十三年（1684），由布特哈打牲部落中移驻黑龙江城的索伦、达斡尔兵，在黑龙江副都统所辖的23个佐领中②，有达斡尔兵7个佐领，康熙二十九年（1690）之后，索伦编为1个佐领。③

墨尔根副都统，驻墨尔根城。墨尔根城，原是墨尔根村，于康熙二十四年（1685），设立城池。康熙二十五年（1686），设城守尉1人，康熙二十七年（1688）设佐领骁骑校各8人，并从布特哈地区抽调索伦达斡尔官兵1000人驻防墨尔根。康熙二十九年（1690），黑龙江将军由黑龙江城移驻墨尔根，并从布特哈地区抽调索伦达斡尔官兵420人

---

① （清）西清：《黑龙江外记》，第1页。
② 中国第一历史档案馆、鄂伦春民族研究会编：《锡伯族档案史料》（上册），辽宁民族出版社1989年版，第65页。
③ 金鑫：《雅克萨之战前后的达斡尔五百官兵考述》，《中国边疆史地研究》2011年第1期。

驻防墨尔根。康熙三十二年（1693），黑龙江副都统移驻墨尔根。康熙三十七年（1698），副都统移驻齐齐哈尔。康熙三十八年（1699），黑龙江将军移驻齐齐哈尔，留协领防守墨尔根。康熙四十九年（1710），清朝在墨尔根再设副都统。无火器营，有先锋营，驻兵为索伦兵600名、达斡尔兵300名，人口5738。康熙二十四年（1685），清朝从布特哈打牲部落中抽调索伦、达斡尔兵1000名驻防墨尔根城，在其所辖的33个佐领之中，索伦兵编为10个佐领，达斡尔兵编为5个佐领。① 康熙三十八年（1699）黑龙江将军移驻齐齐哈尔后，在墨尔根所辖的17个佐领中，索伦兵和达斡尔兵的佐领数不变。

齐齐哈尔副都统，驻齐齐哈尔城。齐齐哈尔又称卜魁，康熙三十一年（1692）建城，康熙三十八年（1699）黑龙江将军衙门移驻此地，成为黑龙江地区的政治、经济、军事、文化中心。康熙十三年（1674），吉林水师营进驻齐齐哈尔。康熙二十三年（1684），设火器营。康熙三十七年（1698）设副都统。驻有满、汉、鄂温克、达斡尔、巴尔虎蒙古兵3040名，人口20027。康熙三十年（1691），清朝从布特哈打牲部落中挑选索伦、达斡尔兵1000名驻防齐齐哈尔，编为16牛录，当时齐齐哈尔驻防八旗共编为40牛录。② 康熙三十一年（1692）四月，清朝从科尔沁蒙古王公处赎出达斡尔、索伦、锡伯、卦尔察壮丁万余名，编为72个牛录，驻防于齐齐哈尔、伯都讷、吉林乌拉、阿拉楚喀、拉林、呼兰等城。其中达斡尔佐领16个。③ "科尔沁之王、台吉等，将所属席北、卦尔察、打虎儿等一万四千四百五十八丁进献，内可以披甲当差者，一万一千八百五十余名，分于上三旗安置。"④ 吴克尧提出，移驻齐齐哈尔城的锡伯人有24牛录，兵丁共3850名，达斡尔人有五个牛录，兵丁共750名。⑤ 周喜峰认为，这部分达斡尔人是崇德五年（1640）五月在清朝政府平定索伦部博穆博果尔叛乱后，由黑龙江

---

① 中国第一历史档案馆、鄂伦春民族研究会编：《锡伯族档案史料》（上册），第63—64页。
② 中国第一历史档案馆、鄂伦春民族研究会编：《锡伯族档案史料》（上册），第54页。
③ 刘小萌：《清代北京旗人社会》，第444—445页。
④ 《清圣祖实录》卷155，康熙三十一年四月乙丑。
⑤ 吴克尧：《黑龙江锡伯族考述》，波·少布主编：《黑龙江民族历史与文化》，中央民族学院出版社1993年版，第326页。

上游迁徙到嫩江下游的索伦部达斡尔人①，纠正了《达斡尔族简史》天聪八年（1634）俘获的旧说。

呼伦贝尔副都统衔总管，驻呼伦贝尔城。呼伦贝尔原是巴尔虎蒙古的故乡，明代中原力量无法企及，得而复失。雍正五年（1727），中俄签订了《布连斯奇条约》，勘定了两国中段边界，呼伦贝尔成为清朝的东北边疆地区，但此地"孤悬岭表，外接藩夷"②，直通俄国。"北部山重水复，道路崎岖，南部则旷野平沙，水草丰美。"③ 为了加强呼伦贝尔的防御力量，保障《布连斯奇条约》的顺利实施，扭转清准战争失败的局面，雍正十年（1732）四月，清朝从布特哈调遣索伦1636名、打虎儿730名、陈巴尔虎275名、鄂伦春359名，共3000名兵丁，移驻呼伦贝尔，编为驻防八旗。索伦兵丁分为两翼，编为50佐领。其中，索伦28佐、达斡尔12佐、鄂伦春5佐。左翼在从修城处到与俄国边境游牧，右翼在喀尔喀河游牧。呼伦贝尔八旗成立的背景是清准战争爆发，故成立后迅速抽调2000名兵丁加入北路军，作为征讨准噶尔的生力军。雍正十二年（1734）八月，清朝将自喀尔喀移牧于呼伦贝尔的布里亚特巴尔虎蒙古编为40佐领，称为新巴尔虎蒙古，纳入呼伦贝尔驻防八旗。乾隆七年（1742），清准战争和平局面已奠定，清朝将驻防呼伦贝尔的索伦、达斡尔及巴尔虎兵26佐领迁回布特哈。乾隆八年（1743），升呼伦贝尔统领为副都统职衔，并将40佐领中的新巴尔虎24佐领和厄鲁特蒙古2佐领，编入呼伦贝尔驻防八旗，保持50佐领总数不变。这样自乾隆八年后，呼伦贝尔驻防八旗中就有24个索伦、达斡尔佐领，24个新巴尔虎蒙古佐领和2个厄鲁特蒙古佐领，共计2000名兵丁。乾隆三十七年（1772）增加500名，此后一直维持在2500名兵丁的数额。光绪二十年（1894）增加托河路鄂伦春之一路两佐领，兵额数达到2583名。呼伦贝尔八旗与布特哈八旗一样，隶属于黑龙江将

---

① 周喜峰：《清朝前期黑龙江民族研究》，第153页。
② 张家璠：《呼伦贝尔志略》，李兴盛主编：《会勘中俄水陆边界图说》，黑龙江人民出版社2006年版，第2089页。
③ 张家璠：《呼伦贝尔志略》，李兴盛主编：《会勘中俄水陆边界图说》，第2082页。

军管辖,"阙出,由黑龙江将军拟定正陪,送院(理藩院)引见补授"①。呼伦贝尔八旗虽有驻防性质,但与八旗驻防的管理方式不同,不能将其完全等同于八旗驻防。他们战时出兵,闲时游牧,俸禄、粮饷均低于驻防八旗。

呼兰城守尉,驻呼兰城。雍正十二年(1734),黑龙江将军那苏图奏置呼兰城,驻有满洲、索伦、达斡尔、卦尔察、汉军官兵共500名,皆由齐齐哈尔、伯都纳城调拨。乾隆元年(1736),清朝置呼兰城守尉。乾隆八年(1743),齐齐哈尔调遣12佐领达斡尔人驻防呼兰城。

从康熙二十三年(1684)到清康熙三十一年(1692),清政府陆续抽调布特哈打牲部落壮丁编设的39个八旗索伦、达斡尔佐领,共设额兵2340名,驻防瑷珲、墨尔根、齐齐哈尔。布特哈打牲部落的一部分索伦部成员,在康熙时期和雍正时期被编入黑龙江驻防八旗,与满、汉官兵同驻一城,对其生活方式、民族认同产生了很大的影响,在政治上,其民族认同淡化,国家认同增强。在文化上,这些索伦部成员依然以牛录为单位生活、以索伦、鄂伦春、达斡尔的族称被记录,鄂温克族、鄂伦春族、达斡尔族与其他民族的边界清晰,这个民族边界主要反映在民族成员的心理上,而不是社会上。

黑龙江驻防八旗主要承担军事职能,不再承担贡貂的生产职能,这在其生活方式上与布特哈八旗区别很大。黑龙江驻防八旗与布特哈八旗的差异之处可以用费孝通先生提出的差序格局理论来解释。民族关系同样如丢石头形成的同心圆波纹。以满洲为中心,像石子投入水中,和其他民族所联系成的民族关系,"不像团体中的分子一般在一个平面上,而是像水的波纹一般,一圈圈推出去,愈推愈远,也愈推愈薄"②。在经济待遇上,黑龙江驻防旗兵与满洲兵、汉军兵一样享有兵饷和银、米,而布特哈八旗牲丁没有俸饷,以狩猎、耕种谋食,只有在战争中立功,清朝才例赏全饷或半饷。

总之,布特哈牲丁加入黑龙江驻防八旗后,在多民族聚居的移民社

---

① 《大清会典则例》卷142,《理藩院·典属清吏司·呼伦贝尔授官》。
② 费孝通:《乡土中国 生育制度》,北京大学出版社1998年版,第27页。

会中，政治上失去了民族分裂的地域基础，加强了国家认同，文化上保持了民族特色，虽然成为驻防八旗，但是仍按其族属编旗，心理上保持了民族认同。

四　组建新疆索伦营

乾隆二十五年（1760），清朝统一新疆，索伦、达呼尔与满洲、绿旗、蒙古兵一道留在新疆驻防边疆。乾隆二十七年（1762），清朝在新疆设立伊犁将军，建立军事防御体系。伊犁将军是高宗平定准噶尔叛乱和大小和卓木叛乱后，统一了新疆，于乾隆二十七年（1762）设立的新疆地区最高军政长官，全称为"总统伊犁等处将军"，简称"伊犁将军"，驻惠远城，武职从一品，是清代驻防全国军府制度14员将军之一。领侍卫内大臣，满洲镶黄旗明瑞为首任伊犁将军，有清一代共有41位伊犁将军。伊犁与回部由乌什、阿克苏相通，地理位置重要，可兼治南北疆，成为新疆驻防体制的中心。北疆准部乌鲁木齐、巴里坤满洲八旗、索伦兵、察哈尔兵、绿营兵，南疆回部叶尔羌、喀什噶尔官兵，东疆哈密等处驻扎官兵皆归伊犁将军管辖和调拨，伊犁将军统率分驻各城的都统、参赞大臣、帮办大臣、办事大臣、领队大臣等职官，掌握全疆行政、赋税、军事、民族事务、外交、贸易、监察权力于一身。伊犁将军府作为一个行政机构下设营务处、满营档房、粮饷处、驼马处、印房。光绪十年（1884）新疆建省，设置甘肃新疆巡抚管理新疆（不含伊犁、塔城），伊犁将军由总统改为驻防，管辖范围大为缩小，只负责伊犁、塔城地区。其下辖的乌鲁木齐都统、喀什噶尔参赞大臣及各城办事大臣、领队大臣陆续裁撤，新疆军府制逐渐改革为郡县制。宣统三年（1911）辛亥革命影响到新疆，1912年1月7日最后一任伊犁将军志锐被革命党处决，伊犁将军从此退出历史舞台。

乾隆二十八年（1763），布特哈八旗抽调索伦、达呼尔兵各500名分两批前往新疆驻防。第一批为500名索伦兵，未带家眷，于乾隆二十八年"春草萌生时"出发，于清乾隆二十九年（1764）正月到达伊犁。第二批为500名达呼尔兵丁，携带两批共计1000名兵丁的眷属，于清乾隆二十八年（1763）八月出发，于乾隆二十九年（1764）三月到达乌里雅苏台，五月到达伊犁。索伦、达呼尔兵被伊犁将军安置在伊犁河北霍尔果斯四面驻防放牧耕种，组成索伦营。索伦营和锡伯营、厄鲁特营、察哈尔营统称为"伊犁四营"或"外八旗"，以别于满洲内八旗。

伊犁索伦营分左右两翼。左翼称为翁科尔索伦，由索伦部官兵组成正黄旗、正红旗、镶红旗、镶蓝旗四旗，主要被安置在霍尔果斯河以西、沙玛尔、七奈汗、图尔根、撒拮等处；右翼称为大胡尔索伦，由达呼尔部官兵组成镶黄旗、正白旗、镶白旗、正蓝旗四旗，主要被安置在霍尔果斯以东之阿里木图、霍尔果斯、富斯克等地。索伦营设领队大臣1名，总管、副总管各1名，佐领之官8名，骁骑校8名，世袭云骑尉1名，空蓝翎9名，委笔贴式2名，前锋校4名，前锋36名，领催32名，披甲968名，养育兵200名。共设官兵1018人。索伦营负责驻防喀什噶尔和塔尔巴哈台，生活方式上农耕游牧兼而有之。

嘉庆时期，索伦营遭遇天花大量死亡，道光年间，索伦营于道光六年（1826）和道光十年（1830）参加平定张格尔战争，喀什噶尔出征的索伦兵丁阵亡230余人。张格尔是回部伊斯兰教白山派首领，大和卓木布拉尼敦之孙，萨木克次子。嘉庆二十五年（1820）九月初七，道光帝即位仅10天，张格尔在回部发动叛乱，打破了高宗平定大小和卓叛乱之后六十年的安宁。张格尔梦想回到大小和卓时代，在浩罕汗国武装支持下，使用英国装备、教练和特务，利用清朝驻南疆官员的贪腐暴戾，利用南疆民众的感情举兵叛乱。道光六年（1826）张格尔纠集了安集延、布鲁特（柯尔克孜）500多人开进南疆，遭到喀什噶尔参赞大臣庆祥的进剿。张格尔引浩罕汗国统治者穆罕默德·阿里汗万人入南疆，以喀什噶尔为酬劳，请阿里汗助其攻打西四城（喀什噶尔、英吉沙尔、叶尔羌、和田）。经反复拉锯，西四城陷落，庆祥自杀。伊犁将军长龄率兵三万与张格尔进行阿克苏会战，争夺南疆重镇，终于取得了柯尔坪（今柯坪）大捷，止叛军于此，保卫了东四城（乌什、阿克苏、库车、辟展）。道光七年（1827）三月清军取得沙布都尔的胜利，然后收复西四城。十二月参赞大臣杨芳在喀尔铁盖山生擒张格尔，道光八年（1828）五月送至京师斩首，叛乱历时7年，才得平定。清军投入战争4万余人，动用军费1200余万两白银。

这场叛乱反映了清军作战能力的下降，也导致了清政府的财政危机。张格尔勾结浩罕汗国和英国殖民者，利用宗教，发动少数民族叛乱，分裂国家，臭名昭著，是中华民族的罪人，清朝予以镇压是维护大一统王朝领土主权的正义之举。

战争和瘟疫使得索伦营人员锐减，锡伯营兵丁几次迁往索伦营。第一次是在嘉庆三年（1798），从锡伯营迁往索伦营658人①，第二次是在道光十三年（1833），从锡伯营迁往索伦营共620人。② 这样索伦营被锡伯化了，成为锡伯索伦。同治初年，参与镇压回族农民起义，索伦骑兵冲锋陷阵，起到先锋的作用。索伦部远赴新疆保卫祖国边疆，在近代沙俄步步紧逼的情况下，于同治五年（1866）流亡俄国，于同治十一年（1872）全部返回塔城。光绪十一年（1885），清朝重建索伦营，索伦营官兵分住伊犁霍尔果斯和塔城两地，担负起从伊犁河北到阿尔泰额尔齐斯河的防卫工作。光绪二十一年（1895），新疆索伦、达斡尔官兵被编为新满营。在新满营中，索伦营主要是由达呼尔和锡伯组成，其中达呼尔有六旗，包括正白旗、镶白旗、正黄旗、镶黄旗、镶红旗、正蓝旗。锡伯有两旗，包括正红旗、镶蓝旗。鄂温克被达斡尔和锡伯化了。

经过以上编旗设佐、设立阿巴和扎兰、组建布特哈八旗、加入黑龙江驻防八旗、组建新疆索伦营的措施，索伦部被纳入清朝的行政管理体制中，一分为三，分化成鄂温克、鄂伦春和达斡尔三个民族。恩格斯认为："从部落发展成了民族和国家。"③ 这是马克思主义关于民族形成的基本原理。恩格斯还指出："一些部落从分散状态中又重新团结为永久的联盟，这样就朝民族（Nation）的形成跨出了第一步。"④ 马克思认为："部落联盟是与民族最近似的东西。"⑤ 斯大林和苏联所做出的民族定义是指

---

① 新疆维吾尔自治区古籍办公室：《锡伯族历史资料拾零》，新疆人民出版社2005年版，第101—102页。
② 军机处《满文上谕档》，道光十三年十一月十七条。
③ 中共中央马克思恩格斯列宁斯大林著作编译局编译：《马克思恩格斯选集》第4卷，人民出版社1995年版，第381页。
④ 中共中央马克思恩格斯列宁斯大林著作编译局编译：《马克思恩格斯选集》第4卷，第92页。
⑤ 中共中央马克思恩格斯列宁斯大林著作编译局编译：《马克思恩格斯全集》第45卷，人民出版社2008年版，第426页。

资本主义上升时期的现代民族，其把资本主义以前的民族称为部族，并不符合中国实际。到乾隆时期，清朝已经形成为一个以满洲为统治民族的多民族国家。鄂温克人、鄂伦春人和达斡尔人已经出现了对本民族的认同，在族性上各有特色，各自成为比较稳定的古代民族共同体。

第二节 索伦部与满洲的文化关系

满洲统治者在政治上将鄂温克族、鄂伦春族、达斡尔族编为八旗牛录，但是其原则是按族属编制，保持了鄂温克族、鄂伦春族、达斡尔族的族称，其实质是保持了鄂温克族、鄂伦春族、达斡尔族的民族认同，使其得以至今仍然存在于中华民族大家庭中，没有被同化。分析索伦部与满洲的经济文化关系，可以区分到四个族裔群体的边界，鄂温克族、鄂伦春族、达斡尔族与满洲有着天然的联系，又存在着各自的民族认同。

一 索伦部与满洲的族性比较

关注索伦与满洲这四个民族间的差异是区分这两个民族的基础。在比较这四个民族时所依据的差别主要包括体质差异、文化差异、地域差异和经济差异。把索伦部与满洲进行对比，要注意到清代正是索伦部从古代民族到近代民族转化的关键时期，在这个时期，索伦部分化为鄂温克族、鄂伦春族、达斡尔族三个民族，与满洲发生了多方面的接触交往，索伦部传统的生活地域发生了变化，清代正是几个民族的融合时期，前述新满洲①中也有索伦部成员的加入，在满洲民族联合的过程中，通过民族的聚合，满洲族体中存在了原索伦部的成员。满洲这一"混合型"民族的出现，虽然是源于其政治构建，但此政治构建是以索伦部的族性为基础的。对于索伦部与满洲的族性问题，学界已经研究了很多年，但是系统地对索伦部与满洲的族性加以比较，目前是一个崭新

---

① "新满洲"始于清太宗崇德二年（1637），以此年为界定旧（佛）满洲、新（伊彻）满洲之分，比较恰当。新满洲包括东北地区赫哲、鄂伦春、库雅喇等东海瓦尔喀、虎尔哈等各部之人，以及索伦（今鄂温克族）、达斡尔、锡伯、挂尔察、巴尔虎等各个族群。参见滕绍箴《"乌拉齐"非民族名称考辨》，《吉林师范大学学报》2017年第1期。

的视角，下面我综合学界已有的研究成果，分为体质、文化、风俗三个方面加以比较。

(一) 体质方面

索伦部与满洲在体质上差异很小，当两个民族相遇时，最直观的感觉是体质差别，形象是通过视觉直观反映出来的。体质差异与血缘关系的远近密切关联，东北民族世代生活在一个区域，同样的生活环境使得各民族在体质上差异很小。索伦部与满洲的先世也有世代居住在东北地区，其外貌、肤色（皆为黄色）、毛发（皆为黑色）、体形（健壮）大多相近。满洲的先祖来自东北地区的肃慎、挹娄、勿吉、靺鞨、女真；锡伯族的先祖一说与满洲同源，一说是鲜卑；赫哲族的先祖是女真；鄂伦春族的先祖是一说是室韦，一说是肃慎；鄂温克族的先祖一说是室韦，一说是契丹；达斡尔族的先祖是一说是契丹，一说是蒙古。东北少数民族的源流往往是多源一流和一源多流相混合，各民族的联系无法完全剥离，只是有的人群是其来源的主流，有的是其支流。但是总体来说，在漫长的历史发展过程中，东北少数民族在族源上有着很多相近之处，从而为在清代满洲建构东北民族成为政治共同体提供了便利的条件。

鄂温克族的来源以《鄂温克族简史》的北室韦和鞠部说为学界主流，也为今天的鄂温克族所认同。契丹说广泛存在于方志中，如"索伦本辽之后裔"①，"索伦一部，传为辽太祖裔，为黑龙江土著最久"②，"索伦本辽裔"③，"索伦，辽裔，汉通古斯，俄语喀穆尼，皆索伦也"④，"辽裔，汉称通古斯，俄语喀穆尼，皆索伦也，一名索莪罗，为内兴安岭东北蒙古之巨族"⑤，"索伦一作索莪罗，土人音为梭隆，传为

---

① 何秋涛：《索伦诸部内属述略》，李兴盛主编：《黑龙江地方古籍整理》（第一辑）（二），第1000页。
② 徐宗亮：《黑龙江述略》，李兴盛主编：《黑龙江地方古籍整理》（第一辑）（二），第1002页。
③ 黄维翰：《黑水先民传》，李兴盛主编：《黑龙江地方古籍整理》（第一辑）（二），第1002页。
④ 黄维翰：《呼兰府志》，李兴盛主编：《黑龙江地方古籍整理》（第一辑）（二），第1002页。
⑤ 程廷恒：《呼伦贝尔志略》，李兴盛主编：《黑龙江地方古籍整理》（第一辑）（二），第1003页。

辽裔"①。以语言来证明族源,可以作为佐证,但不能成为唯一的证据。语言和民族,都是发展变化的,不是恒定不变的。"由于历史上不断发生的人口增殖和人口流动,民族迁徙和民族融合,经常有新语言在产生,也经常有旧的语言在消亡;有时是由同一语言分化为不同语言,有时则是由不同语言融合为一种新的语言。"② 尤其是强大民族征服弱小民族时,强大民族的语言可能强加给弱小民族,也可能是先进民族的语言强加给落后民族的语言,各民族语言相互影响会形成不同的语言。语言在人群间常有同有异,相似到何种程度能够判定是同一个民族,没有一个客观的标准。部分语言学家也常把语族和民族相混淆。虽然语音是判断民族的重要因素,但是只用语言来证实族源,把语言作为证实族源的唯一证据,也是有失客观的。

鄂伦春的族源集中起来主要是室韦与肃慎之争。《鄂伦春族简史》的钵室韦说成为官方的主流说法。黎虎从生产生活方式的相同之处论证鄂伦春来源于钵室韦。肃慎说也有后来的学者支持,韩有峰认为:"从语言学方面看,鄂伦春语属满—通古斯语族语言,与肃慎系的靺鞨族语相通,而不同于蒙古语族室韦语言;从经济类型和风俗习惯方面看,鄂伦春族的狩猎活动和许多习俗虽然与室韦族相似,但是这种经济类型和风俗习惯是北方诸多民族所共有的,因此与肃慎系靺鞨族的也接近;从地缘关系方面看,在鄂伦春族居住地是曾有过室韦族的活动,但是他们并非单一民族,有的虽然被称为'室韦'族,实际上是肃慎系的靺鞨等族。"③ 其依据主要是语言学的证据。

达斡尔的族源集中起来主要是契丹与蒙古之争,以契丹说为学界主流。宣统二年(1910),黑龙江省派遣人员到西布特哈搞民族调查,撰《近世达呼尔索伦民族史稿》,认为:"达呼尔系辽国皇族后裔,天祚之时,迁至黑龙江北格尔必齐河一带居住。"④《索伦、达呼尔辨》《黑水

---

① 郭克兴:《达斡尔、索伦辨》,李兴盛主编:《黑龙江地方古籍整理》(第一辑)(二),第1017页。
② 李毅夫、赵锦元主编:《世界民族概论》,中央民族学院出版社1993年版,第57—58页。
③ 韩有峰:《黑龙江鄂伦春族》,哈尔滨出版社2002年版,第25—26页。
④ 沈斌华、高建纲:《中国达斡尔族人口》,内蒙古大学出版社1998年版,第1页。

先民传》《呼兰府志》《东三省纪略》《满洲三省地志》都沿用契丹说:达呼尔旧作大贺,土人音为搭呼鲁,传为契丹贵族。① 达呼里,一作达呼尔,又讹为打虎儿。契丹贵族,与索伦部杂居于精奇里江。② 达斡尔本契丹种。辽亡,徙黑龙江北境,为打牲部落。③ 达瑚尔人,一云契丹同种,一云即渤海大氏之遗种。④ 达呼尔人即大贺之转音,为契丹遗族。⑤《达斡尔族简史》中从语词发音、生产生活方式、民间传说与历史事迹几个方面综合论证⑥,契丹说也得到中外学者的广泛认可。尤其是陈述先生的论证,成为经典之作。"达斡尔人主要是契丹后裔,包括辽末、元末北迁的和辽、金、元时代留居鄂嫩河、库烈儿山地带的。在长期历史过程中,不可避免会有新成分渗入……直接承袭契丹人传统最多的一部分即现在的达斡尔。"⑦

民国二十二年(1933),阿勒坦噶塔撰《达斡尔蒙古考》,提出达斡尔为蒙古族之一支,出于宋元间塔塔尔部或其中的"白鞑靼",应称作达斡尔蒙古。此说在民国年间轰动一时,钦同普《达斡尔民族志稿》、何维中《达古尔蒙古嫩流志》,都采用了达斡尔蒙古说。后又有中外学者在达斡尔语与蒙古语相近等方面作为证据进行论证。《达斡尔族简史》认为蒙古说是民国所谓"五族共和"时期政治利益刺激的产物,牵强附会。⑧

以上的民族源流研究,都是建立在原生论的"民族"定义的基础上。而根据工具论分析,结合当代的"结构性失忆"和建构社会性的"集体记忆"的理论,"从体质、语言与考古文化上重溯某一民族的历

---

① 郭克兴:《索伦、达呼尔辨》,李兴盛主编:《黑龙江地方古籍整理》(第一辑)(二),第1017页。
② 黄维翰:《黑水先民传》,李兴盛主编:《黑龙江地方古籍整理》(第一辑)(二),第975页。
③ 黄维翰:《呼兰府志》,李兴盛主编:《黑龙江地方古籍整理》(第一辑)(二),第976页。
④ 《东三省纪略》,李兴盛主编:《黑龙江地方古籍整理》(第一辑)(二),第978页。
⑤ 《满洲三省地志》,李兴盛主编:《黑龙江地方古籍整理》(第一辑)(二),第978页。
⑥ 《达斡尔族简史》编写组:《达斡尔族简史》,内蒙古人民出版社1986年版,第4—10页。
⑦ 陈述:《试论达斡尔的族源问题》,《民族研究》1959年第8期。
⑧ 《达斡尔族简史》编写组:《达斡尔族简史》,第10页。

史实际上是不可能的,这种溯源研究经常会陷入古人或研究者本人对'过去'的想象之中"①。民族之间的差别是由边界决定的,工具论视民族为主观认同的人群,而主观认同是"多变的、可被利用的,也是随状况而定的"②。因此,对于民族源流的研究要辩证地看待,在现代社会中,民族源流不是决定民族识别结果的唯一凭据,决定民族识别结果的政治因素比血缘因素要重要得多。

(二) 文化方面

索伦部与满洲的文化比较。索伦部与满洲的文化差异不大,这表现在语言差异、宗教差异、生活习俗差异等方面。

1. 语言方面

当两个民族相遇时,如果其体质差异不大,那么语言就变得很敏感,听觉是仅次于视觉的感知。如果这两个民族能够通过语言交流,对于相互之间的认同,民族感情的培养是很有利的。东北少数民族都属于阿尔泰语系,满洲、锡伯族、赫哲族、鄂伦春族、鄂温克族属于满—通古斯语族,达斡尔族属于蒙古语族。

满语属于阿尔泰语系满—通古斯语族满语支,万历二十七年(1599)努尔哈赤命巴克什额尔德尼和噶盖创制满文,形成女真文字统一,大大促进了女真各部的统一,标志着满洲初步形成,为满洲的最终形成奠定了坚实的基础。锡伯语属于阿尔泰语系满—通古斯语族满语支,是以满文为基础改造的文字。其一部分在乾隆二十九年(1764)由盛京西迁新疆,在那里相对独立的生活,使其语言保持得很好,如今新疆察布查尔锡伯自治县的锡伯人基本能够自如地使用锡伯语言和文字,而且其对满洲的语言和文字掌握得很好。赫哲语属于阿尔泰语系满—通古斯语族满语支,无文字。其中一部分人使用满语满文。鄂伦春语属于阿尔泰语系满—通古斯语族通古斯语支,无文字。鄂温克语属于阿尔泰语系满—通古斯语族通古斯语支,无文字。达斡尔语属于阿尔泰

---

① 周传斌:《民族理论的流变及其与民族理论的关系》,《黑龙江民族丛刊》2005 年第 5 期。
② 王明珂:《华夏边缘——历史记忆与族群认同》,允晨文化实业股份有限公司 1997 年版,第 40 页。

语系蒙古语族，无文字。达斡尔语属于阿尔泰语系，与满语有很多相同或相近，康熙初年，达斡尔人被编入八旗后，开始学习使用满文。达斡尔语属于蒙古语族，其绝大部分与蒙古语相同或相近，达斡尔族也使用蒙古文。"索伦语多类满洲，达呼尔语多类蒙古，听之既熟，觉其中皆杂汉语。"①

语言是人们共同体最重要的组成部分和重要特征之一，是人们重要的交流工具。在民族分化与联合的过程中，语言与意识密切相关，使用相同或相近语言的不同民族会产生一种亲和力，促进民族间的接触交往。索伦部与满洲的语言均属于阿尔泰语系，在日常生活中有很多相似之处，交流起来并不困难，这也为清朝加强东北少数民族的满洲化教育，提供了极大方便。

2. 宗教方面

萨满教是一个原始的多神信仰的传统宗教，在今天已经是一种具有国际影响力的宗教。广义的萨满教文化圈观点认为："萨满教是广泛的原始宗教信仰，历史上的巫也是萨满教。萨满教文化圈应该包括中国的东北、西北部，北欧及西伯利亚，美洲印第安人及太平洋岛屿、马来半岛的一些土著。这个文化圈把除了非洲以外的地域，基本上划入了萨满教的范围。"② 而狭义的萨满教文化圈观点认为："萨满教是原始宗教信仰之一，它的信仰地域主要集中在世界的北半球。萨满教文化圈应该包括：中国的东北、西北部，北欧北部及西伯利亚，美洲印第安人。"③ 二者之区别在于巫与其他一些原始宗教信仰是否应算作萨满教的问题。然而不管算作与否，中国的东北地区都是萨满教信仰的重要区域。中国的东北地区世代生活着阿尔泰语系满—通古斯语民族，从肃慎、鲜卑、契丹、女真，到满洲④、赫哲、索伦部、锡伯⑤等，从古至今一直很虔

---

① （清）西清：《黑龙江外记》卷6，第60页。
② 赵志忠：《中国萨满教》，青海人民出版社2011年版，第2页。
③ 赵志忠：《中国萨满教》，第3页。
④ 满洲出于统治需要，也信仰喇嘛教、佛教、儒家文化、道教。乾隆年间厄鲁特蒙古的土尔扈特部万里归国，其中一个重要原因就是沙俄强迫其改信东正教，导致其无法认同沙俄。而清朝信仰喇嘛教以安抚众蒙古是非常高明的政策。
⑤ 入旗前受科尔沁蒙古影响信仰喇嘛教，入旗后受满洲影响信仰萨满教。

诚地信仰萨满教。在现代民族中，索伦部的三个民族鄂温克、鄂伦春、达斡尔[①]和满洲一样均长期信仰萨满教。满洲的萨满教深受蒙古游牧文化的影响，追求敬天法祖，具有如下特点。第一，渔猎文化的特色。在自然崇拜方面，重视对七星神[②]、火神、神山、神石的崇拜；在动物崇拜方面，重视对乌鹊、犬的崇拜；新满洲重视对雕（鹰）[③]、鹿神、虎神、勾辛鱼的崇拜。第二，满洲很重视对神树的崇拜。称其为"氏族树"，有桦树、落叶松、榆树、柳树等。第三，满洲重视祭祖与祭神竿，神竿是由树神崇拜演变而来的。[④]

明清之际，满洲进入辽东地区，受喇嘛教、佛教、道教、儒家文化猛烈冲击的影响，满洲的萨满教信仰衰落，出于经济与政治的考虑，清太宗皇太极着手限制萨满教。清军入关后，萨满教发生分化，宫廷萨满教与民间萨满教信仰两分天下。清代中期，清朝开始了统一多民族国家的政治军事实践，其需要以满洲八旗为核心，联合其他少数民族，来统治整个王朝百姓。乾隆五年（1740）东北地区封禁防内，主要是针对汉族进行防御。满洲利用的少数民族中，对其最忠心的是东北民族，在东北民族中战斗力最强的是索伦部人。清朝出于政治考虑，抑制汉化，强调国语骑射的重要性，这其中就包括整理萨满教信仰，恢复满洲旧俗的政策。在民间，清朝满汉分治，在京城和驻防地，满营得以独立生活，在旗人社会里，萨满教也有自身的生存土壤。

索伦部的萨满教相对于满洲的萨满教来说，保存发展得更好。索伦部的社会秩序稳定，经济发展缓慢，经济形态是以狩猎经济为主，生活地域闭塞，没有与其他先进民族接触，只是与满洲或有经济文化的交流和族际通婚，所以其萨满教信仰与满洲很接近。宗教形态与经济类型相关度很大，下面我们把索伦部分为两个部分来考察。一是原始森林中的狩猎部落，包括鄂伦春和使鹿鄂温克人；二是农耕或半农半牧的达斡尔

---

① 蒙古语族的蒙古族、裕固族、土族改信藏传佛教。达斡尔到清末逐渐信仰喇嘛教，参见景爱《达斡尔族的佛教信仰》，《黑龙江民族丛刊》2013年第1期。
② 赫哲族也崇拜七星神。
③ 雅库特人也崇拜鹰。
④ 刘小萌、定宜庄：《萨满教与东北民族》，吉林教育出版社1990年版，第84、90、101、103、106、110页。

人及达斡尔化的鄂温克人。

狩猎部落的萨满教最接近原始形态。第一，崇拜自然万物和动物。鄂伦春人崇拜七星，狩猎民崇拜爬虫、禽鸟、蛇、蜥蜴、龟、龙、蛇、虎、狼、熊、驯鹿。第二，崇拜氏族祖先神。① 达斡尔人及达斡尔化的鄂温克人的萨满教也很原始，重视对动物神的崇拜，氏族祖先神以女性居多。②

索伦部和满洲均信仰萨满教，在很多宗教习俗上很相同或相似，这是与几个民族生活的地域、经济形态有很大关系的。由于有了相同的宗教信仰，索伦部与满洲具有强烈的宗教认同。宗教认同是文化认同的根基，往往起到决定政治认同的作用。下面仅举一例说明之。在平定廓尔喀的战争中，乾隆五十七年（1792）二月，西藏的意见为："此次贼匪益肆猖獗，作践佛地。唐古特等怯懦无能，不能抵御，仰蒙大皇帝特发大兵，远来剿贼，全为保护黄教起见。且廓尔喀不信佛法，欺凌黄教，诡诈异常，我等正深愤恨，断不肯复与议和，致堕贼人狡计。现在大将军统领大兵剿贼，亦不容藏内人先前说合之事，惟有同心协力，凭仗大皇帝天威，剿平贼匪。将来藏地诸事，悉听更定章程，与驻藏大臣商酌办理，使僧俗人等，皆得永享升平，仰副大皇帝辑宁全藏至意。"③ 并且，"大皇帝保护黄教，不肯将喇嘛尽法治罪"④。达赖喇嘛、班禅并众呼图克图、各寺大喇嘛及僧俗人"深知大皇帝保护黄教安缉藏地之圣怀，无不感颂皇仁"⑤。乾隆五十七年四月，达赖喇嘛主张进剿廓尔喀："我是出家人，原不应力劝进兵，伤害生灵。但因廓尔喀不信佛法，意在欺凌，恐黄教从此衰微，所以力主进兵，除去边患方可保黄教。"⑥ 并且"每兵各给银一两，以索伦兵丁调来更属遥远，又按名给银一两、

---

① 刘小萌、定宜庄：《萨满教与东北民族》，第158—167页。
② 刘小萌、定宜庄：《萨满教与东北民族》，第175、178页。
③ 中国藏学研究中心等合编：《元以来西藏地方与中央政府关系档案史料汇编》（第2册），中国藏学出版社1994年版，第723页，《900 福康安奏筹办乌拉等情形折》。
④ 《钦定廓尔喀纪略》卷14，中国藏学出版社2006年版，第265页。
⑤ 《钦定廓尔喀纪略》卷15，第278页。
⑥ 《钦定廓尔喀纪略》卷28，第451页。

护身佛一尊、彰噶①一个、阿几苏②一包,连后起索伦、屯土各兵计算,所费亦及八余金"③。由此可看出,满洲的宗教政策使得藏族对其产生了强烈的宗教认同,继而决定了藏族政治认同的走向。达赖喇嘛这样的宗教领袖也深受感动,以物质力量支持清军的进剿。

此外,尊崇喇嘛教安抚蒙藏,也体现在清朝皇帝对喀尔喀蒙古最大的藏传佛教格鲁派(黄教)活佛哲布尊丹巴呼图克图的态度上。顺治十四年(1657),哲布尊丹巴一世回喀尔喀传法,驻土谢图汗部之额尔德尼召光显寺,逐渐成为喀尔喀各部的政教领袖。康熙二十七年(1688)厄鲁特蒙古准噶尔部进攻喀尔喀部,喀尔喀不能招架,投靠俄罗斯还是清朝成为争论的焦点,哲布尊丹巴一世的意见非常重要,他劝说喀尔喀部归顺清朝。在此过程中,其起到了决定性作用,使得喀尔喀正式进入清朝版图。这得到了康熙皇帝的高度认可,康熙三十年(1691),圣祖册封其为呼图克图大喇嘛,统管喀尔喀部宗教事务。清朝承认哲布尊丹巴系统。这样,此后按惯例该活佛系统的传承需同时受到清朝皇帝的册封和西藏达赖喇嘛的认可才有效力。雍正五年(1727),雍正皇帝颁给哲布尊丹巴二世罗布桑丹彬多密金册金印,封其为"哲布尊丹巴喇嘛",准为哲布尊丹巴呼图克图之呼毕勒罕,正式命其掌喀尔喀佛教教务,这使得哲布尊丹巴呼图克图与达赖喇嘛、班禅额尔德尼、章嘉呼图克图一起成为清朝四大活佛。世宗在库伦修建庆宁寺,哲布尊丹巴常驻。罗布桑丹彬多密之父是康熙第六女格靖和硕公主额驸悼多布多尔济,与清朝关系密切。由于喀尔喀各部的政治纷争,对哲布尊丹巴呼图克图呼毕勒罕转世的争夺和政治上的离心倾向,高宗令哲布尊丹巴呼图克图三世在西藏转世,再抵库伦。哲布尊丹巴每年向清朝进"九白之贡",即八匹白马和一头白骆驼,象征政治上的归属。哲布尊丹巴呼图克图成为喀尔喀蒙古政教合一的领袖,清朝设置库伦办事

---

① 彰噶:即章嘎,原是对尼泊尔一种银币的称谓,约重一钱五分。廓尔喀侵藏后,乾隆皇帝下令在藏铸造银币,并规定"每元照旧霞一钱五分"。1913年开始铸制铜币和纸币,亦曾以相当于一钱五分眼币章嘎为单位计算。故其又成为藏币计算单位名称。

② 阿几苏:一种经达赖喇嘛加持过的藏药,据说有避邪祛瘟的作用。

③ 《钦定廓尔喀纪略》卷28,第451页。

大臣与之相制衡。但是其对政治走向也产生了重大影响。哲布尊丹巴呼图克图四世是八世达赖喇嘛伯父索诺木达什之子，乾隆四十五年（1781）回库伦坐床。乾隆五十七年（1793）以后，其转世须经由清廷理藩院在拉萨大昭寺主持的金瓶掣签确定，人选只能在平民家庭中产生。乾隆时期哲布尊丹巴呼图克图三世以后，库伦办事大臣权力日隆，可以控制喀尔喀蒙古，清廷不再推崇哲布尊丹巴呼图克图。

3. 风俗方面

索伦部与在黑龙江地区生活的满洲在风俗差异上较小，下面分生活风俗和婚丧风俗来加以考察。

（1）生活风俗

在服饰风俗上，满洲男子为辫发，满洲女子发式有"两把头""水鬓头""知了头"等。男女均穿旗袍，男子旗袍无领、捻襟、窄袖、扣绊、两面或四面开衩、有束腰。妇女的旗袍与男子基本相同，在衣领口、袖头、衣襟等处镶花边和牙子以作装饰。索伦部的服饰特点是"以狍头为帽，双耳挺然，如人生角，又反披狍服，黄毳蒙茸"①。索伦部与满洲服饰大体相同，"男人、妇女和姑娘们都穿长袍，和中国的满洲鞑靼人一样"②。在穿鞋方面，索伦部与满洲主要穿皮鞋和靰鞡。在帽子的选用上，索伦部与满洲不同，索伦、达斡尔喜欢用狍皮做衣帽，与满洲的暖帽、凉帽不同。

在饮食风俗上，满洲与索伦部十分相似，两个民族都处于寒冷地区，都以粮食为主食。肉类有牛、羊、猪、鸡、鸭、鱼，皆喜欢饮用奶茶和米酒。索伦部更加喜爱喝牛羊奶、米酒、奶子酒及奶茶等，其风俗与蒙古族更相近。只是雅发罕鄂伦春长期游猎于兴安岭等深山密林之中，不行农耕，粮食很少，其食品以狍、鹿、犴、野猪、熊等兽肉为主，兼有鱼及野菜、野果等。

在居住风俗上，达斡尔与满洲很相似，均建造土木草房固定居住。

---

① （清）西清：《黑龙江外记》卷6，第62页。
② ［荷］伊兹勃兰特·伊台斯、［德］亚当·勃兰德：《俄国使团使华笔记（1692—1695）》，北京师范学院俄语翻译组译，商务印书馆1980年版，第171页。

屋内均用万字炕居住。雅发罕鄂伦春和部分鄂温克搭建帐篷临时居住，即"仙人柱"或叫"撮罗子"。结构简单，方便拆建运输，适合游猎生活。其制作方法是用25—30根松木杆搭起呈伞形的架子，冬天用狼皮、鹿皮等包盖，夏天用桦树皮包盖，顶部留有烟孔。室内一面留门，三面是床铺，中间有一火坑用来煮肉。

在出行风俗上，索伦部与满洲皆以马、牛、驯鹿等动物和车船为交通工具。索伦部与满洲皆以骑射为根本，因此马成为重要的交通工具。鄂伦春和雅库特以驯鹿为交通工具。满洲和达斡尔、鄂温克还把牛作为交通工具，使用牛车运输。达斡尔族的勒勒车用牛牵引，适合在草原出行，速度快，被称作"草上飞"。黑龙江地区水系发达，河流众多，有乌苏里江、松花江、黑龙江、嫩江等大型水系，船行其中，也是重要的交通工具，独木舟、桦皮船很常见。在雅克萨战争中，清朝培养了水师营，设在齐齐哈尔、墨尔根、黑龙江城，配有大量战船和运输船。冬季封江后，索伦部与满洲都用爬犁运输，用狗、马、牛牵引，人出行多用滑雪板。

（2）婚丧风俗

在婚姻风俗上，顺治年间宁古塔满洲实行一夫多妻制，在家庭生活中男尊女卑。康熙年间，富家为一夫多妻制，普通百姓为一夫一妻制。多实行早婚，结婚多在十岁以下，由老人做媒，父母做主。索伦部婚俗与满洲相似，但也有自己的特色。如呼伦贝尔的达斡尔族禁止同姓通婚，结婚时以牛马做聘礼，很重视聘礼，多实行入赘婚。

在丧葬风俗上，顺治年间，满洲实行火葬，并有人殉制度。康熙年间，仍然实行火葬，但是废除了人殉制度。乾隆年间，满洲汉化严重，实行土葬。在齐齐哈尔的达斡尔族及达斡尔化的索伦人汉化日深，主要实行土葬，呼伦贝尔、布特哈以游猎为主的鄂伦春族、鄂温克族则实行树葬。清代中期，索伦部和满洲的丧葬习俗日益汉化，除了以游猎为主的鄂伦春族、鄂温克族，都使用木棺，改行土葬。

总之，在一个民族中，个体成员也不可能认识所有的人，民族认同对于起源地、语言、宗教、风俗习惯等要素的强调，其实质是围绕"共同起源"进行的。同一民族的成员之间，也往往以家族亲属相称谓，给人以有血缘关系的感觉。其实，这是对共同体意识的构建。跟政治构建相比，血缘因素是次要的，如果政治建构与血缘因素相结合，将会出现更好的效果，这已成为学术界共识。

二 索伦部与满洲的居住地域比较

索伦部和满洲都世代生活在东北地区。满洲的先世就生活在黑龙江流域，历经肃慎、挹娄、勿吉、靺鞨、女真，明代女真分为建州、海西、野人三大部，从明代初期，松花江中下游的女真人开始南迁，到明代末期，建州女真定居在辽东地区的苏子河畔，海西女真定居在开原东北、辉发河畔，北至松花江中游的大曲折处。居住在今辽宁东部的建州女真及吉林松花江沿岸至南部的海西女真，汇合而成满洲的主体。明清之际，野人女真依然定居在黑龙江及乌苏里江流域，被称为索伦、呼尔哈、奇勒尔、费雅喀、黑斤等。清太宗皇太极招抚一部分野人女真，迁往盛京，成为新满洲，留在原地的部族，分化为黑龙江中上游的达斡尔、鄂温克、鄂伦春族和黑龙江下游的赫哲族。

索伦部是明末清初对西起石勒喀河、东至黑龙江流域、北抵外兴安岭一带的达斡尔、鄂温克和鄂伦春等族的总称。清代中期，清朝与沙俄签订中俄《尼布楚条约》，勘定中俄东段边界，将索伦部南迁到嫩江流域，继而编为布特哈八旗、黑龙江驻防八旗、新疆索伦营。鄂温克人原定居在贝加尔湖周围及其以东直至黑龙江上游石勒喀河一带的山林中。后来南迁到黑龙江和精奇里江流域，分为三支，即索伦、通古斯、雅库特。第一支，索伦在石勒克河至精奇里江、牛满河一带，与达斡尔人交错而居，是达斡尔化的鄂温克人。第二支，通古斯在贝加尔湖以东赤塔河一带，是使马鄂温克人。第三支，雅库特是居住在贝加尔湖西，北勒拿河支流威吕河和维提姆河的使鹿鄂温克人。鄂伦春族分为两部分，即摩发罕鄂伦春（使马鄂伦春部）和雅发罕鄂伦春（步下鄂伦春）。鄂伦春族也迁到嫩江流域，摩发罕鄂伦春被编入八旗，生活在嫩江流域，相对稳定，而雅发罕鄂伦春编为散户，散处山野，居住于兴安岭森林中。达斡尔族南迁到嫩江流域。

清代索伦部大多南迁到嫩江流域，居住在满洲起源的地方。迁入黑龙江地区的满洲接触日多，共同居住在黑龙江地区，相同的地理环境对民族的物质文化和经济文化有很大的影响，相同的居住地域使得民族之间的接触增多，导致民族边界的变动，索伦部的民族分化过程和满洲的民族联合过程才有发展的条件。居住地域相同也会增进民族间的感情，从而促进政治认同。

三 索伦部的经济类型

经济活动中的差别不是直观的，民族之间要经过长期的接触才能够相互影响。清代中期，满洲入关稳定下来，在经济上，迅速向农业化迈进。八旗驻防战时出征，闲时屯田，以农耕经济为主。而索伦部的经济类型是多元的，以某一种经济类型为主，兼营其他。

索伦部由于居住地域的差异，经济类型各有特色。布特哈八旗索伦部成员的经济类型是以渔猎经济为主。由于有贡貂的任务，保持着传统的渔猎生活，其经济类型是渔猎经济。贡貂制度是布特哈八旗的徭役负担。"布特哈，无问官兵散户，身足五尺者，岁纳貂皮一张，定制也。"① 雅发罕鄂伦春散处山野例外，与索伦、达斡尔、摩凌阿鄂伦春不同，清政府按照定价购买其貂皮。如康熙三十四年（1695）七月，"索伦、达斡尔、鄂伦春原有丁共三千五百四十八名，其中扣除病故、进京者六十二名外，共剩丁三千四百八十六名，一年应征头等貂皮五百张，二等貂皮一千张，三等貂皮一千五百二十张。鄂伦春作价貂皮四百六十六张。以上貂皮共计三千四百八十六张。"② 布特哈各族打牲人原由驿站送貂皮到避暑山庄，交付内务府，为避免中途调换，后向齐齐哈尔城交纳貂皮，黑龙江地区从事游猎和游牧的民族也在此贸易。"各地商人云集，贩卖各种物品。"③ 清朝每年举行楚勒罕（源于蒙古语"楚固拉干"一词），汉译"盟会"。为避开出痘的危险，定于每年五月在齐齐哈尔城西北四十里

---

① （清）西清：《黑龙江外记》卷5，第53页。
② 中国第一历史档案馆、鄂伦春民族研究会编：《清代鄂伦春族满汉文档案汇编》，第537—538页。
③ 中国第一历史档案馆、鄂伦春民族研究会编：《清代鄂伦春族满汉文档案汇编》，第650页。

会盟。后考虑节约席棚搭建的成本，会盟地点改为齐齐哈尔城中，将貂皮送至黑龙江将军衙门，楚勒罕即在齐齐哈尔城北关集举行。

具体而言，布特哈鄂温克族以放牧、捕鱼、狩猎为主，兼营农业。布特哈鄂伦春族以狩猎为主，农业发展缓慢。布特哈达斡尔族也以狩猎和牧业为主，但其农业的水平比当地鄂温克族和鄂伦春族都要发达。嘉庆年间，布特哈八旗的鄂温克、达斡尔牲丁已开垦耕种旗营公田3166 垧。

呼伦贝尔驻防的索伦部成员的经济类型是以游牧经济为主，他们战时出兵，闲时游牧，俸禄、粮饷均低于驻防八旗。清朝末年，其仍"均以游牧为生，向无农田、民垦之地。近年内旗索伦、达斡尔偶有耕种者，率皆不过几亩几垧，忽种忽弃，殊不足以资"①。同时呼伦贝尔的鄂温克族官兵受达斡尔族官兵的影响，农耕经济也有发展。雍正十年（1732）布特哈八旗3000 名鄂温克、达呼尔兵丁进驻呼伦贝尔，由于其没有耕地，黑龙江将军便以"兴安岭之阳鄂木博齐及雅尔和鼎等处，地势宽平，水草肥美，既可屯驻，兼宜耕种"，奏请"以三千兵丁之妻子，尽移鄂木博齐等处，居住耕种"。② 年底，又将布特哈鄂温克、达呼尔旗丁一千名派往博尔多进行屯田。乾隆七年（1742），清朝将驻防呼伦贝尔的索伦、达斡尔及巴尔虎兵26 佐领迁回布特哈，这些达斡尔官兵的经济均是以农耕为主，其中一些索伦兵受到达斡尔兵的影响，其经济也是以农耕为主。乾隆八年（1743），又并将40 佐领中的新巴尔虎24 佐领和厄鲁特蒙古2 佐领，编入呼伦贝尔驻防八旗。这些蒙古官兵的经济以游牧为主，呼伦贝尔的农耕经济发展受到抑制，游牧经济发展得更快。

黑龙江驻防八旗（除呼伦贝尔外）的索伦部成员的经济类型是以农耕经济为主。他们战时出征，闲时屯田，封建化速度很快。农牧业已

---

① 《苏都护呼伦贝尔调查八旗风俗各事务咨部报告书》，（呼伦贝尔盟历史研究会1986 年编印本）第2 页。转引自赵令志《清朝在东北地区实施的民族政策浅析》，朱诚如主编：《清史论集：庆贺王锺翰教授九十华诞》，紫禁城出版社2003 年版，第88 页。

② （清）长顺修、李桂林纂：《吉林通志》卷87，人物志，吉林文史出版社1986 年版，第2578 页。

成主业，狩猎生产逐渐被当作副业。兵屯官田、旗营公田、官兵份地均有较快发展。康熙二十五年（1686）十二月，谕大学士等："日者遣部员自吉林乌拉至黑龙江，以蒙古、锡伯、达呼尔、索伦等人力耕种，田谷大获。夫民食所关至重，来岁仍遣前种田官，以蒙古、席北、打虎儿、索伦等人力耕种。"① 各城驻防八旗中的鄂温克、达斡尔官兵农耕生产发展很快。康熙二十五年，布特哈鄂温克、达斡尔兵丁千余名移驻墨尔根，屯官田1669 垧。② 康熙二十六年（1687），"令索伦达呼尔官兵耕种墨尔根地方，奉天官兵耕种黑龙江地方，由部差官监视"③。康熙二十九年（1690），黑龙江将军萨布素疏言："默尔根居住之总管索伦、安诸祜等，每年耕种官田二千余垧。今官兵移驻默尔根，请即以此项成熟之田分给耕种。"诏从之。④ 康熙三十六年（1697）六月十六日，"齐七喀尔地方以索伦、达呼里之众酌量令其披甲驻防，遣满洲兵二百人往彼教训之"⑤。在康熙年间，"墨尔根和屯官兵、水手、拜唐阿，官种地一千七百六十垧，兵种地二万九千三十三垧。布特海副都统驻防纳尔吉村地方，官种地三千二百六十六垧，布特海人丁种地三万一千七百七十垧。雍正六年，布特海、索伦、达呼尔在那尔吉村东博尔得罗洛库等处种官地二千垧"⑥。

清代中期索伦部的经济在清代前期的基础上有所提高，在经济上向着农业化的更高层次迈进。在东北与内地一体化的进程中，满洲对索伦部的经济政策从清代前期的朝贡赏赐转变为帮助扶持。黑龙江驻防八旗的索伦部成员与满汉官兵比邻而居，在农业生产上学习到先进的耕作技术。引入先进的农业生产工具，提高了产量，并引入了小麦种植，达斡尔烟成为远近闻名的经济作物。此外，清朝还派遣人员前来黑龙江地区教授索伦部灌溉技术。康熙三十九年（1700），黑龙江地区大旱，圣祖派新疆哈密回人哈坦和锡保泰前来黑龙江地区考察水利，最终在坤河和

---

① （清）纪昀：《钦定八旗通志》卷66，土田志5，吉林文史出版社1985年版，第1167页。
② （清）阿桂：《盛京通志》卷24，《田赋·八旗田亩》，辽海出版社1986年版，第875页。
③ 《清朝通典》卷3，食货三，驻防官兵庄田，浙江古籍出版社1998年版，第2033页。
④ （清）纪昀：《钦定八旗通志》卷66，土田志5，第1168页。
⑤ （清）纪昀：《钦定八旗通志》卷首8，敕谕二，第159页。
⑥ （清）纪昀：《钦定八旗通志》卷73，土田志十二，第1288页。

罗罗喀河处各修筑了两处引水工程，并教授达斡尔族引水灌溉技术。①乾隆二十六年（1761），清朝派遣塔里雅沁回子来到呼伦贝尔屯田，教授索伦兵灌溉耕作技术。

索伦部与满洲在体质和外表特征上没有明显差别，这源于其民族源流上的相近，同时在索伦部与满洲之间发生了大量的文化交流、经济交流、人员交流和族际通婚。文化差别对民族分化和联合过程有重大影响，文化相同或相近可以促进民族分化和联合。因此，与其他地区的民族相比较，包括鄂温克族、鄂伦春族、达斡尔族在内的东北少数民族，与满洲之间相互区别的意识相对其他地区的民族来说比较淡漠，最终文化上的认同促进了政治上的认同。

四 满洲对索伦部的文化政策

"认同"一词起源于哲学领域，意为变化中的同态和差别中的同一；后被美国心理分析学家埃里克森引进到心理学领域，描述关键期个体内心活动；又被英国社会学家塔弗尔应用于社会学领域，指"个体对自己所属社会群体的认识，其过程伴随着民族成员资格或身份的情绪与价值意义"②。认同是把心理学对个体互动的研究与社会学对群体互动的研究联结起来的工具。20世纪90年代认同理论应用于中国人文社会科学领域，其兼有求同与辨异的行为和态度。"认同是个人或社会根据互动对象确定我/他关系的过程。它是个人或社会根据自性标准识别自身与外界特点的态度或行为。"③ 根据认同理论来讲，"一个民族与周围其他民族的差别方面越多，差别程度越大，它所具有的独立民族意识也就越强；反之，差别越少越不明显，自身的民族意识也就越淡漠，越容易与周围的民族形成认同"④。

---

① 金鑫：《康熙三十九年维吾尔族水利灌溉技术东传黑龙江考》，《中国边疆史地研究》2011年第4期。
② 杨妍：《地域主义与国家认同——民国初期省籍意识的政治文化分析》，天津人民出版社2007年版，第8页。
③ 张海洋：《中国的多元文化与中国人的认同》，民族出版社2006年版，第251页。
④ 马戎编著：《民族社会学：社会学的民族关系研究》，北京大学出版社2004年版，第85页。

民族融合的根本是文化认同。如上述，索伦部与满洲虽然具有先天的相似之处，但是为了加强索伦部的政治认同，满洲依然需要制定正确的文化政策，来巩固索伦部的政治认同，加强索伦部的民族向心力。

（一）满洲对索伦部的文化教育

民族意识是后天形成的，这其中教育是具有决定意义的。文化教育是使人获得历史记忆的最重要方式，而历史记忆是决定民族认同的关键要素。对于一个未接触社会的孩子来说，最容易注意到的人们之间的差别是体质差别，其次是语言差别，再其次是生活习俗差别，经济活动中的差别是不容易察觉的，他们对于居住在其他地域的民族很少有机会接触。因此只有在成年人对其教育下，孩子才会对一部分人产生"认同意识"和对另外一些人的"分界意识"。这两者是一个对应的概念。① 金炳镐教授提出："民族属性意识包括民族自我归属意识、民族认同意识、民族分界意识等三个层次。"② 其实三者之间是密不可分的，没有"分界"就无所谓"认同"，而"认同"就是"归属"。除了自身的观察获得感性认识外，更有效的方式是通过教育，使孩子获得有关民族及其特征的理性认识和自我的民族意识。

索伦部生活在布特哈和黑龙江各驻防城，经济发展落后，文教不发达。康熙七年（1668），清朝颁发"辽东招民授官永著停止"令，开始封禁东北，直到嘉庆十年（1860）逐步解禁。乾隆五年（1740）清朝严格实施封禁东北的政策，严禁关内汉人进入东北。这使得索伦部在黑龙江地区与汉人接触很少，使其保持了民族特性，同时清朝非常重视对索伦部成员进行满文和骑射教育。

墨尔根两翼满官学是最早对索伦部成员进行文化教育的机构。康熙二十九年（1690），墨尔根成为黑龙江将军衙门所在地。康熙三十四年（1695）二月，萨布素奏请在墨尔根设立左、右翼官学各一所，进行满文教育，"设助教官一员，选新满洲及锡伯、索伦、达呼尔每佐领下幼

---

① 黎岩：《民族分界意识和民族认同意识》，《黑龙江民族丛刊》1988年第3期。
② 金炳镐：《民族理论通论》，中央民族大学出版社1994年版，第86页。

童一名,肄习国书"①,获得圣祖的批准。"有同额缺,凡八旗子弟愿入学者,由各旗协领保送,习清文骑射"②,可见接收学生也很灵活。

当时达斡尔族有5万人口,40个佐领,额定每个佐领选取1人,这样每期可有40名幼童接受教育。鄂伦春族五路八佐领,每期可有8名幼童接受教育。鄂温克族10余佐领选送10余名幼童接受教育。③墨尔根官学以笔帖式为教师,教授满文、骑射,每日上课一两个时辰。在墨尔根官学也同时接收瑷珲、齐齐哈尔、呼兰三城的学员,在此三城各设学官一员,掌管学务,八旗子弟愿意入学之人可由各城各旗协领报送到墨尔根。康熙五十八年(1719),墨尔根副都统重新设立满官学一所,有房屋三间,大门一间,照壁一座,以及缭垣。设教习学官一员,在笔帖式中选拔,学制三年,额定学生十六名,由每佐领选取俊秀幼童一名。

乾隆九年(1744),清朝在齐齐哈尔、呼兰、瑷珲、墨尔根四城设立满文官学④,八旗各佐领选送一名学生,达斡尔人子弟可有28人入学。凡是八旗子弟愿意入学者,由各旗协选送,学习满文和骑射。⑤ 在齐齐哈尔,鄂温克族每期有四五名幼童入学。⑥齐齐哈尔满官学分为文武两科,分别学习满文、骑射。招收八旗子弟20人,毕业后充任八旗的笔帖式和骁骑校等职,并可从中拣补屯官、站官、仓官等职,期满可做主事或防御。学童常超出定额。

(二)满洲统治者重视索伦部的国语骑射

清朝一直以国语骑射为根本,保持其民族性。早在天聪八年

---

① 万福麟监修、张伯英总纂:《黑龙江志稿》卷24,黑龙江人民出版社1992年版,第1086页。

② 徐宗亮:《黑龙江述略》卷2,任国绪主编:《宦海伏波大事记(外五种)》,黑龙江人民出版社1994年,第1023页。

③ 齐市政文史办齐市公安局史志办编:《齐齐哈尔文史资料》第19辑《嫩水达斡尔人》,齐市文史资料研究委员会1989年版,第26—27页。

④ 周喜峰先生认为,齐齐哈尔城和瑷珲城建立官学应该在康熙年间。参见周喜峰《清朝前期黑龙江民族研究》,第284—285页。

⑤ 齐市政文史办齐市公安局史志办编:《齐齐哈尔文史资料》第19辑《嫩水达斡尔人》,第26—27页。

⑥ 陶增骈主编:《东北民族教育史》,辽宁大学出版社1994年版,第617页。

(1634),皇太极就提出:"国家承天创业,各有制度,不相沿袭,未有弃其国语,反习他国之语者。事不忘初,是以能垂之久远,永世弗替也。蒙古诸贝勒自弃蒙古之语,名号俱学喇嘛,卒致国运衰微。今我国官兵俱因汉文从其旧号,夫知其善而不能从,与知其非而不能省,俱未为得也。朕缵承基业,岂可改我国之制而听从他国。嗣后我国官名及城邑名俱当易以满语,勿仍袭总兵、副将、参将、游击、备御等旧名,凡赏册书名悉为厘定。"① 清高宗认为:"清语为国家根本,而宗室贵胄至有不能语者,风俗攸关甚重。"② 然后,清军入关以后,处于统治的需要,满洲人大量学习汉文。"自我朝一统以来,始学汉文。"③ 康熙十年(1671),清政府取消专管翻译的"通事"一职,圣祖谕令"各部院及各省将军衙门通事,原因满官不晓汉语,欲令传达而设。今各满洲官员,即谙汉语,嗣后内而部院、外而各省将军衙门通事,悉罢之"④。世宗指出:"满洲旧制最重学习清语,近见新挑之侍卫护军等,弃其应习之清语,反以汉语相戏谑。"⑤ 到乾隆时期,满文已经逐渐废弃,在政府的日常政务活动中,汉文逐渐取代满文。八旗子弟"习汉书,入汉俗,渐忘我满洲旧俗"⑥。驻防官员"所钞清字黏单,或圈点多寡不合,任意长短违式。总缘缮写之吏,不识清字"⑦。驻防八旗官兵"娴于汉字者,或更多于谙习清字之人"⑧。

在清入关前,满洲"女人之执鞭驰马,不异于男,十余岁儿童,亦能佩弓箭驰逐"⑨。皇太极赞扬道:"我国士卒初有几何,因娴于骑射,所以野战则克,攻城则取。天下人称我兵曰:立则不动摇,进则不回

---

① 《清太宗实录》卷18,天聪八年四月辛酉。
② (清)昭梿:《啸亭杂录》,中华书局1980年版,第205页。
③ 《清高宗实录》卷736,中华书局1985年版,乾隆三十年五月丁丑。
④ 《清圣祖实录》卷35,康熙十年正月丁丑。
⑤ 《清世宗实录》卷65,雍正六年正月庚辰。
⑥ 《清高宗实录》卷181,乾隆七年十二月丙午。
⑦ 《清高宗实录》卷736,乾隆三十年五月丁丑。
⑧ 《清高宗实录》卷854,乾隆三十五年三月壬午。
⑨ 李民寏:《建州闻见录》,潘喆等编:《清入关前史料选辑》(三),中国人民大学出版社1991年版,第472页。

顾。威名震慑，莫与争锋。"① 满洲入关以后，八旗兵战斗力衰退。世祖"思习汉书，入汉俗，渐忘我满洲旧制"②，因此设立宗学，初以满汉文兼授，很快改为专习满书，目的是保持本实的特色，避免浮华。康熙二十二年（1683），圣祖曾训斥杭州驻防满洲兵丁"渐染陋俗，日打马吊为戏，不整容束带而鞍履行者甚多既为满洲，则当讲习满洲职业，勤于骑射"③。满洲兵丁久住江南，"以致骑射荒疏"④。雍正元年（1723），世宗指出："八旗满洲为我朝根本，植本不可不固。近见八旗兵丁技勇产业，大减于前。此皆文武臣工仰恃皇考之宽仁，遂乃怠于公务，不勤厥职，玩忽苟安，因而法制废弛。兵丁等既无教训之人，遂少警惕之意。不习骑射。不谙生计，妄费滥用，竟尚服饰，饮酒赌博，渐至困穷。"⑤ 甚至连盛京官员也荒废骑射，日以饮酒作乐。到乾隆时代，满洲入关已有百年，受城市奢华生活的影响，乐于享受，宗室子弟也未能幸免。高宗曾说："近见满洲人等并不以骑射为要，惟贪图安逸，畏服劳苦。即本身所有军器鞍辔撒袋等物，亦不知整顿，惟用意于浮华虚文，服饰衣物而已。"⑥ 乾隆七年（1742）十二月，高宗谕旨："我朝崇尚本务，原以弓马、清文为重，而宗室谊属天潢，尤为切近。向来宗室子弟，俱讲究清文，精熟骑射，诚恐学习汉文，不免流于汉人浮靡之习……近因雅尔哈善条奏，设立宗学，以汉文教习宗室子弟，迄今已历数年。昨经考试，并无佳卷，即翻译诸卷亦属平常。"⑦ 乾隆前期，甚至八旗部院王公大臣、都统、外省驻防将军也出现了乘轿、乘车、乘舆出行的现象。在战争当中，更显示出满洲骑射的荒废状况。乾隆十九年（1754）九月，高宗就指出："我满洲旧俗，尚义急公。一闻用兵，无论老壮，咸以不得与为耻。承平日久，习于宴安，披甲执兵，冲锋陷

---

① 《清太宗实录》卷32，崇德元年十一月癸丑。
② 中国第一历史档案馆编：《乾隆朝上谕档》（第1册），档案出版社1991年版，第827页。
③ 《康熙起居注》（第2册），康熙二十二年九月初十日戊寅条，中华书局1984年版，第1069页。
④ 《清圣祖实录》卷115，康熙二十三年四月庚子。
⑤ 《清世宗实录》卷12，雍正元年十月辛未。
⑥ 《清高宗实录》卷143，乾隆六年五月丁亥。
⑦ 中国第一历史档案馆编：《乾隆朝上谕档》（第1册），第827页。

阵，不免视为畏途。"① 乾隆二十年（1755）五月，高宗言及："满洲旧俗一闻用兵无不人人踊跃，以不与为耻。不意承平日久，渐成畏葸之习。至于如此，是以朕于此大功克就，远夷归化之时，不为之喜而为之寒心。"② 乾隆五十五年（1790）三月，高宗斥责伊犁将军保宁内地造箭运赴新疆的建议，他说："我满洲旧习，惟以弓马为重，弓箭向皆自行打造，并无用他人代造者……再伊犁有满洲、索伦、锡伯、厄鲁特等，[伊等向来]所用弓箭，亦依赖他人乎？若照保宁所奏，长期下去，兵丁不仅不知打造弓箭，亦将不善骑射。"③ 仁宗发现东三省人色克金保不会国语，很是震惊。当即指出："东三省系我朝根本之地，清语即如乡谈，原应不学而能，乃竟有不晓清语之人。想东三省似此者尚复不少，相沿成习，不惟不晓清语，必致技艺废弛，所关綦重，不可不加整饬。著盛京、吉林、黑龙江将军等各将所管官弁严行教训，务令马步射精锐，清语娴熟，毋忘本业。"④ 这些都反映了满洲兵战斗精神的衰退。

面对着国语骑射的衰微，康、雍、乾三代帝王在加强满洲保持国语骑射能力，保持满洲民族性的同时，亦大力倡导索伦部对满语的学习和骑射能力的训练，保持民族尚武精神。高宗曾下旨："宗室子弟曾有不能习汉文者，应听其专精武艺……与其徒务章句虚文，转致荒废本务，不如娴习武艺，崇实黜浮，储为国家有用之器也。"⑤ 满洲对索伦部实行国语骑射政策，在文化上加强索伦部对其的认同。

在黑龙江满官学的教学过程中，注重对学生国语骑射能力的培养。"满洲馆常课为每日教习满文翻译，每月逢三、八日出题考试翻译。弓箭教习常课为十三岁以上的学生学射步箭，十六岁以上的学生学射马箭。凡遇春、秋二季考试，如有不能娴熟者，除将学生责惩革退外，该

---

① 西藏社会科学院西藏学汉文文献编辑室：《平定准噶尔方略》，正编卷之4，全国图书馆文献缩微复制中心1990年版，第1005页。
② 西藏社会科学院西藏学汉文文献编辑室：《平定准噶尔方略》，正编卷之13，第1175页。
③ 中国第一历史档案馆编：《乾隆朝满文寄信档译编》，岳麓书社2011年版，第22册，第524页。
④ 《清仁宗实录》卷113，中华书局1986年版，嘉庆八年五月壬寅。
⑤ 中国第一历史档案馆编：《乾隆朝上谕档》（第1册），第827页。

教习咨回本旗，该助教记大过一次。"① 在布特哈衙门当官之人，八旗官员富家子弟学习满文，如能用满文记录日常事务，回乡可以担任佐领或笔贴式。

索伦骁勇闻天下，主要是凭借其强大的骑射能力。索伦兵丁由于保持了其骑射特色和尚武精神，在平定准噶尔战争中运送粮饷，追杀贼人，办事得力，倍受清朝重用。在平定准噶尔战争中，清朝征调勇敢善战的黑龙江兵丁规模最大，人数最多，且长途跋涉，队中有出痘兵丁数人，可见路途异常辛苦。乾隆二十年（1755）十一月，对于绿旗兵丁运送粮饷，半月仅行六台的缓慢速度，清朝立即启用索伦兵在迅速行军的同时运送粮饷。② 同月，遣索伦护军校布音达尔等，于察罕郭勒地方追杀十余人，生擒一人。又遣索伦护军校达海等在青吉尔地方追杀厄鲁特三人。③ 索伦、喀尔喀、和托辉特兵共七千余名，南自伊克斯绰尔，北至乌哈尔和硕地方，沿途安设卡伦，驻扎于形势要害之地。④ 在平定金川的战斗中，乾隆三十八年（1773）九月，吉林、黑龙江、索伦兵进攻碉楼，金川番兵"出碉抗拒，时畏惧弓箭，较之鸟枪尤甚"⑤。乾隆三十九年（1774）九月，不能直接攻下，则派索伦好弓箭"于贼人欲往取水之处，遥为堵截，尽力击射，贼自不能前往，使其饮汲无资，必更窘迫，于功剿尤易得力。此法不但此处为然，凡将军等功剿所至，如勒乌围等处，皆当照此办理"⑥。选择"索伦中技艺最好之人，是以发无不中"⑦。乾隆三十九年（1774）十月，"此次进剿以来，满洲索伦官兵弓箭第一得力，深为贼人所畏"⑧。乾隆四十年（1775）八月，在攻陷大金川勒乌围的战斗中，转经楼等处的金川援兵被"索伦兵弓箭

---

① 姜树卿、单雪丽主编：《黑龙江教育史》，黑龙江人民出版社2002年版，第190—191页。
② 西藏社会科学院西藏学汉文文献编辑室：《平定准噶尔方略》，正编卷之22，第1338—1339页。
③ 西藏社会科学院西藏学汉文文献编辑室：《平定准噶尔方略》，正编卷之22，第1341页。
④ 西藏社会科学院西藏学汉文文献编辑室：《平定准噶尔方略》，正编卷之22，第1356页。
⑤ 西藏社会科学院西藏学汉文文献编辑室：《平定两金川方略》卷74，全国图书馆文献缩微复制中心1991年版，第1019页。
⑥ 西藏社会科学院西藏学汉文文献编辑室：《平定两金川方略》卷104，第1427页。
⑦ 西藏社会科学院西藏学汉文文献编辑室：《平定两金川方略》卷106，第1433页。
⑧ 西藏社会科学院西藏学汉文文献编辑室：《平定两金川方略》卷109，第1480页。

所毙者最多"①。乾隆五十七年（1792）正月，在平定廓尔喀的战争中，"查箭支为行军利器，索伦达呼尔兵丁，骑射尤其所长"②，也是凭借索伦兵的良好骑射技术攻坚。荆州马队训练有方，仍"不及吉林黑龙江之劲锐"③。由此可看出索伦兵良好的骑射技能在战争中的巨大威力。索伦部正是凭借着骑射所长，成为八旗中的楷模，同时较少接触汉人，只学习满文，使其满文也日渐进展，在雍正年间，训练满洲八旗的国语时，还从索伦、新满洲中选取教习。④

索伦兵以骑射见长，是与清朝对其的训练教育分不开的。康熙三十年（1691），清政府"命选索伦、达呼尔人民披甲驻防齐齐哈尔，遣满洲兵二百人教练之"⑤。雍正十年（1732）十二月，黑龙江将军卓尔海上奏："查打牲人共二千三百四十九名，请挑选一千名，令往齐齐哈尔城北本尔得地方居住，编为八旗，于打牲处现任官员内，派副总管四员，佐领八员，骁骑校八员，训练操演，归打牲处总管统辖，臣于每岁春秋亲往查阅。"⑥ 由此可见，圣祖、世宗两位皇帝均很重视对索伦兵的骑射教育，满洲统治者加强索伦部骑射能力的具体措施如下：首先，清朝对索伦部实行贡貂制度，促进其狩猎生产实践，锻炼其骑射技术。索伦孩童从小就学习骑射，故骑射能力很强。其次，清朝每年实行春秋会操制度，每年两次集中系统训练八旗索伦的骑射本领。时间为每年二月和八月，地点在黑龙江驻防各城的副都统、总管衙门处（齐齐哈尔、墨尔根、黑龙江城、海拉尔、宜卧奇等地），训练人员为每旗各调官兵100名，训练时长为40天，训练内容为马步骑射、鸟枪操放、马队训练、战阵操演等科目。⑦ 再次，清朝开设满官学教习骑射，已如前述，在此不赘言，并且在清代中期以后，八旗义学兴起，对于骑射的教育更

---

① 西藏社会科学院西藏学汉文文献编辑室：《平定两金川方略》卷123，第1682页。
② 中国藏学研究中心等合编：《元以来西藏地方与中央政府关系档案史料汇编》，第2册，第715页，《895 福康安奏筹办乌拉等情形折》。
③ 《清文宗实录》卷252，中华书局1986年版，咸丰八年四月己巳。
④ 《清世宗实录》卷103，雍正九年二月乙卯。
⑤ （清）纪昀：《钦定八旗通志》，卷首八，敕谕二，第159页。
⑥ 《清世宗实录》卷126，雍正十年十二月十二日。
⑦ 麻秀荣、那晓波：《清代八旗索伦的骑射教育》，《中国边疆史地研究》2003年第2期。

加普及。最后，清朝推行冬季"行围校猎"政策，训练索伦部骑射技术，每年初冬霜降后，黑龙江将军组织"行围校猎"，八旗索伦兵参与其中，每天大规模的围猎活动进行两次，模拟实战，锻炼骑射水平。行围校猎可以挑选人才，但是也花费很大，到同治初年，吉林黑龙江库款支绌，已无法围猎。"自军兴以来，东三省官兵征调频仍，且俸饷未能如期照数关领，由是行围之事，久已停止。该官兵等弓马技艺，不免生疏。围场之内，游民溷迹。日久废弛，实属不成事体。"①

乾隆年间，高宗禁止索伦兵使用鸟枪，强调骑射的重要性，保持索伦兵的战斗意志。乾隆十五年（1750）十月，对于骑射的重要性，高宗有段经典的论述："我满洲本业，原以马步骑射为主，凡围猎不需鸟枪，惟用弓箭。即索伦等围猎，从前并不用鸟枪，今闻伊等不以弓箭为事，惟图利便，多习鸟枪。夫围猎用弓箭，乃从前旧规，理应勤习，况索伦等皆猎兽之人，自应精于弓箭，故向来于精锐兵丁内，尤称手快。伊等如但求易于得兽，久则弓箭旧业，必致废弛。"②基于此，高宗令傅尔丹收回索伦兵鸟枪，"严禁偷买自造，查出即行治罪"，索伦"此后行围，务循旧规，用弓箭猎兽"，并鼓励"超列优等，而善马步射者，可被恩升用侍卫等官"③。乾隆五十四年（1789）十二月，高宗传谕东三省驻防各处将军、副都统，对吉林、黑龙江等处"加意操演，勿使专习鸟枪而荒骑射"④。东三省兵分为城居和屯居。城居多为世族，有真材者少，屯居半属寒微，上升渠道狭窄，往往有真材者也遭到埋没。致使清朝后期征调的东三省兵，"枪箭未娴，弓马不习，徒縻饷项"⑤。因此清政府要求："无论在城在屯，一体认真训练。秉公挑选，有技艺娴熟枪箭出众者，立予超擢，其不得力者，轻则责罚，重则裁革。"⑥

总之，满洲对鄂温克族、鄂伦春族、达斡尔族按其族属编旗，顺利

---

① 《清穆宗实录》卷243，中华书局1987年版，同治七年九月癸卯。
② 《清高宗实录》卷374，乾隆十五年十月丁丑。
③ 《清高宗实录》卷374，乾隆十五年十月丁丑。
④ 《清高宗实录》卷1344，乾隆五十四年十二月癸丑。
⑤ 《清穆宗实录》卷13，咸丰十一年十二月辛未。
⑥ 《清穆宗实录》卷13，咸丰十一年十二月辛未。

地整合了索伦部,在政治上加强统治和增强国家认同的同时,经济上给予其优惠待遇,文化上保留其族称,按其族属编制牛录,尊重其民族特色,保证了安定和谐的民族关系。满洲通过文化教育和重视国语骑射,对索伦部实行满洲化教育。其目的是在文化上加强索伦部对满洲的认同。这些政策也实行于锡伯、赫哲等东北少数民族中,构建出东北民族共同体的雏形。通过文化认同促进政治认同,起到了巩固清朝政权,加强东北少数民族国家认同的效果。

第四章

清朝对外战争中的索伦部与满洲之军事关系

清朝是中国构建统一多民族国家的重要时期，历经康、雍、乾三代帝王终于把盛世推向顶峰，其特征之一就是国家实现完全统一，国家疆土是在一个国家政权的管辖之下。同时拥有强大的军事实力，有足够的能力保卫国家领土安全也是盛世的特征之一。在政治与军事上，索伦部兵丁积极参与军事实践，对清代的政治和军事产生了重大影响。清代索伦兵参与的对外战争包括早期抗俄战争、中俄雅克萨战争、平定缅甸之役和平定廓尔喀战争。这些战争均是正义的战争，由国家发动、众多民族参与，是一种最为激烈的国家行为，其对清朝范围内的民族关系影响很大。索伦兵频繁征调，作为参战的主要攻坚力量，影响最为突出。鄂温克族、鄂伦春族、达斡尔族与满洲在军事上密切配合，为保卫祖国领土和主权完整作出了重大贡献。战争是所有促进国内民族凝聚力的因素中最为彻底有效的手段之一，其对于国民统一性形成的规约是最有效的。对清朝索伦部参与的战争情况进行梳理，揭示索伦部在军事战争中所起的作用，观察索伦部与满洲民族关系在军事领域中的表现，考察满洲统治者制定的民族政策之效果，是很有意义的。

第一节 雅克萨战争中的索伦部与满洲的军事关系

沙皇俄国原是欧洲国家，15世纪末16世纪初摆脱钦察汗国的控制，建立统一的俄罗斯国家。16世纪末，哥萨克侵略军越过乌拉尔山脉，先占领西伯利亚，后侵入黑龙江流域。以达斡尔人的世代家园雅克萨和尼布楚为根据地与清朝较量。黑龙江流域的民族正好处在俄国与清朝的中间，认同于哪股力量，是其自我选择的结果。从族源上来看，黑龙江流域是满洲先世的故乡，黑龙江民族中的大量人众被编旗加入满洲；从地缘上来看，俄国的中心远离黑龙江流域，远没有清朝的优势；从文化的相似度上看，俄罗斯民族与黑龙江民族相差很大，而满洲与黑龙江民族具有很大的相似性。从利益上来看，俄国采用军事手段，强行进入黑龙江流域，而满洲统治者以招抚为主，运用朝贡的形式管理黑龙江民族，使得黑龙江民族获得物质利益和民族尊严。黑龙江民族在政治上无疑会认同后金政权的统治。

一 自发抗击沙俄侵略者

崇德八年（1643）十月，瓦西里·波雅尔科夫带领军役人员112名，荷枪实弹，从雅库茨克堡前往黑龙江上游的精奇里江和石勒喀河，目的是为沙皇征收貂皮等实物税，寻找银、铜、铅矿及粮食。和满洲以自由贸易为主要形式不同，沙俄主要以军事手段对付黑龙江沿岸的各民族。沙俄认为达斡尔人"用白银换取貂皮，而中国人则在石勒喀河上用绸缎和各种商品购买他们的貂皮"①，这是完全不符合实际的。波雅尔科夫在绑架达斡尔酋长多普狄乌尔·肯丘拉耶夫作为人质，并逼讯沙马吉尔氏族的通古斯人托普库尼、达斡尔酋长别希拉和久切尔酋长奇涅加说出黑龙江流域的基本情况，可见此时沙俄并不了解该地。其实此地并不产银，银子是用貂皮与满洲人交换来的。"他们以貂皮向汗纳贡，并以貂皮在汗那里购买银器、绸缎、棉布、铜器和锡器。"② 波雅尔科夫无粮过冬，派遣五十人长尤什卡·彼得罗夫率领70人前往西林穆迪河河口的达斡尔堡寨莫尔迪基季奇，用怀柔手段绑架达斡尔酋长多西和科尔帕作人质，并获取40桦皮筐燕麦米和十头牲畜。在物质利益与民

---

① 郝建恒等译：《历史文献补编——十七世纪中俄关系文件选译》，商务印书馆1989年版，第2页。
② 郝建恒等译：《历史文献补编——十七世纪中俄关系文件选译》，第10页。

族尊严受到严重的威胁时，达斡尔人奋起反抗，激起了达斡尔人强烈的民族意识，严格地区分沙俄与自我。

尤什卡·彼得罗夫带领哥萨克侵入莫尔迪基季奇寨，受到了重创，10人丧命，40人逃回饿死。久切尔人偷袭哥萨克十人长伊列伊卡·叶尔莫林带领的25名军役人员和渔猎人，除两人逃掉，其余全部打死。①沙俄哥萨克由于缺少粮食，吃了大约50个达斡尔人和哥萨克的尸体，因此达斡尔人给予哥萨克"吃人生番""吃人的恶魔"的称号，标志着对沙俄极度地厌恶与政治上的不认同。通过波雅尔科夫的侦查，损失大约100名哥萨克，沙俄侵略者才知道达斡尔人"将捕获的貂皮出售给汗，换取绸缎和布匹"②这样的常识，说明直到此时沙俄对黑龙江地区的情况还不了解，而该地各民族与满洲贵族早已建立了贸易关系和政治认同，这直接证明了该地区是清朝领土，而不是沙俄发现的新土地。

顺治六年（1649）十二月，叶尔卡·哈巴罗夫率领70名哥萨克的"远征队"，侵入了达斡尔头人拉夫凯的领地，此前达斡尔人受到波雅尔科夫的侵略已经撤退，哈巴罗夫占领了空城。哈巴罗夫俘获一名老妇叫莫果尔绰克，是拉夫凯的姐姐，刑讯逼问出中国军队状况，遂赶回雅库茨克堡招募援军。顺治七年（1650）八月，哈巴罗夫返回黑龙江，与斯捷潘诺夫50人会合，攻打雅克萨城，达斡尔头人阿尔巴西率领使用弓箭的达斡尔人不敌使用大炮、火绳枪的哥萨克，雅克萨城沦陷。以雅克萨城为据点，顺治八年（1651）四月，哈巴罗夫烧毁达斡尔头人达萨乌尔的村寨，达斡尔人早已转移。随后进攻达斡尔酋长桂古达尔的城寨，遭到了顽强抵抗。此时的达斡尔人已经完全知道了哥萨克的民族侵略政策，不再以礼相待。桂古达尔城拥有1000多达斡尔人，实力很强。激烈的战斗从四月二十八日晚一直持续到二十九日黎明，持续了一夜。桂古达尔回应哥萨克的劝降说："我们向博格达皇帝沙姆沙汗（顺治皇帝）纳贡，你们来向我们要什么实物税？等我们把最后一个孩子

---

① 郝建恒等译：《历史文献补编——十七世纪中俄关系文件选译》，第13页。
② 郝建恒等译：《历史文献补编——十七世纪中俄关系文件选译》，第17页。

扔掉以后，再给你们纳税吧！"① 此话反映出达斡尔人对清朝极大的政治认同。"达斡尔人从城头向我们射箭。乱箭从城里纷纷向我们飞来。达斡尔人从城头射向我们的箭落在田野里，宛如田地里长满了庄稼。我们同达斡尔人打了一整夜，一直打到日出。"② 达斡尔大人和孩子共牺牲661人。被俘虏的妇女及少女共243人，儿童118人，马匹共237匹，牛羊113头。③ 此战之后，达斡尔人崛起的民族意识起到了重要作用，没有被哈巴罗夫的各种手段招降，面对在雅克萨被抓的达斡尔奴仆和年迈妇女的劝说，达斡尔人没有一个投降沙俄，没有认同于沙俄政权。七月中旬，哈巴罗夫进入达斡尔地方托尔加城，进入萨哈尔察部清朝额驸巴尔达齐的辖地。此时，虽然巴尔达齐已迁到北京生活，这座城寨由其女婿图隆恰及其亲属托尔加、奥穆捷伊管理。哈巴罗夫趁达斡尔人在城外宴饮，发动突然袭击，擒获图隆恰和托尔加，并俘获270名达斡尔男子，强迫达斡尔人认同沙皇并交纳貂皮。但是，巴尔达齐是最认同清朝的，也是从清朝获益最大的达斡尔领袖，其管辖下的达斡尔人认同清朝非常坚决，全体逃跑。托尔加酋长说："我们既然落到你们手里，为了自己的土地，我们宁愿自己死去，不能让我们的人同归于尽！"④ 哈巴罗夫烧毁托尔加城，托尔加酋长偷刀自尽，宁死不愿认同沙俄的统治。哈巴罗夫继续向黑龙江下游入侵，赫哲人和朱舍里人向驻宁古塔章京海色求援，标志着他们在政治对于清朝的极大认同。为了迎得黑龙江各个民族的政治认同，清朝政府派宁古塔章京海色率领八旗劲旅于顺治九年（1652）二月二十五日拂晓进攻乌扎拉城，正式抗击沙俄军队。清朝的毅然出兵，加速了黑龙江各族人民的政治认同，索伦部等黑龙江各族人民从此与清军共同作战，保卫祖国的边疆安全，并建立了深厚的民族感情。

顺治十年七月（1653年8月），斯捷潘诺夫替代哈巴罗夫继续侵入黑龙江地区。顺治十一年五月初二（1654年6月16日），宁古塔昂邦

---

① 郝建恒等译：《历史文献补编——十七世纪中俄关系文件选译》，第60页。
② 郝建恒等译：《历史文献补编——十七世纪中俄关系文件选译》，第60页。
③ 郝建恒等译：《历史文献补编——十七世纪中俄关系文件选译》，第60—61页。
④ 郝建恒等译：《历史文献补编——十七世纪中俄关系文件选译》，第65页。

章京沙尔虎达率领的清军和朝鲜联军（朝鲜鸟枪兵一百名）阻截和追击到松花江抢掠粮食和财物的斯捷潘诺夫，激战三天，大败俄军。① 与此同时，黑龙江各族人民对于清朝有着强烈的政治认同，其配合清军打击斯捷潘诺夫率领的哥萨克。顺治十二年（1655）二月，固山额珍、尚书都统明安达礼率领清军并联合达斡尔人和朱舍里人，围攻呼玛尔城堡长达十天，斯捷潘诺夫的军队遭到重创。② 顺治十五年（1658）六月初十，沙尔虎达率领清军和朝鲜联军大败斯捷潘诺夫的俄军，击毙斯捷潘诺夫，击毙和生俘 270 名哥萨克，只有 47 人乘船逃跑。③ 黑龙江各族人民配合清军沉重打击了入侵黑龙江的俄国哥萨克。斯捷潘诺夫的 500 多名哥萨克中，有 270 人被打死，在 227 名逃跑者中，大部分逃亡到雅库次克，只有 17 人成为涅尔琴斯克（尼布楚）的哥萨克。④ 经过黑龙江地区各族人民和清朝军队的联合抗争，沙俄哥萨克基本被驱逐，清朝收复了呼玛尔城和雅克萨城。共御外侮，精诚合作，使得索伦部与满洲的关系更加亲近，逐步形成命运共同体。

二　满洲视索伦部等黑龙江民族为一体

中俄两国矛盾斗争的高峰是雅克萨战争，在战争中，黑龙江地区民族与清朝一道打击沙俄军队，成为命运共同体。此次战争的胜利，加强了黑龙江民族对满洲的政治认同，继而加强了其国家认同。其民族精英在战后获得嘉奖，物质利益与精神鼓励加强了民族精英对满洲的政治认同，也使其成为黑龙江民族成员的榜样。

康熙四年（1665），以切尔尼戈夫斯基为首的俄国强盗占据达斡尔人的家园雅克萨，并成功策动索伦部头人根特木耳投俄，并尝试策反嫩江流域达斡尔人，结果达斡尔人主动投靠清朝。在两次雅克萨战争中，索伦部民众的政治立场始终站在清朝一边，在战争中索伦部和黑龙江其

---

① 郝建恒等译：《历史文献补编——十七世纪中俄关系文件选译》，第 90—91 页。
② 郝建恒等译：《历史文献补编——十七世纪中俄关系文件选译》，第 96 页。
③ 郝建恒等译：《历史文献补编——十七世纪中俄关系文件选译》，第 122 页。
④ ［俄］瓦里西耶夫：《外贝加尔的哥萨克（史纲）》（第 1 卷），徐滨、许淑明等译，商务印书馆 1977 年版，第 147 页。

他民族起到了重大作用,均作出了重大贡献,在此过程中,也加强了索伦部与黑龙江其他民族对满洲的政治认同,继而加强了其国家认同。康熙十年(1671),圣祖巡视东北,召见宁古塔将军巴海等,指示说:对于沙俄侵略者,"尤当加意防御,操练士马,整备器械,毋堕狡计"①。当时,圣祖在东巡时还询问察访了"瓦尔喀、呼尔哈人民风俗",指示巴海等地方官员,对其实行"善布教化""多方训迪"的政策,以密切同当地少数民族的联系。这种"招抚"政策,对于包括索伦部在内的黑龙江民族认同于清朝有着重要作用,并且与沙俄的武力入侵形成鲜明对比。皇太极就认为索伦部人众:"此地人民,语音与我国同,携之而来,皆可以为我用。"②并且说:"尔之先世,本皆我一国之人,载籍甚明,尔等向未知之,是以甘于自外。"③面对沙俄的进入,圣祖指出:"向者罗刹无故犯边。收我逋逃,后渐越界而来,扰害索伦、赫哲、飞牙喀(费雅喀)、奇勒尔诸地,不遑宁处,剽劫人口,抢掠村庄,攘夺貂皮,肆恶多端。是以屡遣人宣谕,复移文来使,罗刹竟不报命,反深入赫哲、飞牙喀一带,扰害益甚。"④康熙二十二年(1683)九月,理藩院致函雅克萨罗刹长官,提及上谕:"朕统一寰宇,无分中外,凡天下民人,咸吾赤子,恻然怜悯,皆欲使各乐其居,各安其业。"⑤皇太极与圣祖的话反映出满洲统治者早已把黑龙江沿岸的民族视为自己人,利益相同,命运相关,满洲与索伦部形成命运共同体,同呼吸共命运,在军事实践过程中,一损俱损,一荣共荣,使得二者在军事战争中相互配合,以取得胜利。

在第一次雅克萨之战中,参战部队主要是从吉林、宁古塔调来二千人,其中有索伦、达斡尔兵五百名,满洲兵一千五百名。京城上三旗一百七十名,自山东、山西、河南等省调来官兵五百名,自福建调来藤牌兵四百名。宁古塔及索伦官兵占到出征官兵的一半以上。在宁古塔,

---

① 《清圣祖实录》卷37,康熙十年冬十月壬辰。
② 《清太宗实录》卷21,天聪八年十二月壬辰。
③ 《清太宗实录》卷21,天聪八年十二月壬辰。
④ 《清圣祖实录》第119卷,康熙二十四年正月癸未。
⑤ 中国第一历史档案馆、鄂伦春民族研究会编:《清代鄂伦春族满汉文档案汇编》,第527页。

"流人除旗下及年逾六旬者，一概当役；选二百服水性者为水军，习水战"。"山阴祁奕喜、李兼汝、杨友声；宜兴陈卫玉、苏州杨骏声，同牟伍谋公皆当水手，以二月十一日往乌喇。"① 索伦兵能骑善射、作战勇猛，是围攻雅克萨城堡的中坚力量，为第一次雅克萨之战的胜利作出了重大的贡献。第二次雅克萨之战圣祖命黑龙江将军萨布素"统领乌喇、宁古塔兵，驰赴黑龙江城。至日，酌留盛京兵镇守，止率所部二千人，攻取雅克萨城，并量选候补官员及现在八旗汉军内福建藤牌兵四百人，令建义侯林兴珠率往"②。在第二次雅克萨之战中，在额苏里屯垦的500名索伦、达斡尔兵再次参战，黑龙江军队是中方绝对主力军，其余的军队只有福建藤牌兵400人。

三 索伦兵等黑龙江军队在中俄雅克萨战争中的作用

索伦部等黑龙江民族政治上认同满洲之后，其参战的情绪异常高涨，其认识到只有和清军密切配合才能保护住自己的家园，赢得胜利。在中俄雅克萨战争中，黑龙江各族人民在各个环节中都发挥了重大作用，主要表现在以下几个方面。

（一）运送军粮牛羊

圣祖决策将"所需军粮，取诸科尔沁十旗及席北、乌喇之官屯，约可得一万二千石，可支三年"③。战争所需的牛羊，也由当地索伦部民众和科尔沁蒙古供应。康熙二十一年（1682）十二月，康熙皇帝指示："黑龙江城距索伦村不远，五宿可到，其间设一驿口俟我兵将至净溪里（精奇里）乌喇，令索伦接济牛羊。"④ 康熙二十二年（1683）四月，"索伦近墨克顶，宜令选肥马五百匹，送呼玛尔河口酌量给用"⑤。康熙二十四年（1684）正月，康熙皇帝又谕令"科尔沁十旗，今年进贡牛

---

① 吴桭臣：《宁古塔纪略》，李兴盛、吕观仁主编：《渤海国志长编（外九种）》，黑龙江人民出版社1995年版，第946页。
② 《清圣祖实录》卷124，康熙二十五年二月丁酉。
③ 《清圣祖实录》卷106，康熙二十一年十二月庚子。
④ 《清圣祖实录》卷106，康熙二十一年十二月庚子。
⑤ 《平定罗刹方略》卷1，李兴盛、吕观仁主编：《渤海国志长编（外九种）》，第968页。

羊诸物，不必来京，其全送黑龙江将军前"①。此外在黑龙江地区进行屯田垦荒，在宁古塔"立三十二官庄，屯积粮草，每一庄共十人，一人为庄头，九人为庄丁，非种田，即随打围烧炭。每人名下责粮十二石，草三百束，猪一百斤，炭一百斤，石灰三百斤，芦一百束，凡家中所有，悉为官物"②。并"遣部员自吉林乌喇至黑龙江，以蒙古、席北、打虎儿、索伦等人力耕种，田禾大获"③，保证了雅克萨前线的军粮供应。

圣祖对耕牛格外重视，曾因为在黑龙江驻守的军队"耕牛尽毙，农器损坏"而严厉斥责黑龙江将军萨布素，并且令理藩院很快购买耕牛送到黑龙江。"萨布素等故毁农器，尽毙耕牛，其意在多方迟延，冀撤离黑龙江耳。凡受事者，备宜殚心预筹，以期有济。讵可诿之于上？赖朕一切留意，悉加区画，不致废弛。倘谓责有攸归，竟倚任之，定误军机。宜即严治。念现同大兵进剿，故暂停处分。俟回自雅克萨日再议。"④

（二）设置驿站传递军情

清朝在黑龙江流域修筑了两条驿道。一条是从吉林乌喇到瑷珲，一条是从墨尔根到雅克萨对岸额木尔。达斡尔、索伦等族承担了驿站牲畜的饲料供应和器械修理，"索伦、打虎儿夫役与备养之马如数应用"⑤。从吉林乌喇到瑷珲的驿站原计划设立 19 站⑥，后改为 25 站⑦，其站丁由蒙古及鄂温克等族官兵分别驻守，负责前线与内地的联络和军事物资的运输。尤其是从墨尔根到瑷珲的五个驿站的站丁，都是索伦、达斡尔之贫穷者担任。从墨尔根到雅克萨对岸额木尔的驿站共 25 个，其中负责奏报军机和运输任务的就是杜尔伯特、扎赉特蒙古兵 500 人和索

---

① 《清圣祖实录》卷 119，康熙二十四年正月癸未。
② 吴桭臣：《宁古塔纪略》，李兴盛、吕观仁主编：《渤海国志长编（外九种）》，第 946 页。
③ 《清圣祖实录》卷 128，康熙二十五年十二月丙辰。
④ 《清圣祖实录》卷 119，康熙二十四年正月丁亥。
⑤ 《清圣祖实录》卷 127，康熙二十五年七月己巳。
⑥ 《清圣祖实录》卷 121，康熙二十四年七月壬申。
⑦ 刘文鹏：《清代驿传及其与疆域形成关系之研究》，中国人民大学出版社 2004 年版，第 100—101 页。

伦兵。①

康熙十五年（1676）吉林乌喇"建木为城，倚江而居，所统新旧满洲兵二千名，并徙直隶各省流人数千户居此。修造战舰四十余艘，双帆楼橹与京口战船相类，又有江船数十，亦俱帆橹，日习水战，以备老羌（即指俄国）"②。吉林既是船舶制造中心，又成为清军的战略枢纽。在此为起点设置驿站一直延伸到黑龙江北岸的瑷珲，非常方便，从此宁古塔将军移驻吉林乌喇，使抗俄的军事中心靠近黑龙江上游，意义重大。驿站对于传递军情十分重要，缩短了前线与京师传递信息的时间，为赢得战争起到了重要作用。同时也为接送兵员运输粮饷起到重要作用。

（三）筑城屯田

康熙十五年（1676）建立吉林乌喇城，使得抗俄的军事中心由远离黑龙江上游的宁古塔转移到吉林乌喇，此地作为后方基地和战备中心，非常合适。康熙二十一年（1682）十二月，圣祖提出"第兵非善事"的思想，以筑城防御避免更多的战争。"调宁古塔兵一千五百，并置造船舰，发红衣炮、鸟枪及演习之人于黑龙江、呼马尔二处、建立木城、与之对垒、相机举行。"③调兵筑城之后，需要粮饷接济，又提出屯田的主张。"我兵一至，即行耕种，不致匮乏。"④康熙二十三年（1684），圣祖决定设置黑龙江将军，治所设置在瑷珲，遂着手修建瑷珲城。六月，圣祖谕令："我兵既命永戍额苏里，应派乌喇、宁古塔兵五、六百人，打虎儿（达斡尔）兵四、五百人于来秋同家口发往。设将军、副都统、协领、佐领等官镇守，深为有济。"⑤圣祖的这一决定，还需要达斡尔等黑龙江民族来具体实施。额苏里地处黑龙江与呼马尔之间，为战略要地，在此地建木城，可藏船，亦可屯田戍守。接下来圣祖策划建立瑷珲城，其决心之大，以至于驳回了萨布素"暂驻额苏里"

---

① 《清圣祖实录》卷120，康熙二十四年四月乙未。
② （清）高士奇：《扈从东巡日录》，《辽海丛书》第1册，辽沈书社1985年版，第226页。
③ 《清圣祖实录》卷106，康熙二十一年十二月庚子。
④ 《清圣祖实录》卷106，康熙二十一年十二月庚子。
⑤ 《清圣祖实录》卷112，康熙二十二年九月丁丑。

"分为三班更番驻防"的建议。

萨布素曾以官兵安土重迁为理由，恐怕永戍黑龙江移民屯田会导致军心不稳，"额苏里今年七月，即经霜降，乌喇、宁古塔兵家口，若令来秋迁移，恐地寒霜早，诸谷不获，难以糊口。应于来春，就近移达斡尔兵五百，先赴额苏里耕种。量其收获，再迁家口。以乌喇、宁古塔三千余兵，分为三班，将军、副都统等，更番统领驻防"①。圣祖的眼光非常独到，"果如萨布素等所奏，兵丁频事更番，必致困苦，非久长之计。其在黑龙江建城永戍，预备炮具、船舰，设斥堠于呼玛尔。……此兵既往，且立二年之业，仍设将军、副都统领之"②。以致萨布素不得不改变自己的想法。当理藩院郎中额尔塞至黑龙江，萨布素又提出"发乌拉、宁古塔兵二百人协力筑城"③时，圣祖予以拒绝，但"令副都统穆泰率盛京兵六百人"④前往黑龙江筑城，人数比萨布素提出的200人还增加了400人，说明圣祖对筑城事宜非常重视。清朝派乌喇、宁古塔及达斡尔兵共1000人，携眷前往瑷珲、呼玛尔、额苏里屯田，一年之间，在瑷珲城附近屯田达1500余垧。⑤康熙二十四年（1685），在黑龙江各族的配合下，又建立了新瑷珲城。

（四）侦察敌情

由于达斡尔、鄂温克等族生活在黑龙江流域达斡尔地方，熟悉当地的气候和地理条件。他们屡次接触哥萨克，了解俄军动向，或主动侦察敌情，为雅克萨战争的胜利作出了贡献。达斡尔族副头目倍勒儿率人侦察敌情，深入雅克萨周边，取得了很好的效果。康熙二十三年（1684）夏，达斡尔副总管倍勒儿等在雅克萨化装侦察，"路遇罗刹，杀其二人，生获一人"⑥，抓到了舌头，继而掌握了俄军在雅克萨城及其东面要隘杭屋莫山的布防情况。康熙二十四年（1685）正月，倍勒儿奉令

---

① 《清圣祖实录》卷112，康熙二十二年九月丁丑。
② 《清圣祖实录》卷112，康熙二十二年九月丁丑。
③ 《平定罗刹方略》卷1，李兴盛、吕观仁主编：《渤海国志长编（外九种）》，第971页。
④ 《平定罗刹方略》卷1，李兴盛、吕观仁主编：《渤海国志长编（外九种）》，第971页。
⑤ （清）阿桂：《盛京通志》卷24，第853页。
⑥ 《平定罗刹方略》卷2，李兴盛、吕观仁主编：《渤海国志长编（外九种）》，第974页。

率人深入雅克萨附近，"生擒罗刹七人回"①，再次为清朝军队提供了俄军在雅克萨城的布防情况，了解到城内空虚，守军不足千人，是攻城的好机会。

康熙二十四年（1685）达斡尔人从脑温到新阿尔巴津堡侦查，抓住了一名舌头，得知"阿尔巴津堡已重建为一座土城，城内有军役人员1500名，不久还要从涅尔琴斯克派来一些军役人员"②。为了进一步侦察敌情，清朝派佐领塔尔古拉特、阿尔帕昌带领达斡尔人40名从脑温到新阿尔巴津堡再次侦查，不幸途中在库马拉河与500名沙俄哥萨克相遇，大部分被打死，戈沃杰伊卡被活捉。康熙二十四年冬，达呼尔佐领弼勒冲额曾与满洲骁骑校硕格色率达呼尔兵20名赴雅克萨城巡查，在当地游牧索伦人口中得知俄军重占雅克萨的消息，速回瑷珲报告，"骑校硕格爱等往探罗刹情形，至旁卧地方因人少马疲，未抵雅克萨而还，途遇奇勒尔勤定吉尔云，罗刹复来雅克萨筑城盘踞"③。康熙二十五年（1686）二月，索伦副头目乌木布尔代在带领布特哈牲丁赴雅克萨侦查的路上，抓获俄军的鄂克索木果，得到消息，上奏："去岁尼布潮头目宜番令大兵释归之额里克谢率五百余人，复至雅克萨，依旧址筑城，及讯以粮米可食几月，又云所获足支二年。"④这两个消息对于清军第二次出兵雅克萨具有重要参考价值。

（五）直接参战

在雅克萨战争中，黑龙江各族民众配合清军重创沙俄军队，为战争的胜利作出了重大贡献。贝加尔湖以东地区的蒙古人和布里亚特蒙古人经常袭击沙俄军队，俄军首领拜顿曾遭到布里亚特蒙古人的打援。康熙二十二年（1683）七月，索伦总管博克等率达斡尔、鄂温克等族官兵在精奇里江口筑城戍守，遭遇梅利尼科夫率领的约70名沙俄侵略军，俄军分乘6艘木船，被达斡尔、鄂温克兵击败，俘获31人，击毙多人，后又

---

① 《清圣祖实录》卷120，康熙二十四年四月戊戌。
② 郝建恒等译：《历史文献补编——十七世纪中俄关系文件选译》，第261页。
③ 《清圣祖实录》卷124，康熙二十五年二月丁酉。
④ 《清圣祖实录》卷124，康熙二十五年二月丁酉。

击毙了逃跑人中的15人。① "所获罗刹及军前招降者共选五人，遵旨送京。余二十六人，皆迫于大兵，始行投诚。"② 在致俄方将领的书信中，可以看出圣祖对黑龙江民族的态度，已经完成视黑龙江民族与满洲为一体，非常关心其命运。书云："前遣孟额德（达斡尔族）等，曾与尔约，各毋收纳捕逃。并以先年逸去根特木尔归我。乃背前约，入我边地，扰害打虎儿、索伦，焚劫飞牙喀、奇勒尔，今故命将出师，永驻额苏里。尔若离我边境，述尔本土，以逋逃来归，则已。否则，我亦纳尔逋逃，即往来之人，亦必擒戮。"③ 十一月，"牛满河之奇勒尔奚鲁噶奴等，杀十余罗刹，携其妻子来归。鄂伦春之朱尔铿格等，于净溪里乌喇杀五罗刹，并获其鸟枪来报。又闻飞牙喀之人，击杀罗刹甚众"④。康熙二十三年（1684）正月，来自牛满河的沙俄军队抵达恒滚河，与来自鄂霍次克海的沙俄军队一起攻打费雅喀人，威胁赫哲、费雅喀、奇勒尔人，萨布素派遣夸兰大、鄂罗舜率领清兵300名，携带红衣大炮4具，于"正月十一日抵罗刹地方，遣宜番等造其居，开谕之。先取其鸟枪二十具，并鄂罗春留质之子三人，招抚罗刹米海罗等二十一人"⑤。缴获鸟枪，解救人质，俘虏21名俄军士兵，为首的米海罗被押送到北京，交户部处理。在黑龙江各族民众的参战下，很快扫除了雅克萨的外围据点，只剩下雅克萨一处城池，使得俄军孤立无援，形势有利于清军一方。

事实证明，黑龙江民族在政治上认同清朝之后，其与满洲已经形成了命运共同体，在共同抗击沙俄侵略者的战争中，强化了黑龙江民族的国家认同，在军事实践中爱国主义发挥了巨大的力量。雅克萨之战结束后，清政府依然十分关心索伦部的命运，康熙二十九年（1690）五月，议政大臣索额图致函俄罗斯察罕汗大使，讨还"鄂伦春喀必岱之子孙特布齐克依等十男及妻孥"⑥。黑龙江将军萨布素十分关心被俄罗斯抓

---

① 《清圣祖实录》第111卷，康熙二十二年七月戊戌。
② 《清圣祖实录》第111卷，康熙二十二年七月戊戌。
③ 《清圣祖实录》第111卷，康熙二十二年七月戊戌。
④ 《清圣祖实录》卷113，康熙二十二年十一月癸未。
⑤ 《清圣祖实录》卷114，康熙二十三年二月辛酉。
⑥ 中国第一历史档案馆、鄂伦春民族研究会编：《清代鄂伦春族满汉文档案汇编》，第529页。

到乌第的鄂伦春人"济尔穆阿、阿木塔察、萨木喀察、伊布肯察、克赖察、伯聆额等七人"①。当俄罗斯使臣出访清朝,萨布素再次因此事咨文索伦总管。故次年议政大臣索额图为索还被抓走鄂伦春人之事咨文俄罗斯尼布楚城长官。

圣祖即为重视黑龙江的战略地位及世居于此的各民族,他认为:"其黑龙江之地,最为扼要。由黑龙江而下,可至松花江,由松花江而下,可至嫩江、南行,可通库尔瀚江,及乌喇、宁古塔、席北、科尔沁、索伦、打虎儿诸处。若向黑龙江口,可达于海。又恒滚、牛满等江,及净溪里江口、俱合流于黑龙江。环江左右、均系我属鄂罗春、奇勒尔、毕喇尔等人民,及赫哲飞牙喀所居之地。若不尽取之、边民终不获安。朕以为尼布潮、雅克萨、黑龙江上下,及通此江之一河一溪,皆我所属之地,不可少弃之于鄂罗斯。"② 中俄《尼布楚条约》即是根据这个原则签订的。

在付出牺牲的同时,清朝给予达斡尔人物质与精神双重奖励,这首先表现在民族精英中,促进其对清朝的政治认同,加强民族感情,鼓励黑龙江民族英勇保卫自己的家园。雅克萨战争在满洲与黑龙江各族联合斗争的情况下取得的胜利,清朝与沙俄签订了中俄《尼布楚条约》,勘定了中俄东段边界。清朝东北边疆获得了长期的安定和平,使得索伦部等黑龙江兵丁有精力参与清代的重要战争,没有后顾之忧。

第二节　征服缅甸之役中的索伦部与满洲的军事关系

缅甸是清朝的西南方近邻,明初已成为中国的藩属。明清之际,永历帝朱由榔抗清失败,于顺治十六年(1659)逃到缅甸。农民起义军

---

① 中国第一历史档案馆、鄂伦春民族研究会编:《清代鄂伦春族满汉文档案汇编》,第529页。

② 《清圣祖实录》卷135,康熙二十七年五月癸酉。

领袖李定国、白文选也曾率大西军余部在中缅边境作战，营救永历帝。顺治十八年（1661）吴三桂入缅追击永历帝，此后缅甸与清朝两国官方不通贡已有百年。但是由于两国边疆相连，生活在边疆地区的人们生活习惯相差不大，世代联姻，民间贸易一直保持。在经济文化的推动下，乾隆十六年（1751），缅甸首次遣使入贡，然而不久，两国发生战争，刚刚建立的友好关系很快结束。

一　索伦兵参战人数考

乾隆十八年（1753），缅甸发生内乱。失败的溃兵进入清朝境内，骚扰云南边界。瓮藉牙父子统一缅甸后，向清朝边境土司强征"花马礼"，诸土司不给，瓮藉牙王朝遂借口骚扰清朝内地，企图分离云南边境土司脱离清朝的管辖。乾隆三十年（1765），缅军入侵云南，清军总兵刘德成三路抵御皆败，云贵总督刘藻被高宗降职，惶恐自杀。乾隆三十一年（1766）九月，新任云贵总督杨应琚率军攻缅，时值缅军饱掠撤退，杨应琚将失地渐次收复。本来清朝可以巩固边疆，管理土司，维持缅军进入之前的局面，双方再次回到互不侵犯的局面，然而杨应琚贪功冒进，上奏高宗，请求征缅，得到批准。杨应琚准备不足，仅调集一万四千步兵入缅，结果在缅军三万精兵，四路反击下，接连失败，溃散而回。高宗令杨应琚自尽，明瑞为云贵总督。

乾隆三十二年（1767）秋，明瑞率领两万余满汉官兵，分两路进攻缅甸。明瑞此次所带兵丁中，有索伦、厄鲁特官兵一百名，途经湖北进发，与三千名健锐营、火器营满兵一道进攻缅甸。这部分索伦兵跟随明瑞十一月抵达木邦城，渡锡箔江至蛮结，与缅军交火，打退缅军。终因孤军深入，缺乏粮食给养，陷入重兵围困，在乾隆三十三年（1768）二月与明瑞、观音保、扎拉丰阿等官员一起牺牲。

明瑞战败后，高宗任命傅恒为经略，阿里衮、阿桂为副将军整军征缅。此次，清朝大举征调索伦兵。这个计划是在乾隆三十三年（1768）正月开始筹划的。高宗基于索伦兵在平定准噶尔战争和回部中的优异表现，十分信任索伦兵。乾隆三十三年（1768）正月，鉴于"索伦、达呼尔，人甚悍勇，打仗得力"，令黑龙江将军富僧阿"于索伦、达呼尔内，选派一千名"①，令噶布舒预备带领进京前往云南前线。二月，令吉林将军恒禄从"平日渡河战阵，勇敢得力"的吉林兵中选择"熟悉水性、能造船者"一千名，令明亮带领来京前往云南。② 同月，高宗下谕旨："添派满兵六千、索伦兵一千、吉林兵一千及福建水师兵三千，进剿缅匪。"③ 又以"为数无多，恐到滇不敷差遣为由"，令黑龙江将军富僧阿等"再于索伦达呼尔内，派出一千名"，④ 由达什扎布、里古子带领至京。出于避免拥挤的考虑，"先遣京兵前往，其索伦、吉林兵，明年再行起程"⑤。三月，高宗决定暂时撤兵，明年再出兵雪耻，指出："明年再需进兵，索伦等甚属得力，俟届期指派可也。"⑥ 十二月，因已到年底，接近明年进兵之期，高宗令黑龙江将军傅玉，将前次两千名索伦达呼尔官兵，派噶布舒、阿提木保、达什扎布、里古子带领，分起来京。⑦

乾隆三十四年（1769）正月，又增调一千名索伦兵。高宗令傅玉"于索伦、达呼尔内，再派年力精壮者一千名"，派协领等官及总管、副总管一人带领来京。"其子弟有闲散壮丁情愿充作跟役者，准其携带"，并赞扬其"既得力，且遇出缺，亦便于调补"。⑧ 第一批两千名官兵，由布特哈和呼伦贝尔二处提供。第二批一千名官兵，由齐齐哈尔城驻防八旗兵四百名、瑷珲城驻防八旗兵三百名、墨尔根城驻防八旗兵二百名、呼兰城驻防八旗兵一百名组成，分为两队，"齐齐哈尔、呼兰二城兵五百名，章京六员，骁骑校六员，令协领巴霈率领，于二月初六日由齐齐哈尔起程。其黑龙江、墨尔根二城兵五百名，章京六员，骁骑校六员，令协领巴岱率领续发"⑨。此外，高宗令头等侍卫成果赴布特哈从奇勒恩、墨凌阿鄂伦春和雅发罕鄂伦春中挑选三百名兵丁，认为

---

① 《清高宗实录》卷803，乾隆三十三年正月戊申。
② 《清高宗实录》卷804，乾隆三十三年二月丙寅。
③ 《清高宗实录》卷804，乾隆三十三年二月辛未。
④ 《清高宗实录》卷804，乾隆三十三年二月癸酉。
⑤ 《清高宗实录》卷805，乾隆三十三年二月戊子。
⑥ 《清高宗实录》卷807，乾隆三十三年三月甲寅。
⑦ 《清高宗实录》卷825，乾隆三十三年十二月癸酉。
⑧ 《清高宗实录》卷826，乾隆三十四年正月辛卯。
⑨ 《清高宗实录》卷826，乾隆三十四年正月辛卯。

"鄂伦春人善于徒步，技艺数倍于索伦"①。这样索伦、达斡尔、鄂伦春由黑龙江相继出兵三千三百余人，饷银"十六万一千五百八十五两七千七厘，仓米一千八百二十一石二升"②。

二月，三千索伦兵到京后，分为六起，每起五百名，由瑚尔起、莽喀察③、噶布舒、诺尔本、富兴、成衮六员带领，前往云南。一千名吉林兵，分为二起，每起五百名，由索诺木策凌、明亮带往。④四月，经略大学士傅恒来到永昌前线备战。六月，内地的满汉官兵已到前线，七月，索伦兵依次到达云南前线。七月二十日，清军主帅傅恒率领清军五万人，马骡七万匹，三路出征缅甸，其中有满洲、索伦、鄂伦春、吉林、锡伯、厄鲁特、察哈尔等处八旗兵上万人，绿旗兵四万人。

二 索伦兵在缅甸之役中的表现与牺牲

清军兵分三路，沿伊洛瓦底江入缅。西路由傅恒率领由江西取道猛攻木梳，东路由阿桂率领由江东猛密攻老官屯，中路福建水师顺江而下，策应两岸，以联络声势。西路傅恒军深入两千余里，没有碰到敌军，但是清军冒瘴出师，官兵水土不服，痢疾横行。东路阿桂军与福建水师合力在老官屯与敌接战，傅恒率军东向，在老官屯清军三路会师。老官屯为缅甸的水陆要冲，是首都阿瓦的屏障，所以清缅双方在老官屯战开激烈的争夺。清军先用重炮轰击缅军的防守木栅，炮子多从木栅空

---

① 中国第一历史档案馆、鄂伦春民族研究会编：《清代鄂伦春族满汉文档案汇编》，第640页。

② 中国第一历史档案馆、鄂伦春民族研究会编：《清代鄂伦春族满汉文档案汇编》，第640页。

③ 莽喀察，满洲镶白旗索伦人。姓约喀塔。由马甲从征准噶尔，授蓝翎侍卫。乾隆二十三年（1758）正月，随领队大臣努三等侦叛贼哈萨克锡喇，擒其党摩罗达什扎卜等于拜塔克，授三等侍卫。十月，随将军兆惠剿回酋霍集占于叶尔羌。二十四年（1759）二月，授二等侍卫。闰六月，随参赞大臣明瑞追霍集占至霍斯库克鲁克，贼六千余据岭拒我兵先至者九百，莽喀察奋勇陷阵，鏖战三时，贼溃，斩五百余级。捷闻，得旨嘉奖，擢头等侍卫。赐丹巴巴图鲁。二十五年（1760），命在乾清门行走。三十二年（1767），派往云南军营，赐银百两，并给都统衔。三十三年（1768），命为御前侍卫。三十六年（1771）九月，随将军温福赴金川军营，授领队大臣。诏来京授蒙古副都统，遇缺坐补。三十七年（1772）二月，以创卒。（《清国史·嘉业堂钞本》第7册，大臣画一传档正编，卷一百五十七，第39页）

④ 《清高宗实录》卷827，乾隆三十四年正月己酉。

隙穿过。清军又改用火攻，前队士兵用木牌掩护后队士兵挟柴前进，越壕沟用柴点火，因江中大雾泛起，湿气太大，木栅不燃。清军继而伐山中老藤数百丈，趁夜缚藤拽栅，缅军用斧头砍断老藤。最后清军挖地道用炸药轰炸木栅，效果也不理想。清缅双方对峙日久，缅甸首先议和，清军接受。

缅甸之役清军损失严重，三万人马仅存一万三千余人。① 这场战争其实场面不大，但是缅甸瘴疠流行，清军水土不服，非战斗减员数量很大。索伦、达呼尔、鄂伦春官兵损伤严重，主要死于非战斗减员。清军很快退回国内。乾隆三十五年（1770）初，傅恒班师回朝即因痢疾而逝世，可看出缅甸自然环境之恶劣。其实，派往云南的三百名鄂伦春兵在途中已有多人去世。抵达京城前，珠尔默勒图、苏扎勒图、都齐保、提格木保、伊乐畚车五人出痘病故。纳其保、穆雅勒图在京城出痘病故。其后，贵赫勒车、乌都木保出痘病故，哈勒津岱、乌赫勒图、勒里保、绰里勒图、波尔济病故。"对于病故的兵丁，每户各赏银二十两，以养赡家口。"② 第一批由布特哈和呼伦贝尔二处来的两千名官兵，共亡故一千六百七十六名。第二批一千名官兵，由齐齐哈尔、瑷珲、墨尔根、呼兰而来，共亡故三百一十三名。三百名鄂伦春官兵，共亡故一百五十三名。由黑龙江派出的三千三百余名索伦、达斡尔、鄂伦春官兵，共亡故二千一百四十二名。③

对于病故与阵亡的官兵，清朝给予抚恤，头等侍卫成果于乾隆三十五年（1770）将"索伦、鄂伦春病故官弁尸体七具，兵丁尸体三百五十六具"④ 运回京城，交付死者兄弟带回原籍。出征云南官兵伤病者众多，在返回京城途中病故者甚多。如头等侍卫成果奏报："先前我队有撤回之官六员，兵二百一十二名，亡故官弁尸体七具，兵丁尸体三百五

---

① 《清高宗实录》卷847，乾隆三十四年十一月丙申。
② 中国第一历史档案馆、鄂伦春民族研究会编：《清代鄂伦春族满汉文档案汇编》，第641页。
③ 中国第一历史档案馆、鄂伦春民族研究会编：《清代鄂伦春族满汉文档案汇编》，第642页。
④ 中国第一历史档案馆、鄂伦春民族研究会编：《清代鄂伦春族满汉文档案汇编》，第643页。

十六具。又在正元府之间途中，有委参领之佐领莽喀喇等八人病故。"①

清朝对于阵亡、病故兵丁的子嗣制定了养赡措施，典型的是养育兵制度。阵亡、病故兵丁子嗣十六岁以内充当养育兵，到十六岁即正式披甲当兵。此次出征，黑龙江、墨尔根、呼兰、呼伦贝尔、布特哈、齐齐哈尔各城"阵亡、病故兵共二千五十八名，其中无子嗣兵九百五十三名，有到年齿之子者二百名，有尚未到年齿之子者八百七十二名，有兼食钱粮年幼者三十三名"②。其中尚未到年齿之子者，齐齐哈尔等城有一百二十五名，呼伦贝尔、布特哈两地有七百四十七名。此外，雅发罕鄂伦春兵丁阵亡、病故一百三十七名，其妻孥散居山野，需要布特哈总管查明呈报。养育兵的饷银是当地披甲之半，如齐齐哈尔披甲每月二两钱粮，养育兵为每月一两钱粮。呼伦贝尔、布特哈两地披甲每月一两钱粮，养育兵为每月五钱钱粮。如子嗣身体仍弱，则可以将披甲年龄增加至十八岁，养育兵年限可再延长两年。布特哈的雅发罕鄂伦春本无钱粮，以打牲为业，在征缅战争中，出征的鄂伦春兵丁钱粮较布特哈索伦兵丁减半，每月五钱钱粮。此等之家每月亦赏五钱钱粮，直至战争结束撤兵。十八岁以下未成年男子充为养育兵，每月五钱钱粮。

平定缅甸之役是索伦兵出国作战，在非常恶劣的高山森林中，颇耐苦寒、擅长骑射的索伦劲旅很少死于阵前，却大量死于瘴疠疾疫，甚为可惜。经此一战，可看出高宗对索伦兵的依仗，缅甸之役使得缅甸长时期保持了安定，没有再敢骚扰清朝边疆，这对于清朝巩固边疆稳定，发展边疆经济，维护国家统一至关重要。

第三节　平定廓尔喀战争中的索伦部与满洲的军事关系

廓尔喀与西藏相邻，18世纪后半叶，博赤纳喇领导廓尔喀部征服

---

① 中国第一历史档案馆、鄂伦春民族研究会编：《清代鄂伦春族满汉文档案汇编》，第643页。

② 中国第一历史档案馆、鄂伦春民族研究会编：《清代鄂伦春族满汉文档案汇编》，第643页。

尼泊尔各部，并向外扩张。正值此时，英国正在进入印度北部，东边的锡金力量比廓尔喀强大，而廓尔喀北边的西藏却仍然十分落后，成为廓尔喀向外扩张的唯一出路。

一　征调索伦达呼尔兵的数量考

乾隆四十五年（1780），六世班禅进京为高宗七十大寿祝贺，年底在北京圆寂。高宗赏赐重金，理藩院派兵护送财产返藏，被六世班禅之兄仲巴全部霸占，其弟沙玛尔巴逃往廓尔喀进行蛊惑。乾隆五十三年（1788）七月，廓尔喀军进藏，遂发生了第一次廓尔喀战争。当高宗派兵救援时，廓尔喀军已经退出西藏。第一次廓尔喀战争的结果是驻藏大臣巴忠和噶隆丹津多尔济私自与廓尔喀议和，"令其退回侵占之聂拉木、济咙、宗喀三处，每岁议给元宝三百个，作为地租"①。但此和议未得到达赖喇嘛的批准，丹津多尔济不能交出地租，乾隆五十六年（1791）七月，廓尔喀军以收取地租为名，再次入藏，引起第二次廓尔喀战争。

廓尔喀军诱俘丹津多尔济，驻藏大臣保泰、班禅、仲巴竟然都不予抵抗，廓尔喀军进入札什伦布寺，将六世班禅的财产全部抢走，西藏陷入极大混乱中。高宗八月闻讯，立即派遣四川总督鄂辉、成都将军成德率军驰援，二人行动迟缓，延误战机。九月，任命两广总督福康安为将军，领侍卫内大臣海兰察为参赞大臣，统率索伦、达呼尔兵和内地兵丁数千人，驰援西藏，抗击廓尔喀军。达斡尔将领富礼善②随将军福康安往讨。

---

① 《清高宗实录》卷1394，乾隆五十七年正月丙子。
② 富礼善，达呼尔鄂济氏，黑龙江满洲正黄旗人。乾隆四十三年（1778），由领催署笔帖式。四十七年（1782），补骁骑校。四十九年（1784），迁佐领。五十年（1785），上幸木兰，举行秋狝，富礼善射狍鹿一，赏戴花翎。五十五年（1790），升副总管。五十六年（1791），廓尔喀贼匪扰后藏，随将军福康安往讨。五十七年（1792），以收复济咙功，授额外总管。五十九年（1794），补总管。嘉庆二年（1797）八月，川陕楚教匪不靖，上命副都统乌尔图纳逊帅师赴楚协剿，富礼善隶焉。三年（1798）七月，高逆与通江蓝号首逆冉文俦据渠县大神山，富礼善随参赞大臣德楞泰驰往攻击，率吉林索伦马队由火钳子进抵清池子山口，截杀千余。四年（1799），赏扎克空阿巴图鲁名号。六年（1801），赏副都统衔。十月卒于军。命照军营病故例赐恤。子晋通，官骁骑校。（《清国史·嘉业堂钞本》第8册，大臣画一传档次编，卷六十，第101页）

乾隆五十六年（1791）十月，高宗称赞"索伦达呼尔兵丁向为得力"①，在剿办廓尔喀贼匪之际，命黑龙江将军都尔嘉将呼伦贝尔兵挑选六百名从多伦诺尔行走，打牲②兵挑选四百名从巴沟行走，迅速赴京，然后由副都统乌什哈达、岱森保带领由京自青海草地行走奔赴西藏前线。海兰察带领巴图鲁③侍卫④、章京⑤等一百名，由河南、陕、甘一路行走，由青海赴藏。明禅⑥以领催随参赞大臣海兰察往剿。对于这一千名索伦达呼尔兵丁，高宗异常重视，特下谕旨命令勒保、奎舒给予特殊安排："所有此项大臣、官员、兵丁人等应行备办之馆驿供给，即妥为预备，并将绿旗等营马匹内挑选壮健者，依数给与乘骑，无误遄行。其锅帐等物，亦须预为妥备。"⑦ 索伦兵加上跟役实际有 1500 多人，每名兵丁和跟役各给一匹马，即 1500 匹，另外再备 1000 余匹马带往西藏，预备进剿时更换，专令奎舒从青海众扎萨克处妥协办理，后达西宁时，增加到 3000 匹。可见对于索伦马队何等重视。

二　高宗对索伦达呼尔兵体恤有加

高宗传谕直隶、河南、陕西、甘肃各督抚预备索伦兵经过时应需车

---

① 《钦定廓尔喀纪略》卷 6，中国藏学出版社 2006 年版，第 156 页。
② 打牲：由满语"布特哈"（意为渔猎）引申而来。清代对黑龙江一带从事渔猎的鄂伦春、索伦等部称为打牲部落，并于其地设布特哈总管，译称"打牲处"。
③ 巴图鲁：满语勇士的意思。清代用作称号，赐给作战有功的官员，名为"勇号"。
④ 侍卫：官名。清制选满蒙勋戚子弟及武进士为侍卫，分一、二、三等。其中其最高级别为御前侍卫，由皇帝直接管理；乾清门侍卫、一二三等侍卫归御前大臣率领。大门侍卫、一二三等蓝翎侍卫则由领侍卫内大臣率领，不得入乾清门。
⑤ 章京：官名，为满语音译。清代的军职多称章京。军机处和总理各国事务衙门办理文书事务的官员也称章京。
⑥ 明禅，达古尔郭伯勒氏，黑龙江满洲镶黄旗人。嘉庆三年（1798），补骁骑校。八年（1803），升佐领。十二年（1807），上幸木兰，举行秋狝，明禅射获狍鹿，赏换花翎。十八年（1813）十月，河南教匪李文成倡乱，陷滑县。明禅随副都统衔黑龙江总管达斯呼勒岱往剿。十二月，围攻滑城。遂复滑城。时陕西南山匪徒万五纠众滋事，明禅复随达斯呼勒岱移师协剿。二十年（1815），升副总管。道光元年（1821），升总管。六年（1826），逆回张格尔不靖，明禅随领队大臣阿勒罕保往剿。捷入，赏副都统衔。八年（1828），迁呼蓝河城守尉。九年（1829），授西安右翼副都统。十一年（1831），以失察佐领吉尔阿容留伪造军功印照匪徒王士英，下部议。十三年（1833）七月，卒。（《清国史·嘉业堂钞本》第 8 册，大臣画一传档次编，卷一百一十九，第 772 页）
⑦ 《钦定廓尔喀纪略》卷 6，第 161—162 页。

辆、马匹供给。临行前，依平定台湾林爽文起义出差施恩赏赐之例，赏赐"海兰察、台斐英阿、岱森保、乌什哈达、阿满泰①共五人，军机处行走满洲章京长龄、巴哈布，汉章京方维甸、杨揆共四人，侍卫执事章京一百人。御前侍卫等银各二百两，侍卫、章京官员银各一百两，护军校、骁骑校、拜唐阿兵丁人等银各五十两。其应领之棉甲、梅针箭等件，如有愿领者，交付各该管之处照例给领"②。

乾隆五十六年（1791）十一月，授福康安为将军，海兰察为参赞大臣。索伦达呼尔兵打仗最为得力，一千可胜滇兵三千，但其性格莽撞，"东三省人，素耐寒冷，索伦达呼尔兵尤系生长边寒之地，更无虑其不能在冰雪中行走"③。高宗规定索伦达呼尔兵丁如有骚扰驿站的行为，阿精阿有责任上奏，必加海兰察领兵将领之罪。可见清朝对于索伦劲旅颇会使用，既要发挥其长处，又要遏制其性格。同时对其很依赖，高宗令福康安在前线如果吃力，可再调黑龙江或吉林兵一千名，以为保证。福康安认为现在所调一千名索伦达呼尔兵丁"向称得力，已足痛歼贼众，大示惩示"④。

高宗对索伦兵大加体恤，传谕各该督、抚"于该兵丁等过境时，所有饭食、汤水等项俱应妥为预备；或于廪给之外，给猪羊肉汤饭，俾得饱暖巡行。断不可一任办差家人等借端侵冒，给与寒冷食物，以致有名无实。与其将无益之费徒供带兵将弁骚扰，何如加惠穷苦兵丁得资饱暖，较为有益也"⑤。出于报答高宗的体恤，索伦兵争先前往。高宗担

---

① 阿满泰，姓郭佳氏，本黑龙江达呼尔披甲。乾隆二十四年（1759），随征回疆。三十四年（1769），挑护军，入满洲正白旗。三十八年（1773），授蓝翎侍卫。随征金川。四十年（1775）五月，擢三等侍卫，赐扎努恩巴图鲁号。四十一年（1776），金川平，凯旋，绘像紫光阁，列后五十功臣，命儒臣拟赞。四十二年（1777）十二月，擢副护军参领。四十六年（1781），派剿兰州逆回。四十七年（1782），擢护军参领。四十九年（1784），征逆回于石峰堡。奉旨赏副都统职衔。八月，擢头等侍卫。五十六年（1791）十月，随征廓尔喀。五十七年（1792）八月，奉旨授镶红旗蒙古副都统。中枪落水阵亡。廓尔喀平，列前十五功臣，再绘像紫光阁。子巴彦巴图，承袭世职，现兼三等侍卫。（《清国史·嘉业堂钞本》第7册，大臣画一传档正编，卷一百八十五，第362页）
② 《钦定廓尔喀纪略》卷6，第162页。
③ 《钦定廓尔喀纪略》卷7，第195页。
④ 《钦定廓尔喀纪略》卷9，第197页。
⑤ 《钦定廓尔喀纪略》卷12，第242页。

心索伦达呼尔兵吃不惯糌粑，特地为其留西藏牛羊供其买食，每牛一只价银二两，每羊一只价银三钱，从索伦达呼尔兵应得盐菜银两内扣算，这是其他官兵所没有的待遇。

乾隆五十六年（1791）十二月二十一日，海兰察带领巴图鲁侍卫官员由西宁起程，前往西藏。乾隆五十七年（1792）正月，高宗令福康安等待海兰察及巴图鲁侍卫、章京、索劲旅到达，再行接仗。并添调土兵三千名，索伦达呼尔兵一千名。① 同时惠龄恐"后藏边境以外地土湿潮，官兵所带弓箭因行走日久到彼或有损坏，藏地并无制造弓箭之人，难以购备"②，在孙士毅预备一万枝箭以外，又在半月内打造三万支箭，为索伦达呼尔兵使用。在青海和西藏，在索伦兵进发的道路上，安设台站，派兵伺候，专等索伦达呼尔兵过后撤回。在西宁，加恩赏给每名索伦达呼尔兵丁银二两，以资用度③，到藏后各再赏给一月钱粮，以示优恤。④ 高宗又发去"绣花大荷包二十对、蓝辫大荷包一百对并奶饼二匣"，令福康安"于乾清门巴图鲁侍卫及出力章京将绣花大荷包赏给；其随征之侍卫、章京及带兵员弁等，将蓝辫大荷包分赏，以示鼓励。所有发去奶饼，分赏奋勇兵丁，即不能按名赏给，亦不妨令其分尝一二，普沾恩泽"⑤。清朝对索伦达呼尔兵的特殊政策使其"平时沾被恩施，沦浃肌髓，当有事征发之时，自无不踊跃奋兴、共申敌忾"⑥。三月，清朝从"前藏采办牛二千二百只、羊一万五千一百只，后藏采办牛二千只、羊一万一千只，俱系在有草地方牧放，陆续赶赴军营，以备索伦达呼尔兵丁及屯土各兵食用"⑦。清朝从各寺喇嘛及噶布伦等主动交出的畜养好马中，拣选一百匹，又在后藏添买好马数百匹，先送军营，同鄂辉所买马匹俱在水草丰美地方牧放，以备巴图鲁侍卫及索伦达

---

① 《元以来西藏地方与中央政府关系档案史料汇编》（第2册），中国藏学出版社1994年版，第702页，《889 鄂辉奏遵旨转知达赖喇嘛办粮毋庸加增等事折》。
② 《钦定廓尔喀纪略》卷17，第304页。
③ 《钦定廓尔喀纪略》卷18，第319页。
④ 《钦定廓尔喀纪略》卷19，第340页。
⑤ 《钦定廓尔喀纪略》卷19，第340页。
⑥ 《钦定廓尔喀纪略》卷18，第319页。
⑦ 《钦定廓尔喀纪略》卷22，第372页。

呼尔兵丁在进剿时乘骑。四月初十日，索伦达呼尔兵丁因途中风雪所阻还未到藏，福康安、海兰察焦急万分。四月二十八日，索伦兵丁前经调派三百名先行来到前藏。达赖喇嘛深受感动，"以索伦兵丁调来更属遥远，又按名给银一两、护身佛一尊、彰噶①一个、阿几苏②一包。达赖喇嘛因此次蒙恩派兵前来保护西藏僧俗逐名给与银两，连后起索伦、屯土各兵计算，所费亦及八余金"③。

三 索伦达呼尔兵参加平定廓尔喀

乾隆五十七年（1792）闰四月中旬，索伦达呼尔兵丁大半到达后藏，其末起兵丁约计月内到齐。此时，福康安、海兰察合为一路进军，率官兵 1.3 万余名，五月首战擦木，杀死廓尔喀军数百人。再战济咙，杀死廓尔喀军近千人。五月十一日，海兰察率领索伦骑兵分为两翼，以备截杀逸匪。高宗朱批："布置均合宜，有何可说。"海兰察率领台斐英阿等带索伦兵往来冲击，杀贼甚多，我兵即将山梁占据，随将攻克山梁兵丁撤下，添往协攻，并用炮轰击碉座，塌去一角，贼匪纷纷跳大河淹毙，登岸逃逸者，俱被索伦骑兵截杀。高宗朱批："快意。"④

清军四日内收复擦木至济咙边界，海兰察带领巴图鲁侍卫首先斩杀数十名廓尔喀兵。廓尔喀兵剽悍勇猛，在中途与清军对垒，索伦达呼尔兵丁用箭射死多名廓尔喀兵。在此次战役中，清军伤亡很小，歼灭三百余名廓尔喀兵。此役海兰察战马受伤，高宗赏给行幸常佩护身佛一尊，祝福吉祥。巴图鲁三卫定西甯升为二等侍卫。在玛噶尔辖尔甲，索伦兵歼戮廓尔喀伏兵。进剿擦木、玛噶尔辖尔甲及济咙官寨，索伦达呼尔官兵受到嘉奖："呼伦贝尔副管领巴金达尔赏给锡济尔浑巴图鲁，布特哈佐领色尔棍赏给托默欢武巴图鲁，呼伦贝尔佐领拜萨翱图赏给塞勒巴图

---

① 彰噶：即章嘎，原是对尼泊尔一种银币的称谓，约重一钱五分。廓尔喀侵藏后，乾隆皇帝下令在藏铸造银币，并规定"每元照旧重一钱五分"。1913 年开始铸制铜币和纸币，亦曾以相当于一钱五分银币章嘎为单位计算。故其又成为藏币计算单位名称。
② 阿几苏：一种经达赖喇嘛加持过的藏药，据说有避邪祛瘟的作用。
③ 《钦定廓尔喀纪略》卷 28，第 451 页。
④ 《元以来西藏地方与中央政府关系档案史料汇编》（第 3 册），第 732 页，《907 福康安等奏克复济咙情形折》。

鲁，仍照例各赏银一百两。齐齐哈尔佐领双宁、呼伦贝尔佐领讷色勒图、呼伦贝尔协领兼佐领多尔济布特哈、骁骑校英喀布、呼伦贝尔云骑尉扎丹保、呼伦贝尔马甲扎达鼐、布特哈领催高屯辍提音瑚舒岱、马甲得勒根彻、额尔棍彻、乌图保成泰哲勒克讷、呼伦贝尔领催得勒格尔、马甲富明阿法彭察甘达苏、色楞屯练守备勒什尔甲温布阿什周、伸济屯练干总伊什周根登塔木、布特哈壮丁穆喀勒俱赏戴蓝翎。呼伦贝尔骁骑校委署副参领博多果尔作为额外佐领，呼伦贝尔领催定博讷、布特哈领催博勒合恩保、布特哈壮丁哈达鼐、呼伦贝尔马甲济勒噶察、克什克毕萨鼐作为额外骁骑校。其济咙打仗兵丁各赏一月钱粮，以示鼓励。"①

　　清军兵分五队进攻廓尔喀境内，先后攻克索勒拉、堆补木、特帕郎木桥、甲尔古拉、集木集等处，七战七胜，共杀敌四千余人。七月，转战深入敌境七百里，迫近廓尔喀首都阳布。福康安、海兰察分别带领巴图鲁侍卫、章京、索伦、屯土官兵两路进剿，奋勇剿杀。廓尔喀请降，"尽献还所立合同，及所掠藏中财宝金塔顶、金册印，归前被执之丹津班珠尔等，并献沙玛尔巴之尸，贡驯象、番马、乐工，请永遵约束，班师"②。清朝准允其投降，战争结束。清朝大肆封赏索伦达呼尔官兵。"呼伦贝尔佐领委参领讷色勒图著赏给楚鲁巴图鲁。索伦骁骑校委参领色穆博鼐著赏给库齐特巴图鲁，明安图著赏给都济尔巴图鲁。索伦额外骁骑校委防御迪穆博鼐著赏给索多巴图鲁。蓝翎侍卫伦布春著赏给色默尔亨巴图鲁。蓝翎索伦马甲毕勒甘著赏给哈锡巴巴图鲁。仍照例每人各赏银一百两。新巴尔呼骁骑校委参领乌尔衮、旧巴呼骁骑校委参领吉尔噶勒，俱著赏戴花翎。索伦骁骑校委参领赛查克阿尼克达，著赏戴蓝翎。索伦额外佐领委参领博多果尔，著赏戴花翎。呼伦贝尔副长委营总福礼善、副长委营总巴金达尔布特哈、佐领委参领色尔棍补为额外总管。齐七哈尔佐频委参领双宁补为额外协领。索伦领催委防御伊萨布、令领催委骁骑校锡朗阿、蓝翎扎达鼐、领催索诺穆旺扎勒济色保、马甲委员呼德勒、马甲诺伦保威楞保西喇布孔古太克勒彻尔通根察德禄俱补

---

① 《钦定廓尔喀纪略》卷33，第534—536页。
② （清）魏源：《圣武记：附夷艘寇海记》，第240—241页。

为额外骁骑校。"① 九月，酌给胜利的索伦达呼尔兵冬衣，其中包括老羊皮衣二千件、氆氇夹衣二千件并皮鞋等物运送济咙，以示体恤。②

廓尔喀战争是正义的反侵略战争，这场胜利迎来了西藏边疆的安宁和人民的幸福。在此过程中，索伦达呼尔官兵从黑龙江到西藏，路途遥远，艰苦异常，表现英勇，得到清朝的特别重视。此战之后，清朝得以改革西藏政务，颁定《西藏善后章程》。提高驻藏大臣的地位和权力，建立金瓶掣签制度，限制西藏地区僧俗贵族的权力，全面改革西藏的军事、外交、财政制度。清朝早在康熙四十八年（1709）即派吏部侍郎赫寿以"管理西藏事务"头衔进藏，明为协同拉藏汗办理藏务，实为处理青海众台吉、达赖喇嘛与和硕特部拉藏汗之关系，这是清朝首次派官进藏，意义重大。康熙五十六年（1717），准噶尔部策妄阿拉布坦侵扰西藏，杀死拉藏汗。圣祖驱准保藏，康熙五十九年（1720）护送格桑嘉措由青海至西藏坐床，为六世达赖喇嘛。同时废除第巴一职，起用西藏上层人士治理西藏，实行政教分离政策。任命康济鼐为首席噶伦，阿尔布巴、隆布鼐、札尔鼐为噶伦。雍正元年（1723）任命颇罗鼐也为噶伦。雍正五年（1727）西藏统治层发生内讧，首席噶伦康济鼐被阿尔布巴、隆布鼐、札尔鼐杀害，这是前藏对后藏的清洗，清朝委任颇罗鼐总理藏务。雍正六年（1728）颇罗鼐攻入拉萨，擒阿尔布巴、隆布鼐、札尔鼐，世宗以叛逆罪将其处决。清朝为了防止内乱再次发生，正式设立驻藏大臣办事衙门，派驻藏大臣正、副二人，任期三年，协助地方政权处理政务。首任驻藏大臣为马喇和僧格。驻藏大臣拥有官员任免监督权、活佛转世监定权、财政权、外交权、统军权，此后形成定制。道光二十四年（1844），驻藏大臣琦善改订西藏章程，奏陈《酌拟裁禁商上积弊章程》二十八条，放弃财权与兵权，是驻藏大臣权力削弱之开端。这对于维护国家统一和领土完整具有重要意义，正是从此时清朝的力量进入西藏开始算起，中国的版图才真正统一，中央王朝的力量到达国家各个地区，清朝统一多民族国家正式形成。

---

① 《钦定廓尔喀纪略》卷38，第594页。
② 《钦定廓尔喀纪略》卷41，第640页。

总之，索伦兵参与的对外战争场面宏大，波澜壮阔。索伦兵善于骑射，作战勇猛，在对外战争中起到了重大作用，与满洲及其他各族结成了深厚的战斗友谊。在这些大规模的战争背后，表现出来的是清朝对索伦部国民统一族性形成的规约。清代的对外战争增强了国内各族的国家认同。国家认同是指，一个国家的成员对自己所属国家归属的认知和感情依附。政治认同和文化认同都是国家认同的重要参考。由于明末清初沙俄入侵，鄂温克族成为中俄跨界民族（同一民族跨国界线分居在不同国家），其国家认同显得更为重要。在对外战争中，早期抗俄战争与雅克萨战争、平定缅甸之役、平定廓尔喀战争均是对外战争。外国民族均是作为"他者"与清朝这个"自我"相接触，界限分明。索伦兵自然作为"自我"的一部分。其既在"八旗"这个构建的组织中，又和满洲同来自东北，具有诸多相同的族性。如此清晰的站队为国家认同提供了非常清晰的参照。这些战争都是为了清朝的利益，培养了清朝国内各民族的国家认同，从而转移视线，冲淡国内的民族矛盾。历来对于平定缅甸战争，包括平定安南战争，不乏批评者，其认为高宗"靡费银两，穷兵黩武"①，其实若从国家统一、转移国内矛盾、民族矛盾的角度来看，实在是高明之举。在战争中，清朝各民族的国家认同意识得到了强化，形成了国民统一的民族意识。此外，在战争的过程中，成长起来代表各民族精神的民族英雄和民族精英，把他们纳入国家政权的体系当中，就赢得了民族精英对国家的认同，也就非常容易地决定了其所在民族成员的国家认同。

---

① 白新良：《乾隆皇帝传》，百花文艺出版社2004年版，第303—304页。

第五章

清朝国内战争中的索伦部与满洲之军事关系

清代索伦部参与的国内战争包括平定准噶尔战争、平定回部战争和平定两金川战争，在战争中，鄂温克族、鄂伦春族、达斡尔族和满洲团结一致，取得了最后的胜利。国内战争与对外战争相比，索伦部官兵虽然在民族身份的确认上没有在对外战争中明显，但是清代中期正是统一祖国为多民族国家的重要阶段，面对国内一些尚没有统一的民族，其与鄂温克族、鄂伦春族、达斡尔族和满洲依然存在着身份确认的问题，在与这些没有统一的民族相接触的过程中，索伦部的民族意识和国家认同都在增强。

第一节 平定准噶尔战争中的索伦部与满洲的军事关系

厄鲁特蒙古准噶尔部居住在伊犁地区，从明末清初开始，逐渐成为西北地区的最大势力。从康熙中叶开始，噶尔丹建立割据政权，强极一时，其势力既兼有厄鲁特各部，又统一天山南北，既远及青海、喀尔喀，又威逼西藏。强大的实力使其与满洲分庭抗礼。清朝自康熙中期以后逐渐在中原站稳了脚跟，为了实现统一多民族国家的伟大事业，保障边疆民族地区的安宁，圣祖平定策妄阿拉布坦叛乱，驱准保藏。世宗继承圣祖未竟的事业，与准噶尔进行了大规模的军事战争，双方均是竭尽全力，人员财政难以支持。最终统一多民族国家的事业在高宗手中得以实现，这也是高宗把盛世推向全盛的标志之一。从康熙朝到乾隆朝，准噶尔与满洲的军事争夺，表明了准噶尔对于满洲在政治上极度地不认同，与索伦部形成了鲜明的对比。在与准噶尔的战争中，布特哈索伦达斡尔牲丁和黑龙江各族八旗驻防官兵发挥了重大作用，他们不怕牺牲，勇猛善战，在战争中加深了与满洲的民族感情，提升了索伦部在清朝的地位，加强了其对满洲的政治认同。在军事战争过程中，准噶尔作为"他者"进入东北民族中间，强烈的地域认同、文化认同促使索伦部和满洲形成一个"自我"，也加深了索伦官兵的国家认同。

一 康熙朝索伦部与满洲的军事关系

（一）索伦兵参加平定策妄阿拉布坦叛乱

康熙末年，索伦兵积极投身于平定策妄阿拉布坦的战争中，建立了不朽功勋。康熙五十四年（1715），准噶尔大兵压境，策妄阿拉布坦实力强劲，势与满洲争夺天下。圣祖在内地调遣各族兵丁进行防御。四月，命调黑龙江打牲索伦、达呼里兵。派黑龙江兵五百名，并打牲索伦、达呼里兵五百名，每人各带长枪、鸟枪。黑龙江及打牲索伦、达呼里兵，从口外往归化城去。所调黑龙江、索伦、达呼里兵，令其陆续即往推河，听将军费扬古调遣。副都统白济带领黑龙江兵，总管布珠和哈特虎之子伊礼布带领索伦、达呼里兵。① 四月甲午，黑龙江、索伦、达呼里等兵将策妄阿拉布坦兵战败，策妄阿拉布坦兵逃遁②，首战告捷，显示了索伦达斡尔兵和黑龙江兵强大的战斗力与战斗精神。对于黑龙江兵，圣祖异常重视，这反映在其口粮的准备上。八月庚午，圣祖命尚书殷特布、齐筜购买驼只。议政大臣等曰："今年用骆驼所运米四千八百名，及明年用骡马所运米一万二千石，俱以预备前往推河之右卫黑龙江兵及藤牌手等口粮，但明年进兵时，兵数益增。所运米石，应益多计运米。"③

---

① 西藏社会科学院西藏学汉文文献编辑室：《平定准噶尔方略》，全国图书馆文献缩微复制中心1990年版，第39—40页。

② 西藏社会科学院西藏学汉文文献编辑室：《平定准噶尔方略》，前编卷1，第41页。

③ 西藏社会科学院西藏学汉文文献编辑室：《平定准噶尔方略》，前编卷2，第58—59页。

除了黑龙江兵之外，盛京兵和吉林兵也参加到平定准噶尔的战争中。这样，东三省兵作为一个区域集团在军事上与满洲形成一体化，在政治上认同于满洲，"东三省人，性情忠直，如悦服，会始终如一"①。东三省各族官兵参与到统一多民族国家的进程中。康熙五十五年（1716）九月，盛京兵、吉林兵奉命赴祁里德军前。盛京、吉林二处，拣选兵丁一千名，于其弟兄亲戚内，择可用之人，每一名派与跟役二名②，对于盛京兵、吉林兵清朝异常重视，提供马匹器械，规定其于三月十八日之前来京，给予马匹器械出发。在战争中，清朝政府并没有一味急进，而是加紧后勤供给，在兵源的供给上，以东北兵为主力发往军前。康熙五十五年十二月，规定"明年暂停进兵，加意耕种，将粮饷马匹预备整齐。后年再行进兵，其盛京、宁古塔兵丁照旧发往，京城之兵，著暂停止"③。康熙五十六年（1717）二月，副都统丁寿、图喇"率盛京、吉林兵一千，赴祁里德军前"④。康熙五十七年（1718）二月，于都统瑚锡图所带兵丁内，将惯习行走、汉仗好之新满洲及乌拉齐索伦拣选几名，发往色楞军前。⑤ 康熙五十七年十二月，发黑龙江、索伦、达呼里、宁古塔、吉林及盛京兵赴军前。其中，派黑龙江兵五百名、索伦、达呼里兵五百名，宁古塔兵五百名，吉林兵五百名，盛京兵一千名，共三千名。于来年三四月间，青草发生时，各带马匹，由索约尔济地方至喀尔喀河下流，上克尔伦河而去。⑥ 这些军队的后勤补给由清朝政府协调，其一路行粮，令车臣汗不曾派兵之二十二处扎萨克帮助马羊，再于达里刚爱群内，取羊拨给。其盔甲器械于京师制造给予。东北三千兵俱发往将军傅尔丹处戍边，以此将傅尔丹向时所领之休息兵丁三千名拨过富宁安处。

从兵力部署上可看出，清朝在平定策妄阿拉布坦的战争中，稳扎稳打，以逸待劳，各路配合，坚决拒绝孤军冒进。康熙五十八年（1719）

---

① 《清代人物传稿本》，《德楞泰传》，中国第一历史档案馆档案。
② 西藏社会科学院西藏学汉文文献编辑室：《平定准噶尔方略》，前编卷3，第76页。
③ 西藏社会科学院西藏学汉文文献编辑室：《平定准噶尔方略》，前编卷3，第81页。
④ 西藏社会科学院西藏学汉文文献编辑室：《平定准噶尔方略》，前编卷4，第85页。
⑤ 西藏社会科学院西藏学汉文文献编辑室：《平定准噶尔方略》，前编卷4，第106页。
⑥ 西藏社会科学院西藏学汉文文献编辑室：《平定准噶尔方略》，前编卷5，第123页。

正月，清军不前进，若敌军发兵来袭，则策妄阿拉布坦情形自露，派盛京、乌拉、察哈尔、索伦、喀喇沁及内地喀尔喀兵一万，自前年进兵处，往彼袭击。这之前欲令盛京三千兵，越过巴里坤地方，也暂行停止。此次袭击之兵，六月出发，及秋而回。① 对于袭击敌军也不勉强，运用持久战消耗对方。倘今年不便袭击，来年另为筹度。② 五月，命振武将军公傅尔丹于军前量撤官兵，对于现增发的黑龙江等处兵三千，也令暂止不进。③ 此外，在战机到来之际，清朝不惜长途征调东北兵丁进行攻坚战。康熙六十年（1721）五月，圣祖命调黑龙江、吉林新满洲、索伦、达呼里兵及和托辉特、喀尔喀、乌梁海各台吉贝勒兵赴军前。此次调兵，是因为大将军允禵明年欲行进兵，或当年冬季，策妄阿拉布坦处废败事出，有机会可乘，亦未可定。于是，副都统穆克登将黑龙江、吉林之新满洲、索伦、达呼里官兵拣选五百名，与贝勒巴津多尔济统领喀尔喀兵一齐进发。④ 东三省屡经战阵，损失巨大。到康熙末年已经有奏称东三省兵陆续调回原籍。康熙六十年九月，吉林署营总齐理布等四十五人兵五百七十二名，及自以资斧赴军效力，蓝翎侍卫绰尔海等二人，当遣还，其官兵缺停补。⑤ 在驻扎西北路期间，部分索伦达斡尔官兵，还曾奉调参加了驱准保藏斗争，壮烈牺牲。

（二）索伦兵参加驱准保藏

康熙三十六年（1697），噶尔丹死，策妄阿拉布坦成为准噶尔部首领。随着势力的逐渐强大，准噶尔部表现出离心倾向。清朝早在康熙四十八年（1709）即派吏部侍郎赫寿以"管理西藏事务"头衔进藏，明为协同拉藏汗办理藏务，实为处理青海众台吉、达赖喇嘛与和硕特部拉藏汗之关系，这是清朝首次派官进藏，意义重大。康熙五十四年（1715），策妄阿拉布坦派兵袭击哈密北境五寨，直接挑战清朝权威。康熙五十六年（1717），准噶尔部策妄阿拉布坦侵扰西藏，准噶尔部台

---

① 西藏社会科学院西藏学汉文文献编辑室：《平定准噶尔方略》，前编卷6，第126页。
② 西藏社会科学院西藏学汉文文献编辑室：《平定准噶尔方略》，前编卷6，第126页。
③ 西藏社会科学院西藏学汉文文献编辑室：《平定准噶尔方略》，前编卷6，第133页。
④ 西藏社会科学院西藏学汉文文献编辑室：《平定准噶尔方略》，前编卷9，第174—175页。
⑤ 西藏社会科学院西藏学汉文文献编辑室：《平定准噶尔方略》，前编卷9，第180页。

吉大策凌敦多布经藏北纳木错攻入拉萨，杀死拉藏汗，和硕特汗国灭亡。策妄阿拉布坦企图挟达赖喇嘛号令"众蒙古"，与清朝政府分庭抗礼。大策零敦多布等在西藏受到藏族人民的强烈反对。康熙五十七年（1718）五月，侍卫色楞入藏驱准，遇伏身亡，九月中旬清军全军覆没。康熙五十九年（1720）正月，皇十四子抚远大将军王允禵兵分三路，由青入藏。岳钟琪、年羹尧积极配合，准噶尔军被迫撤离西藏。清军护送格桑嘉措由青海至西藏坐床，为六世达赖喇嘛。同时废除第巴一职，起用西藏上层人士治理西藏，实行政教分离政策。任命康济鼐为首席噶伦，阿尔布巴、隆布鼐、札尔鼐为噶伦。策妄阿拉布坦的野心受到严重挫败，再无力同清朝对抗，圣祖也因连年兴兵，耗费巨大，于是双方议和休战。至雍正时期策妄阿拉布坦收留叛清的和硕特部首领罗卜藏丹津，百般推脱不交出来。世宗苦于征战，路途遥远，运饷艰难，只好容忍。策妄阿拉布坦抗命不尊，可看出其离心倾向，未从思想上与清朝完全一致，然而他也无力再发动叛乱。

康熙五十六年（1717），准噶尔军进入西藏，攻杀拉藏汗，占据拉萨。拉藏汗是厄鲁特蒙古和硕特部最后一任可汗，固始汗图鲁拜琥曾孙，达赖汗朋素克之子。明末固始汗入藏，占领唐古特四大部，即青海、喀木（今昌都地区）、后藏（今日喀则地区）、卫藏（前藏，今拉萨地区），成为青藏高原的最高统治者。顺治二年（1645），固始汗为了加强格鲁派在后藏地区的势力，又防止达赖喇嘛过分专权，赠给罗桑确吉坚赞为"班禅博克多"的尊号，并请其主持扎什伦布寺，将后藏的部分地区归其管辖。康熙四十年（1701）达赖汗去世，拉藏汗继位。当时五世达赖喇嘛早已于康熙二十一年（1682）年圆寂，西藏摄政王第巴·桑结嘉措多年秘不发丧，联络准噶尔部噶尔丹，于康熙三十六年（1697）立仓央嘉措为六世达赖喇嘛。康熙四十四年（1705），拉藏汗武装攻入拉萨，擒杀第巴桑结嘉措，以品行不良之由废六世达赖，立依喜嘉措为六世达赖喇嘛，得到清朝认可，被圣祖封为"翊法恭顺汗"。康熙五十六年（1717），准噶尔部策妄阿拉布坦侵扰西藏，准噶尔部台吉大策凌敦多布经藏北纳木错攻入拉萨，杀死拉藏汗，和硕特汗国灭亡。圣祖驱准保藏，康熙五十九年（1720）护送格桑嘉措由青海至西藏坐床，为六世达赖喇嘛。废除第巴一职，起用西藏上层人士治理西藏，实行政教分离政策。

康熙五十七年（1718），清军派遣西宁将军额仑特、侍卫色楞等，率领八旗、绿营、土司、索伦达斡尔官兵四千余人，驱逐准噶尔，保卫西藏。这些官兵于九月粮尽援绝，在喀喇乌苏河北，被准噶尔军击溃，全军覆没。索伦兵为了保卫西藏付出牺牲，对于平定准噶尔叛乱作出重大贡献。

二 雍正朝索伦部与满洲的军事关系

（一）索伦兵参加平定罗卜藏丹津叛乱

圣祖平定准噶尔叛乱，在康熙末年得到了暂时的安宁，但是和硕特蒙古首领罗卜藏丹津又趁圣祖去世的时机举兵反叛，青海西藏告急。雍正元年（1723），索伦官兵参与北路军扼守布隆吉尔河，直接参加平定罗卜藏丹津的战争。七月，朝廷为了鼓励参战官兵，积极各处补授官缺，规定："凡出征之在京八旗，及盛京、黑龙江、宁古塔、西安、右卫等处满洲、绿旗官兵内，有宣力行间，分内应升者，若于各本处补授，恐致悬缺，不敷看守"，其目的是"以将现在之人，拣选补授。以致军前效力官兵，转壅滞其升迁之路"。① 雍正二年（1724）八月，世宗撤驻扎凉州等处兵时，令驻扎布隆吉尔满洲、蒙古、乌拉、索伦、察哈尔、厄鲁特兵二千，悉令原管将校，陆续统领撤回。② 雍正二年（1724）十一月，索伦兵受到了朝廷的奖励。世宗"命赏给布隆吉尔撤还满洲、蒙古、索伦官兵银两有差"③。

（二）索伦兵参加平定噶尔丹策零叛乱人数考

雍正五年（1727），策妄阿拉布坦去世，其子噶尔丹策零继位。面对着准噶尔改立新君政局混乱的机会，也为了防止罗卜藏丹津入准噶尔与噶尔丹策零相联合，重返青海。雍正七年（1729）二月，清朝政府

---

① 西藏社会科学院西藏学汉文文献编辑室：《平定准噶尔方略》，前编卷之11，第212页。
② 西藏社会科学院西藏学汉文文献编辑室：《平定准噶尔方略》，前编卷之14，第215页。
③ 西藏社会科学院西藏学汉文文献编辑室：《平定准噶尔方略》，前编卷之15，第266页。

决定调兵遣将，进行大规模备战。清朝兵分两路，领侍卫内大臣傅尔丹为靖边大将军，统领北路军屯兵于阿尔泰山，陕甘总督岳忠琪为宁远大将军，统领西路军屯兵于巴里坤，两路大军严阵以待，伺机进攻。北路军有京城八旗六千名，各地绿营兵九千名，奉天、船厂、察哈尔、索伦、土默特、右卫、宁夏七处兵八千名。其中，奉天副都统纳秦统领奉天兵，白都纳副都统塔尔岱、副都统衔西弥赖统领索伦兵。白都纳副都统费雅思哈统领宁古塔兵。① 其中，"阿尔泰路军营征调布特哈地方贡貂索伦、达斡尔丁一千名"②。雍正九年（1731）正月癸酉，清朝派拨奉天等处兵六千名往北路军营，并大肆奖赏银两。其中，奉天兵一千五百名著副都统额尔勤统领，黑龙江兵二千名著副都统王常、索伦总管沙津统领，宁古塔兵一千五百名著副都统乌察喇统领，察哈尔兵一千名著总管达什统领。③

（三）差序格局下反映出的索伦兵尴尬地位

费孝通先生在中国社会结构时提出了差序格局的理论，即以自己作中心的社会关系网络。"我们的社会结构本身与西洋的格局是不相同的，我们的格局不是一捆一捆扎清楚的柴，而是好像把一块石头丢在水面上所发生的一圈圈推出去的波纹。每个人都是他社会影响所推出去的圈子的中心。……以'己'为中心，像石子一般投入水中，和别人所联系成的社会关系，不像团体中的分子一般大家立在一个平面上的，而是像水的波纹一般，一圈圈推出去，愈推愈远，也愈推愈薄。在这里我们遇到了中国社会结构的基本特性了。"④

用差序格局理论来理解乌孙珠尔战役事件是比较合适的，民族关系同样如丢石头形成的同心圆波纹。以满洲为中心，像石子投入水中，和其他民族所联系成的民族关系，"不像团体中的分子一般在一个平面

---

① 西藏社会科学院西藏学汉文文献编辑室：《平定准噶尔方略》，前编卷之18，第316—317页。
② 中国第一历史档案馆、鄂伦春民族研究会编：《清代鄂伦春族满汉文档案汇编》，第636页。
③ 西藏社会科学院西藏学汉文文献编辑室：《平定准噶尔方略》，前编卷之21，第354页。
④ 费孝通：《乡土中国 生育制度》，第26—27页。

上,而是像水的波纹一般,一圈圈推出去,愈推愈远,也愈推愈薄"①。为满洲的利益可以牺牲索伦达斡尔和蒙古,如果说满洲自私,其自然不会承认。因为其认为满洲也是公的。"在差序格局里,公和私是相对而言的,站在任何一圈里,向内看也可以是说是公的。"② 当紧要关头,满洲以牺牲其他民族来保全自我,也势必带来其他民族的不满。

乌孙珠尔战役反映出索伦兵的尴尬地位。雍正九年(1731)六月,清准双方发生和通泊战役。北路清军统帅傅尔丹误中诈降计,发兵一万官兵出击被围,其命令四千京营满洲兵先撤,却令丁寿、觉罗海兰等人,督率苏图、常禄、西弥赖等所带宁夏满兵、察哈尔蒙古兵、布特哈索伦达呼尔兵驻守山梁东侧,令副都统塔尔岱、马尔齐所部黑龙江驻防八旗索伦达呼尔兵、归化城土默特兵驻守西山负责掩护。

丁寿、塔尔岱在山梁东侧和西山陷入重围,作为掩护部队,力杀准噶尔军千余人。而率先逃脱的傅尔丹只以副都统承保带领少量满洲兵丁援救负责掩护的部队。满洲在生死关头于其他民族兵不顾,在于首先要保障自我的利益,西山一线塔尔岱仅以身免,马尔齐仍率兵被困于围,在山梁东侧丁寿也被陷于围中。次日满洲官觉罗海兰扔下兵丁,独自逃命,索伦达呼尔官兵在危及自己利益时,也是首先关注自身,他们于总管西弥赖救援丁寿的命令不顾,独自突围,在他们的思维里,自身的利益也是公的,让其牺牲自身去掩护满洲兵,自然是不得人心。这场战役的结果是将领丁寿、苏图、马尔齐、西弥赖自杀殉国。傅尔丹撤入科布多,出兵时的一万官兵只回来两千。我们分析此次作战失利的原因,在出兵之前固然有主帅傅尔丹战术上中计策的失误,但是在被围困之时,傅尔丹狭隘的民族思想,置其他少数民族兵丁的生命于不顾,只顾满洲八旗自身逃命,也是很重要的原因。这种狭隘的民族思想还反映在战后汇报当中。因消息首先是突围的索伦官兵报告给北路军都统衮泰的,傅尔丹对此很不满,于是他隐去了自己指挥失误的情节,将战败的责任归为索伦兵的溃败,使得世宗对突围的索伦兵又加以惩罚,并处死了索伦

---

① 费孝通:《乡土中国 生育制度》,第27页。
② 费孝通:《乡土中国 生育制度》,第30页。

领催里色和奔德尔图，将墨尔根达呼尔佐领巴都马革职。

在乌孙珠尔战役中，严重伤害了索伦达呼尔与满洲的民族感情，可看出在危险来临之时，满洲对索伦达呼尔民族的态度。此战之后，清朝虽然惩罚了索伦达斡尔兵丁，但是不得不依靠其军事力量，继续考虑征调东三省兵丁。雍正九年（1731）七月，命罗卜藏喇锡统领之札萨克兵丁及盛京乌拉等处之兵，到顺承郡王军营驻扎，其未到者著在塔米尔地方会同一处驻扎，令额尔勤统辖盛京、吉林、黑龙江之兵，乌察喇王常协管。① 八月议拨兵驻扎图拉、克尔伦等处，以备调遣，其中有盛京兵二千名。② 傅尔丹于战败之后再次请求皇帝调遣东三省兵驻防③，可见东三省兵的巨大作用和傅尔丹的人品，需要东三省兵时招之即来，临危关头置东三省兵于不顾，在皇帝面前把索伦达斡尔官兵作为替罪羊。

（四）通过封赏加强索伦兵的国家认同

清朝裁汰军营老疾官兵。雍正十年（1732）二月，清朝将残疾的京城八旗、奉天、吉林、黑龙江、右卫、宁夏、察哈尔、归化城、喀喇沁、土默特等处，并防戍绿旗弁兵等官弁共五十九员，兵丁共一千五百五十二名，发回原籍。④

清朝大肆鼓励各族官兵。雍正十年（1732）闰五月，世宗谕八旗官员人等，此次用兵准噶尔并非不恤士卒，穷兵黩武，而是为了蒙古西北边疆安宁。八旗将士要学习父祖，以捐躯致命为荣，以老死牖下为耻。以为国家急公殉难，奏凯献功为荣，不可志气隳惰，自暴自弃。官兵家属当深知大义，遏抑私情，务其远大，支撑其为国家出征戍守。⑤ 雍正十三年（1735）四月，议叙北路克尔森齐击贼阵亡官兵。北路

---

① 西藏社会科学院西藏学汉文文献编辑室：《平定准噶尔方略》，前编卷之24，第403页。
② 西藏社会科学院西藏学汉文文献编辑室：《平定准噶尔方略》，前编卷之25，第415—416页。
③ 西藏社会科学院西藏学汉文文献编辑室：《平定准噶尔方略》，前编卷之25，第419—420页。
④ 西藏社会科学院西藏学汉文文献编辑室：《平定准噶尔方略》，前编卷之29，第481—482页。
⑤ 西藏社会科学院西藏学汉文文献编辑室：《平定准噶尔方略》，前编卷之30，第488—490页。

军营官兵在克尔森齐老取得大捷,奉天正红旗骑都尉兼一云骑尉拜他从优授二等轻车都尉,镶白旗领催珠里、黑龙江正黄旗副骁骑校费雅思哈授骑都尉,吉林骁骑校奇弩、镶蓝旗领催奔博里、黑龙江镶红旗领催马尔图授云骑尉,各给予祭葬,并以应袭之人引见承袭。①

清朝格外体恤路途遥远的东三省兵丁。雍正十三年(1735)六月,世宗考虑到"索伦、奉天、吉林等兵并道远,恐盘费不足,请官借三月俸银,兵丁借半年饷银,悉以军需银支给,造册报部,即于俸饷内扣还如数,应如所请。索伦、奉天、吉林官兵效力行走,颇著勤劳,且路途遥远,伊等所借俸饷银两,俱著赏给,不必扣还"②。

(五)东三省官兵在平定策妄阿拉布坦战争中的作用

东三省官兵在平定策妄阿拉布坦战争中发挥了巨大的作用,有很多表现,为战争的胜利奠定了坚实的基础。这是以付出伤亡为代价的,雍正十一年(1733)四月,清朝令从新编设的呼伦贝尔索伦、巴尔虎兵三千名内调拨二千名,由黑龙江将军卓尔海带领,前往罕厦尔军营,以替换残疾兵丁。③ 这两千兵丁先由前锋统领博第管辖,雍正十二年(1734)三月癸亥,调北路军营内大臣永福统辖。

东三省官兵负责哨探瞭望的任务。雍正九年(1731)十月乙丑,议扎克拜达里克等处分路驻兵。察罕厦尔处所有盛京、乌拉及索伦、新满洲等兵应令顺承亲王在内酌派数百名,遣往马尔赛处,充哨探瞭望等役。④ 东三省官兵也作为预备队准备调遣。雍正十年(1732)八月,命发盛京、吉林、黑龙江兵一万赴达里刚爱预备调遣。盛京兵由护军统领扣娄,副都统白尔赫图率领,吉林兵由领侍卫内大臣萨穆哈率领,黑龙江兵由盛京侍郎和善,内阁学士吴金率领。⑤

雍正十二年(1734)之后,噶尔丹策零遣使进表求和,清朝和准噶尔战争暂时停止,清政府开始考虑陆续撤回北路和西路兵丁。首先是

---

① 西藏社会科学院西藏学汉文文献编辑室:《平定准噶尔方略》,前编卷之37,第591—592页。
② 西藏社会科学院西藏学汉文文献编辑室:《平定准噶尔方略》,前编卷之38,第604页。
③ 西藏社会科学院西藏学汉文文献编辑室:《平定准噶尔方略》,前编卷之34,第550页。
④ 西藏社会科学院西藏学汉文文献编辑室:《平定准噶尔方略》,前编卷之27,第448页。
⑤ 西藏社会科学院西藏学汉文文献编辑室:《平定准噶尔方略》,前编卷之30,第498页。

北路撤兵。雍正十二年（1734）八月丙辰，议量撤北路军营防戍等兵，将科卜多兵撤还乌里雅苏台，其中奉天、吉林、黑龙江兵量撤一千。① 雍正十二年（1734）九月初六，定边大将军平郡王福彭率奉天兵二千，吉林兵一千，黑龙江兵一千，自科卜多启行，索伦兵并内大臣哈达哈等所领黑龙江兵，副都统富昌等所领吉林兵，副都统额尔勤等所领奉天兵，分驻鲁约苏图蒙固乌拉克沁等处过冬。副都统布尔沙等所领黑龙江兵，分驻布尔哈雅、铿格尔格等处过冬。② 雍正十三年（1735）闰四月，"命平郡王福彭仍留统辖，萨木哈等协理事务。吉林兵二千令副都统富昌、阿思哈辖之，索伦兵二千令副都统职衔巴里孟古、翟三辖之，打牲乌拉兵一千令护军统领职衔哈岱辖之。奉天、吉林、呼伦贝尔、牧场、察哈尔等兵，于丁巳年拨兵往代"③。雍正十三年六月，再次交接，奉天兵令副都统额尔勤副都统白尔赫图率之，吉林兵令副都统哲库讷率之，齐齐哈尔兵令副都统职衔和托克、副都统布尔沙、副都统职衔班图率之。④ 其次是西路撤兵。雍正十三年五月，准噶尔使臣回后，按程挨次分队撤兵。第一队中，索伦兵一百名令营总冀本，参领萨都拜等率之，与贝勒特古斯率领的科尔沁兵一千名同行。至喀尔喀河分路，前赴齐齐哈尔。第三队中，奉天、吉林兵一百名，令原管副都统乌察喇率领与副都统达什率领的一千名东四旗察哈尔兵同行，由翁金河前赴驻牧处所。⑤ 雍正十三年（1735）十月，命酌减军营委署官员。巴里坤撤还打牲乌拉兵一千，两旗合设营总一员，参领五员，防御五员，骁骑校十员。⑥

三 乾隆朝索伦部与满洲的军事关系

高宗即位初期，清朝与准噶尔在军事上仍然处于对峙状态。双方在雍正十二年（1734）八月已经开始商讨议和事宜。乾隆五年（1740），清朝与准噶尔部签订贸易协定，清朝从西北地区撤回西、北两路大军，

---

① 西藏社会科学院西藏学汉文文献编辑室：《平定准噶尔方略》，前编卷之36，第583页。
② 西藏社会科学院西藏学汉文文献编辑室：《平定准噶尔方略》，前编卷之36，第584—585页。
③ 西藏社会科学院西藏学汉文文献编辑室：《平定准噶尔方略》，前编卷之37，第597—598页。
④ 西藏社会科学院西藏学汉文文献编辑室：《平定准噶尔方略》，前编卷之38，第609页。
⑤ 西藏社会科学院西藏学汉文文献编辑室：《平定准噶尔方略》，前编卷之37，第601—602页。
⑥ 西藏社会科学院西藏学汉文文献编辑室：《平定准噶尔方略》，前编卷之39，第624页。

恢复贸易交流，划阿尔泰山作为喀尔喀与准噶尔游牧的分界线，赢得西北暂时和平。

（一）索伦兵驻防鄂尔昆，保护喀尔喀

乾隆初政，清朝在西北设兵驻防，三年更换。雍正十三年（1735）十二月，东三省兵五千名驻扎鄂尔昆，保护喀尔喀蒙古。这五千名东三省兵，由奉天兵二千，吉林兵一千，呼伦贝尔、索伦、巴尔虎兵二千组成，分别由五位大臣管辖。副都统绰尔多、苏尔泰管辖二千名奉天兵，副都统富达礼管辖一千名吉林兵，副都统衔齐三、总管托尔德尔管辖二千名呼伦贝尔、索伦、巴尔虎兵。

驻防兵丁，每年定期会阅，要求器械整齐。会阅由副将军与参赞贝勒公等负责。每年出哨之兵，各路并拨一百五十名。每逢夏秋二季，三路分发。拨东三省营总三员，率领前往。由于担心侍卫护军有管辖卡伦之责不够用，于京城新满洲、索伦、巴尔虎、厄鲁特等侍卫中，拣发十员，以备差委，三年期满更换。① 这五千名兵丁的分布情况是齐三率领一千名索伦、巴尔虎兵驻扎额克领、绰起图等处，托勒德尔率领一千名索伦、巴尔虎兵驻扎乌里雅苏台，负责料理运送什物。绰尔多、苏尔泰率领一千名奉天兵，傅达礼所领一千名吉林乌拉兵，随额驸策凌驻扎鄂尔昆附近有水草处。②

清朝对此驻防东三省兵非常重视，将察罕廋尔所储粮三万余石，运往本来就储藏甚多米石的鄂尔昆，以保证东三省兵丁的军粮绝对充足。并在乾隆二年（1737）六月，实行民屯，命移呼伦贝尔驻兵家属，于鄂木博齐等处屯种。

高宗对于驻防的兵丁体恤有加，赏给制办冬衣银两。"每名兵丁赏给银三两制办冬衣御寒"③。至于换防事宜，原计划先换防一半，即两千五百名，包括察哈尔兵一千五百名，呼伦贝尔索伦兵一千名，但是在

---

① 西藏社会科学院西藏学汉文文献编辑室：《平定准噶尔方略》，前编卷之41，第661—662页。
② 西藏社会科学院西藏学汉文文献编辑室：《平定准噶尔方略》，前编卷之42，第664—665页。
③ 西藏社会科学院西藏学汉文文献编辑室：《平定准噶尔方略》，前编卷之42，第675页。

乾隆二年（1737）正月，改变了计划，派出更换的兵丁，察哈尔兵一千五百名不变，呼伦贝尔索伦兵一千名变为博尔德处布特哈索伦达斡尔兵一千名。乾隆三年（1738）正月，拨东三省兵二千由托克、博秀管辖，牧厂兵五百由和义管辖，更换剩下的两千五百官兵。乾隆五年（1740），清朝与准噶尔划界通商，东三省驻防官兵陆续撤回。至乾隆六年（1741）十月，东三省驻防官兵全部撤回各自驻地。

（二）索伦兵参与荡平准噶尔

乾隆十年（1745）九月，噶尔丹策零病死，准噶尔陷入了长期内乱。噶尔丹策零的次子策妄多尔济那木札勒继承汗位，荒诞残暴，乾隆十五年（1750）春被噶尔丹策零的长子喇嘛达尔札发动政变废黜。达尔札自立为台吉，他与策妄多尔济那木札勒一样昏庸，乾隆十七年（1752），准噶尔贵族达瓦齐联合辉特部台吉阿睦尔撒纳偷袭伊犁，杀死达尔札，达瓦齐登上汗位。达瓦齐上台后，继续实行暴力统治。乾隆十八年（1753）十月，阿睦尔撒纳与达瓦齐冲突，双方反目。乾隆十九年（1754）七月，阿睦尔撒纳兵败降清，携带兵丁四千、老弱二万余口。在此之前，乾隆十五年（1750）九月，达什达瓦被杀后，属下宰桑萨喇勒率领一千余户投降清朝，高宗将其安置在察哈尔地区游牧，编入蒙古正黄旗管辖。乾隆十八年（1753）十月，杜尔伯特部台吉车凌、车凌乌巴什及车凌孟克率领三千户投降清朝，高宗将其安置在推河、拜达里克附近耕牧，并送给三车凌降众大批牲畜粮食，其中一次就赏给羊一万三千只。乾隆十九年（1754）五月，高宗在避暑山庄"澹泊敬诚殿"接见三车凌，封车凌为亲王，车凌乌巴什为郡王，车凌孟克、色布腾为贝勒，其他大小首领分别被封为贝子、公、台吉等，赏赐车凌带来的一百余名跟随人员大量银两。对于投降清朝的准噶尔人众，高宗多封重赏，给予大量物质利益，加强其对满洲的政治认同和对清朝的国家认同。准噶尔内乱导致厄鲁特部民纷纷降清，准噶尔的政局动荡，社会混乱，军事实力下降，人民生活困难，而清朝已经休养生息十几年，正值盛世国力强盛，历史赋予了高宗将祖父两代的事业完成，统一准噶尔。

乾隆十九年（1754）正月，呼伦贝尔索伦、新巴尔虎、厄鲁特人口繁庶，牧场牲畜孳生，已显地方狭窄，不能继续移民。① 此时，索伦兵在东北已经休养生息多年，人数众多，为清朝统一准噶尔提供了充裕的兵源。乾隆十九年（1754）五月，清朝在西北两路派兵，北路兵三万，西路兵二万，包括黑龙江兵二千，索伦巴尔虎兵八千②，其中"征调布特哈地方贡貂索伦、达斡尔、鄂伦春丁四千五百名，呼伦贝尔地方索伦、巴尔虎闲散西丹九百八十一名"③。黑龙江索伦兵占到清朝总兵力的五分之一，这是清朝征调黑龙江索伦兵最多的一次战争，由此可以看出索伦兵在清军中的重要作用和特殊地位。

乾隆二十年（1755）二月，清军总兵力五万，包括八千黑龙江索伦兵，分西、北两路进兵准噶尔。西路以定西将军永常为统帅，定边右副将军萨喇勒为先锋，由巴里坤出师，北路以定北将军班第为统帅，定边左副将军阿睦尔撒纳为先锋，由乌里雅苏台进兵，约定两路在伊犁北部三百余里的博罗塔拉会师。

黑龙江各族官兵的兵力分配为北路兵七千，包括黑龙江兵二千、布特哈兵二千、呼伦贝尔兵三千，共七千，西路兵三千，包括布特哈兵二千五百和齐齐哈尔兵五百，共三千。黑龙江各族官兵的行进路线为北路兵黑龙江兵二千名在乾隆二十年（1755）二月十五内至京，再行起程前往喀尔喀，以五百名为一队，间三日起程一次，索伦巴尔虎兵五千名于乾隆十九年（1754）秋或乾隆二十年（1755）起程，经由克鲁伦河，于边外草原前往。西路兵索伦兵三千名由北京经直隶、河南、陕甘到达，每五百名一起陆续行走。各该省于经由道路安台设拨，逐站更替。领兵官员为北路达色、鄂博什带领黑龙江兵二千名，达尔党阿带领克鲁伦一路的索伦巴尔虎兵五千名，西路清保、鄂尔衮察、温布带领索伦兵三千名。④

满洲兵战斗力下降导致调遣索伦兵的数量增多。前已论及，乾隆中

---

① 西藏社会科学院西藏学汉文文献编辑室：《平定准噶尔方略》，正编卷之1，第950—951页。
② 西藏社会科学院西藏学汉文文献编辑室：《平定准噶尔方略》，正编卷之2，第972页。
③ 中国第一历史档案馆、鄂伦春民族研究会编：《清代鄂伦春族满汉文档案汇编》，第636页。
④ 西藏社会科学院西藏学汉文文献编辑室：《平定准噶尔方略》，正编卷之2，第974—976页。

期，清兵入关已有百年，传统的骑射技术和战斗精神已经衰退。乾隆十九年（1754）九月，高宗就指出："我满洲旧俗，尚义急公。一闻用兵，无论老壮，咸以不得与为耻。承平日久，习于宴安，披甲执兵，冲锋陷阵，不免视为畏途。"① 乾隆二十年（1755）五月，高宗强调："满洲旧俗一闻用兵无不人人踊跃，以不与为耻。不意承平日久，渐成畏葸之习。至于如此，是以朕于此大功克就，远夷归化之时，不为之喜而为之寒心。"② 由于满洲兵汉化严重，所以此次征调黑龙江兵丁规模最大，人数最多，且长途跋涉，队中有出痘兵丁数人，可见路途辛苦异常。西路索伦兵作为前锋在大队人马之前行走，更为艰难。

索伦兵参与了俘获达瓦齐的战斗。乾隆二十年（1755）五月初，清军占领准噶尔首府伊犁，将战火烧过伊犁河。在伊犁西南格登山击溃准噶尔军，达瓦齐率两千残部翻越天山，逃往回疆。六月，南疆乌什城主霍集斯擒献达瓦齐，清军三个月荡平准噶尔，俘获达瓦齐。参加这次战斗的西路索伦兵三千名分为三队，副都统额尔登额带领头队，参赞大臣亲王额林沁多尔济、总管毕里衮带领二队，副都统三格带领三队。③ 六月，清军开始凯旋撤军，西路索伦巴尔虎察哈尔各扎萨克蒙古兵丁由额林哈毕尔噶至巴里坤，向阿济必济卡伦边外行走，各回游牧。④ 七月，西路凯旋之索伦巴尔虎察哈尔蒙古兵丁到达推河。⑤ 北路撤军开始于七月，索伦兵三百名在第一队，于十一日起程返回。副都统额尔登额、总管毕里衮等带领索伦兵一千七百余名，其三格带领索伦兵一千名撤回。⑥ 八月，达色原带领黑龙江兵二千名编为四队，于二十四、二十五等日起程遣回。⑦

索伦兵也参与了平定阿睦尔撒纳叛乱的战斗。阿睦尔撒纳是辉特部

---

① 西藏社会科学院西藏学汉文文献编辑室：《平定准噶尔方略》，正编卷之4，第1005页。
② 西藏社会科学院西藏学汉文文献编辑室：《平定准噶尔方略》，正编卷之13，第1175页。
③ 西藏社会科学院西藏学汉文文献编辑室：《平定准噶尔方略》，正编卷之13，第1162页。
④ 西藏社会科学院西藏学汉文文献编辑室：《平定准噶尔方略》，正编卷之14，第1187页。
⑤ 西藏社会科学院西藏学汉文文献编辑室：《平定准噶尔方略》，正编卷之15，第1206—1207页。
⑥ 西藏社会科学院西藏学汉文文献编辑室：《平定准噶尔方略》，正编卷之16，第1224—1225页。
⑦ 西藏社会科学院西藏学汉文文献编辑室：《平定准噶尔方略》，正编卷之16，第1229页。

第五章　清朝国内战争中的索伦部与满洲之军事关系　159

台吉，厄鲁特四部汗王之一，在投降清朝的时候，他是想利用清朝击溃准噶尔部达瓦齐，自己能够控制厄鲁特四部，成为西域之王。清朝也需要他的力量来共同消灭达瓦齐。当准噶尔部的力量被荡平之后，清朝欲众建而分其势，不可能封阿睦尔撒纳为厄鲁特汗王。阿睦尔撒纳的野心没有满足，他便不认同满洲的统治，起兵发动叛乱。

乾隆二十年（1755）六月底，高宗密令班第乘机将阿睦尔撒纳在军营正法。为了防备阿睦尔撒纳的家属部下逃窜，计划从阿兰泰、普庆、达色带领凯旋索伦兵内挑选一千名前去抓捕阿睦尔撒纳的妻子及任用宰桑等。八月，阿睦尔撒纳于朝觐路上出逃，回到准噶尔，班第、鄂容安被围自杀，萨喇勒被俘。西路军统帅永常率五千兵驻扎乌鲁木齐，逃遁巴里坤。准噶尔再一次陷入混乱。九月，皇帝任命策楞为定西将军，达勒党阿为定边左副将军，扎拉丰阿为定边右将军，哈达哈、玉保为参赞大臣，由西路进攻伊犁。十二月，阿睦尔撒纳进入伊犁。

乾隆二十一年（1756）正月，达尔党阿、富德即带索伦兵八百名于正月十五日起程往迎副将军萨喇尔、噶尔藏多尔济亦即带兵起程，约于十七日在积木萨地方会集。① 二月，在不知道阿睦尔撒纳是否逃入的哈萨克的情况下，派达尔党阿、玉保、尼玛于索伦兵内选派一二千名，奋力追赶。但是西路兵被阿睦尔撒纳所骗，误以为其已经被擒获，让其逃入哈萨克。四月，定西将军策楞前往哈萨克，玉保同恩克博罗特选索伦兵五六十名先行传谕，一二千名清军随后继进。② 对于进入哈萨克的索伦官兵，清朝分别等第，加恩赏赉。一等官员著赏俸半年，兵丁著赏钱粮两月。二等官员著赏俸三个月，兵丁著赏钱粮一月。③ 但是策楞、玉保畏怯自误，致使叛贼唐古特逃逸，之后的军事交锋可看出索伦兵的勇猛。三百余索伦兵在塞伯苏台击溃一千余哈萨克兵，斩三百余级，所获军械牲只甚多，悉皆溃散。④ 达勒党阿率兵二千从西路，定北将军哈达哈率兵四

---

① 西藏社会科学院西藏学汉文文献编辑室：《平定准噶尔方略》，正编卷之24，第1397页。
② 西藏社会科学院西藏学汉文文献编辑室：《平定准噶尔方略》，正编卷之26，第1432—1433页。
③ 西藏社会科学院西藏学汉文文献编辑室：《平定准噶尔方略》，正编卷之26，第1440页。
④ 西藏社会科学院西藏学汉文文献编辑室：《平定准噶尔方略》，正编卷之27，第1451页。

千从北路，同时进军哈萨克，追剿阿睦尔撒纳。五月，令策楞所带索伦等兵一千余名赶赴尼玛，会同达尔党阿所领索伦兵六百余名，共一千六百余名，由达尔党阿带领续赴哈萨克。① 索伦佐领由屯去年进兵在哨探队内行走，甚属奋勉，授为协领，遇缺即补，赏戴孔雀翎。六月，索伦总管鄂博什带兵五百名在库尔图阿氏尔干，拿获达瓦藏布，并收服所属三百余人，驼一百七十只，马二百四十匹。② 因为此战，鄂博什授为副都统。乾隆二十一年（1756）秋，清朝因为平定青滚杂卜等叛乱，遂停止了追击阿睦尔撒纳。索伦兵一千名由定边左副将军成衮扎布和纳穆扎尔带领前去擒拿青滚杂卜。定边右副将军兆惠派索伦、巴尔虎兵一千名，吉林兵五百名，察哈尔兵三百名，满洲兵二百名，共计二千名驻扎伊犁。③ 闰九月，因为霍集占帮助阿睦尔撒纳，巴桑率领索伦兵等三十余名，在离图尔满城三十里处，击溃回人百余，击杀四十余名。

十月，索伦副总管鄂木布补授索伦总管，缘于此次效力军前，甚属奋勉。索伦官员内卓里雅、扎尔善④、萨垒、诺穆察等四员，亦属奋勉，俱着赏戴孔雀翎，以示奖励⑤。十月，策布登扎布至克木克木齐

---

① 西藏社会科学院西藏学汉文文献编辑室：《平定准噶尔方略》，正编卷之28，第1471页。
② 西藏社会科学院西藏学汉文文献编辑室：《平定准噶尔方略》，正编卷之29，第1499页。
③ 西藏社会科学院西藏学汉文文献编辑室：《平定准噶尔方略》，正编卷之32，第1548页。
④ 扎尔善，索伦正白旗人，姓都拉尔。任总管。乾隆十九年（1754），从征伊犁有功，赐号巴图鲁。二十三年（1758），随定边将军兆惠追剿回酋霍集占，至叶尔羌。十月，战于黑水。随三等侍卫原任前锋统领、参赞大臣鄂实护袭贼辎重。扎尔善与佐领署参领西林保、章京署参领简保、骁骑校署参领额克图卓衣宽、蓝翎侍卫法依松阿、领催署参领布尔特、赫德、罗尔布，署章京都伦彻、穆哈纳、那尔泰，署骁骑校讷齐、穆卜尔布、纳尔图班、珠萨伊、色尔图、伊林保、巴扎尔、贲三察、博克，署护军校根对，奖赏蓝翎坤济保、达什奇尔、拉新保，皆力战死。西林保，吉林镶蓝旗人，姓伊尔根觉罗。简保，吉林正红旗人，姓乌扎拉。额克图，吉林镶红旗人，姓库雅拉。卓衣宽，新巴尔呼正蓝旗人，姓呼尔拉。特法依、松阿，珲春镶黄旗人，姓钮珊特。布尔特、赫德，达呼尔正黄旗人，姓乌拉。罗尔布，索伦正红旗人，姓玛克丹。查都伦彻，索伦正黄旗人，姓达巴图。穆哈纳，吉林镶红旗人，姓蒙武索。那尔泰，吉林正红旗人，姓瓜勒佳。纳齐、穆卜尔，达呼尔正黄旗人，姓索都里。布纳尔图，达呼尔正黄旗人，姓敖拉。班珠萨，达呼尔正白旗人，姓瓦尔喀。伊色尔图，索伦镶蓝旗人，姓都拉尔。伊林保，达呼尔镶蓝旗人，姓格根。巴扎尔，巴尔呼正蓝旗人，姓呼尔拉特。贲三察，索伦镶白旗人，姓赫音。博克，达呼尔镶黄旗人，姓精奇里。根对，察哈尔镶红旗人，姓卓忒坤。济保，达呼尔正黄旗人，姓敖拉。达什奇尔拉，新保，俱达呼尔镶红旗人，姓敖诺思。（《清国史·嘉业堂钞本》第13册，忠义画一传档正编，卷二十三，第227页）
⑤ 西藏社会科学院西藏学汉文文献编辑室：《平定准噶尔方略》，正编卷之33，第1570页。

第五章 清朝国内战争中的索伦部与满洲之军事关系　161

克，带领索伦、喀尔喀兵七百名前去擒拿青滚杂卜。① 十一月，青滚杂卜在中俄边界杭哈奖噶斯被清军擒获。十一月，博尔奔察被授为内大臣，带领索伦兵前往巴里坤，听候调遣。② 伊柱领呼伦贝尔兵丁五百名，驻扎卡伦，听候调遣③，并调吉林、察哈尔兵各一千名，分别由满福和端济布、敏珠两多两济带领驰赴巴里坤听候调遣。④ 同月，清朝派调察哈尔、吉林及索伦兵丁约计四千名备马二万匹。⑤

乾隆二十二年（1757）二月，阿睦尔撒纳返回准噶尔，一边联系青滚杂卜举行叛乱，一边向哈萨克借兵。三月，参赞大臣富德率兵击败阿睦尔撒纳；五月，阿睦尔撒纳又逃入哈萨克；九月，出痘而死，准噶尔最终平定。

平定阿睦尔撒纳叛乱后，厄鲁特蒙古一蹶不振。乾隆重新分封的厄鲁特四汗中和硕特汗被清军误杀，辉特汗和准噶尔汗参与叛乱被杀，只有车凌所率杜尔伯特部与达什达瓦之妻所部始终忠于清朝，得以保全。据统计，"厄鲁特部罗共有二十余万户，出痘死十分之四，逃入俄罗斯及哈萨克十分之二，被清军所杀十分之三"⑥，厄鲁特蒙古从此后势力大大减弱，所剩人众只有十分之一，无力与清朝抗衡。

（三）清朝对索伦兵的政策

索伦官兵在战争中获得奖赏。辉特人众自迁至扎克赛地方，自相抢掠，很不安静。呼伦贝尔、齐齐哈尔曾计划作为安置阿睦尔撒纳亲属之地，预防其滋事。⑦ 乾隆二十二年（1757）二月，顺德讷自乌里雅苏台领兵赴巴里坤，清朝对于其带领的索伦兵强烈的爱国热情所感染，赏给舒伦巴图鲁名号并赏银一百两，副都统职衔由屯加恩赏给大缎四端，其顺德讷带往官员著雅尔哈善等酌量赏赉。兵丁俱著赏给钱粮一月，以示

---

① 西藏社会科学院西藏学汉文文献编辑室：《平定准噶尔方略》，正编卷之33，第1576页。
② 西藏社会科学院西藏学汉文文献编辑室：《平定准噶尔方略》，正编卷之34，第1587页。
③ 西藏社会科学院西藏学汉文文献编辑室：《平定准噶尔方略》，正编卷之34，第1587—1588页。
④ 西藏社会科学院西藏学汉文文献编辑室：《平定准噶尔方略》，正编卷之34，第1588页。
⑤ 西藏社会科学院西藏学汉文文献编辑室：《平定准噶尔方略》，正编卷之34，第1593页。
⑥ 孙文良、张杰、郑川水：《乾隆帝》，江苏教育出版社2005年版，第225页。
⑦ 西藏社会科学院西藏学汉文文献编辑室：《平定准噶尔方略》，正编卷之36，第1626页。

鼓励。① 索伦委署章京成果达什达瓦属人色勒前往侦探，擒剿贼人亦属勇往。清朝加恩赏给成果孔雀翎，色勒授为三等侍卫，仍各赏银五十两。② 清朝的典籍中多次记载索伦兵的勇猛得力。"至进兵时，索伦兵最为得力。"③

清朝的嘉奖贯穿于整个战争过程中。"除兆惠等带回受伤兵丁毋庸调遣，其余兵丁仍酌量带领前往，并著发往孔雀翎、蓝翎各二十枝，交兆惠等分赏奋勇效力官兵，以示鼓励。"④ 带领索伦兵丁总管温布沿途遇贼抢掠喀喇乌苏台站，奋勇擒剿，甚属可嘉。赏给温布一百两，蓝领侍卫乌尔衮保升授三等侍卫，索伦佐领魁苏岱、吉克达尔图，俱著赏给孔雀翎，仍各赏银三十两，其奋勇兵丁俱著赏钱粮一月，以示鼓励。⑤ 由于索伦兵的英勇，清朝认为巴里坤的绿旗兵已属无用，甚至让其充补种地兵丁，其余发回本营。⑥ 雅尔哈善派遣索伦兵策应副将军兆惠。乾隆二十二年（1757）正月三十日，内大臣博尔奔察、副都统鄂博什带领索伦第二起兵丁抵巴里坤，在此之前，雅尔哈善已派索伦兵二百名前往策应副将军兆惠。现在又派鄂博什带领索伦兵二百八十名于二月初一日，自巴里坤起程，策应兆惠。可见清朝对索伦兵的信任。索伦委署营总伊灵阿、三达保带领精兵于初三日五更时，潜行出营，乘贼不备，奋力冲击，贼众纷纷败走。⑦

清朝宽松处理违反军纪的索伦兵。乾隆二十一年（1756），自哈萨克撤回时，索伦马甲奇图贺尔等六人，因在额尔齐斯河等处，私行打牲，至乾隆二十二年（1757）二月未归，自应交部议处。但清朝念索伦兵丁性多愚昧，不谙事体，且经效力行走，鄂博什现又派往西路进兵，从宽免其议处。⑧ 乾隆二十二年（1757）九月，其厄鲁特都喇勒哈

---

① 西藏社会科学院西藏学汉文文献编辑室：《平定准噶尔方略》，正编卷之36，第1628页。
② 西藏社会科学院西藏学汉文文献编辑室：《平定准噶尔方略》，正编卷之36，第1629页。
③ 西藏社会科学院西藏学汉文文献编辑室：《平定准噶尔方略》，正编卷之36，第1629页。
④ 西藏社会科学院西藏学汉文文献编辑室：《平定准噶尔方略》，正编卷之36，第1629页。
⑤ 西藏社会科学院西藏学汉文文献编辑室：《平定准噶尔方略》，正编卷之36，第1631页。
⑥ 西藏社会科学院西藏学汉文文献编辑室：《平定准噶尔方略》，正编卷之37，第1632页。
⑦ 西藏社会科学院西藏学汉文文献编辑室：《平定准噶尔方略》，正编卷之37，第1637页。
⑧ 西藏社会科学院西藏学汉文文献编辑室：《平定准噶尔方略》，正编卷之37，第1645页。

什哈、察罕莽鼐、索伦阿卜坦察等，见河岸步行数贼，即渡河擒拿，尚属奋勉，或应赏翎，及赏给银两之处，著将军成衮扎布酌量办理。① 乾隆二十二年（1757）十二月，在库克郭勒，清军遇到郭勒卓辉之乌梁海等二十余人，放枪迎敌，清军坠马者数人。多亏宁古塔披甲人英德讷。黑龙江打牲达呼里达三保奋勇救出，尽剿贼众。清朝嘉奖在队前队行走奋勉之三等侍卫毕拉尔海，吉林署协领扎库齐，索伦署协领金济噶尔、阿第木保，察哈尔署协领喇嘛扎卜、蓝翎侍卫达桑阿等出众效力之人。毕拉尔海授为二等侍卫，扎库齐、金济噶尔、阿第木保俱授为协领，喇嘛扎卜授为头等侍卫，达桑阿授为三等侍卫，擒获乌梁海安济、格斯奎之达色、卓丹俱授为蓝翎侍卫，剿杀乌梁海之英德讷、达三保俱授为三等侍卫。其余奋勉效力及阵亡得伤官兵照例议叙议恤。②

乾隆二十三年（1758）二月，索伦总管布喇勒图等三人俱在哨探队奋勉行走，可否量为奖赏，准戴孔雀翎之处，出自圣恩。③ 四月，升叙擒贼珲齐之效力出众官兵。索伦披甲达木毕勒图，巴尔虎披甲多拉玛，索伦委骁骑校阿尔吞、巴图济尔噶尔带领之厄鲁特护军硕端，劳绩出众，已将备赏蓝翎，给令戴用。达木毕勒图、多拉玛著委署骁骑校阿尔吞著实授骁骑校，硕端著授护军校，遇缺即补。④ 五月，参赞大臣阿桂等疏奏堵剿舍楞官兵信息，在这场战斗中，索伦署参领额尔古勒等阵亡，戴奖赏翎。托尔苏岱署参领额德尔德被伤最重，察哈尔营总齐巴勒、索伦参领车伯勒、敏逊、阿喇卜坦俱受伤。⑤ 八月，议叙搜捕逸贼之营总阿萨喇勒图等。索伦营总阿萨喇勒图于巴尔托辉西勒克搜剿善披领集赛贼众百人，收其马驼军器，这些贼众是从前吉林营总兆齐等追捕未获之贼。朝廷称赞阿萨喇勒图甚属效力，著交部议叙。其效力官兵及阵亡之署领催察凯等著查明送部议叙议恤。此外，索伦领催阿丹察在阿

---

① 西藏社会科学院西藏学汉文文献编辑室：《平定准噶尔方略》，正编卷之44，第1771页。
② 西藏社会科学院西藏学汉文文献编辑室：《平定准噶尔方略》，正编卷之47，第1819页。
③ 西藏社会科学院西藏学汉文文献编辑室：《平定准噶尔方略》，正编卷之50，第1871页。
④ 西藏社会科学院西藏学汉文文献编辑室：《平定准噶尔方略》，正编卷之53，第1918页。
⑤ 西藏社会科学院西藏学汉文文献编辑室：《平定准噶尔方略》，正编卷之55，第1967—1968页。

圭雅斯山中仔细查找，搜获巴尔达穆特之吗哈沁三人，讯知其藏匿累年。① 九月，优恤搜捕逸贼阵亡之索伦兵丁。在阿里玛图河搜捕逸贼过程中，索伦兵兆噶见厄鲁特二贼踪迹，射一人坠马，致使其一人枪刺兆噶身死。索伦领催约克什勒图擒兆噶射伤之贼，其刺兆噶贼逃走，为索伦兵拜喇勒图追及射死。兆噶著照阵亡例，交部议恤，仍赏伊家银五十两，约克什勒图、拜喇勒图赏银各三十两，仍交部议叙。② 上谕定边左副将军成衮扎布，叙恤追捕乌梁海效力官兵。本次领兵由察喇斯路向汗哈屯追捕恩克，搜剿潜匿幽僻之乌梁海的索伦兵新达勒图、努奇察阵亡。同时对于临阵脱逃之人，亦加以惩罚。在拿获得木齐库克新疏防脱逃兵丁，索伦兵库塞勒图等革退，从重治罪。③ 十月，西路所有旧兵，现俱更换，索伦兵亨申、禅新俱久在军前行走，赏银各二十两，驰驿回至本处休息，传谕黑龙江将军绰尔多遇有骁骑校缺出，即将亨申、禅新补用。④ 十一月，索伦蓝翎林保护送右部哈萨克使臣卓兰来京，授为三等侍卫。⑤ 十二月，上谕定边左副将军成衮扎布酌量赏给追贼官兵。索伦佐领锡尔伯图领兵拿获盗窃卡伦驻只贼人满塔克等，加赏锡尔伯图及效力兵丁，分别赏给缎匹银两。⑥

乾隆二十四年（1759）二月，清军在呼尔璊大败贼众。满洲、吉林、索伦、察哈尔、绿旗兵丁阵亡七十余名。其大臣官兵内得伤者，如提督豆斌肋前，总管三都卜唇上，侍卫额讷慎腰间，塔尔海肩背，占丕纳手指，俱中鸟枪伤，侍卫玛常腮颊齿牙项臂，受伤数处，老格肩骨及左腿中枪未损。清朝对于此次奋勉官兵，酌量奖赏孔雀翎、蓝翎与阵亡得伤官兵。⑦ 在击败回部贼众的战斗中，海兰察授为二等侍卫，奖赏孔雀翎之索伦骁骑校巴勒珲授为三等侍卫，索伦协领安提木保赏给副都统

---

① 西藏社会科学院西藏学汉文文献编辑室：《平定准噶尔方略》，正编卷之60，第2044页。
② 西藏社会科学院西藏学汉文文献编辑室：《平定准噶尔方略》，正编卷之62，第2083页。
③ 西藏社会科学院西藏学汉文文献编辑室：《平定准噶尔方略》，正编卷之62，第2084—2085页。
④ 西藏社会科学院西藏学汉文文献编辑室：《平定准噶尔方略》，正编卷之63，第2096页。
⑤ 西藏社会科学院西藏学汉文文献编辑室：《平定准噶尔方略》，正编卷之63，第2101—2102页。
⑥ 西藏社会科学院西藏学汉文文献编辑室：《平定准噶尔方略》，正编卷之66，第2150页。
⑦ 西藏社会科学院西藏学汉文文献编辑室：《平定准噶尔方略》，正编卷之68，第2187页。

第五章 清朝国内战争中的索伦部与满洲之军事关系 165

职衔,吉林佐领布尔哈补授协领,索伦骁骑校雅卜唐阿授为防御。① 议叙副将军富德所领有功官兵。加恩赏给呼伦贝尔总管巴雅尔二品顶戴,打牲处协领署营总金济噶尔、副总管署营总哈坦巴图鲁萨垒、参领署营总博尼,俱授为总管,打牲索伦三等侍卫固勇巴图鲁伊萨穆授为二等侍卫,呼伦贝尔佐领署参领奇里勒图实授参领,打牲处披甲署骁骑校额勒颇尔肯授为三等侍卫。② 三月,优恤随靖逆将军纳穆扎尔等阵亡得伤官兵。吉林参领回尔特衣喀喇沁台站四品参领锡喇卜俱交部照例议恤。索伦骁骑校署参领喀尔玛勒图、领催署参领玛提木保俱照现署职衔议恤,阵亡兵丁等交部照例议恤。③ 吉林虚衔蓝翎领催图音布受伤甚多,马中枪毙命,前锋哈木图库、署骁骑校哈尔吉纳奋身救出图音布,三人俱能连射毙贼,效力可嘉。图音布赐号沙拉玛海巴图鲁,哈木图库赐号克德尔巴图鲁,哈尔吉纳赐号楚库尔巴图鲁,俱授为蓝翎侍卫,赏银一百两。④ 乾隆二十四年三月,索伦奖赏蓝领前锋署参领嘉哈图,奖赏蓝翎领催罗托在军营奋勉效力。⑤ 命升赏重伤官兵,并酌留效力年久之侍卫。索伦署参领喀尔库,实授骁骑校,迈勒图、巴尔虎俱授为防御。索伦领催奖赏蓝翎雅喇木保,俱授为蓝翎侍卫。索伦马甲拉尔奇鲁、昆济木保、高济保、锡敦车、腾固勒图、根敦俱授为领催。⑥ 乾隆二十四年四月,将从唐喀禄队内被逆贼舍楞等诱陷之索伦兵一百三十八名,脱出后发回游牧,酌量每名借给银六两,令各该处照数扣还。此等兵丁俱经力战,今既撤回,应酌量赏给整装银两,所接之项,不必扣还,以示体恤。⑦ 升叙侍卫成果等十人内,奖赏孔雀翎。索伦骁骑校库尔布德奖赏蓝翎。奖赏孔雀翎索伦马甲绰尔布鼐,数次效力出众。库尔布德、索诺

---

① 西藏社会科学院西藏学汉文文献编辑室:《平定准噶尔方略》,正编卷之68,第2195—2196页。
② 西藏社会科学院西藏学汉文文献编辑室:《平定准噶尔方略》,正编卷之68,第2205—2206页。
③ 西藏社会科学院西藏学汉文文献编辑室:《平定准噶尔方略》,正编卷之70,第2216—2217页。
④ 西藏社会科学院西藏学汉文文献编辑室:《平定准噶尔方略》,正编卷之70,第2224页。
⑤ 西藏社会科学院西藏学汉文文献编辑室:《平定准噶尔方略》,正编卷之70,第2227页。
⑥ 西藏社会科学院西藏学汉文文献编辑室:《平定准噶尔方略》,正编卷之70,第2229页。
⑦ 西藏社会科学院西藏学汉文文献编辑室:《平定准噶尔方略》,正编卷之71,第2239页。

木俱授为三等侍卫，索诺木仍在参领上行走。泰保、敦多克授为蓝翎侍卫，绰尔布鼐授为骁骑校，赐号肯特克巴图鲁，赏银一百两。① 四月，索伦骁骑校扎卜敦察剿贼二名，救出受伤的马甲锡图库尔，甚属奋勉，授为防御，赐号达尔汉巴图鲁，赏银一百两。其余效力之呼伦贝尔佐领署营总塔济尔图升授参领。索伦三等侍卫多尔济勒图、达萨木保俱升授二等侍卫，奖赏孔雀翎。索伦骁骑校巴岱、骁骑校爱新保俱授为防御。奖赏蓝翎索伦领催博尼、塔克萨勒图、库巴喀、毕萨勒图俱升补骁骑校。吉林马甲法林保、索伦马甲巴尔都等俱升补为领催。② 将吉林署协领布尔哈等十四人，列单具奏，加恩将布尔哈赐号布彦巴图鲁。索伦署参领巴勒珲赐号噶毕雅图巴图鲁，哲野勒图赐号齐尔玛海巴图鲁，乌密勒图赐号固济尔巴图鲁，委署防尉固勒克讷衣赐号肯特克巴图鲁，吉林署骁骑校萨尔泰赐号鄂莫克图巴图鲁，马甲英赍赐号巴尔巴图鲁，索伦领催隆恰赐号超图巴图鲁，乌延察赐号阿勒达尔泰巴图鲁，额默勒肯赐号赛沙勒图巴图鲁，和呬勒图赐号卫鲁克森巴图鲁，穆库楚赐号额德格勒巴图鲁，锡扎布赐号噶鲁克三巴图鲁，照例赏银各一百两，以示鼓励。③ 五月，效力之索伦领催署章京布特木济等既戴奖赏翎，加恩将戴孔雀翎者授为三等侍卫，戴蓝翎者授为蓝翎侍卫。蓝翎侍卫哲勒顺自阿克苏遣往和阗，招抚克勒底雅人等，正值鄂斯璊攻城之际，为贼所害。他原是宁古塔马甲，其父扎勒虎原任吉林镶白旗骁骑校，弟哲森保现任正白旗佐领。朝廷传谕吉林将军萨喇善等，将哲勒顺有无子嗣查奏。若有子，即加恩给予世职，无子，则酌量赏给伊父银两，以示优恤。④ 乾隆二十四年（1759）闰六月，索伦领催英额勒图甚属奋勉效力，加恩赐号额尔克巴图鲁，赏银一百两。索伦署骁骑校科卜堪、领催车克德赫尔招降克勒底雅塔克有功，俱著准其实授。⑤ 七月，命护军统领努三等

---

① 西藏社会科学院西藏学汉文文献编辑室：《平定准噶尔方略》，正编卷之71，第2243页。
② 西藏社会科学院西藏学汉文文献编辑室：《平定准噶尔方略》，正编卷之71，第2247—2248页。
③ 西藏社会科学院西藏学汉文文献编辑室：《平定准噶尔方略》，正编卷之72，第2267—2268页。
④ 西藏社会科学院西藏学汉文文献编辑室：《平定准噶尔方略》，正编卷之73，第2279页。
⑤ 西藏社会科学院西藏学汉文文献编辑室：《平定准噶尔方略》，正编卷之75，第2308页。

第五章　清朝国内战争中的索伦部与满洲之军事关系　167

叙恤追剿吗哈沁官兵。在这次追贼中，吉林马甲鄂勒布善中枪阵亡，千总曹正宗渡河溺毙，把总李升贵随守备胡海追夺羊只中枪阵亡，兵丁韩齐贵，俱照例赏恤，得伤兵三名，亦照例赏给。① 九月，命升赏拿获吗哈沁之官兵裕木扎卜等十五人功次。加恩将索伦署防御茂罕，准其实授。索伦署骁骑校喀满泰、索伦领催翁科尔俱实授骁骑校。索伦兵布拉凯、吉林兵乌林泰俱授为领催，仍赏银各二十两。索伦兵庆安保受侍卫成果指派同额尔克和卓额色尹之人，令布鲁特息兵有功，加恩授为骁骑校。② 命议叙剿杀盗马贼众之官兵。协领布尔哈等将盗马之布鲁特等五十余贼全行剿杀，收其牲只军器，加恩将吉林协领布颜图巴图鲁、布尔哈蓝翎侍卫奖赏孔雀翎，丹巴巴图鲁、那木查尔马甲奖赏孔雀翎，伯勒格图巴图鲁扎奇勒图奖赏蓝翎侍卫，宁古塔马甲锡勒毕善、索伦领催锡勒尔图、马甲恩德保、宁古塔马乌林保俱交部议叙。奖赏蓝翎之索伦领催塔本岱受枪伤，授为蓝翎侍卫，赏银二十两，仍交部议叙。③ 索伦总管锡通阿因军前受伤撤回，加恩赐号丹拜巴图鲁，赏银一百两。④ 十一月，命加赏副都统爱隆阿世职，官兵从优议叙。⑤

　　清朝加赏索伦兵体现了公平性。清朝加赏要根据确凿的证据，并不是无功封赏。对于不明的事件，要详细查明，如有遗漏，立即补报，这充分体现出清朝加赏索伦兵的公平性。索伦尼萨勒图与克勒车两阵亡事件就是典型的例子。索伦佐领巴巴里是尼萨勒图之子，他奏称尼萨勒图于乾隆二十一年（1756）赍送谕旨与达尔党阿，由雅尔拉河前往未回，业经阵亡。启图是格勒车尔之弟，他奏称格勒车尔于乾隆二十一年在总管毕里衮队内，于阿鲁海地方阵亡。旋因策楞获罪，未知曾否报部。对于这两件阵亡的事件，阵亡册内并无记载此二人之名，今日其家属提

---

① 西藏社会科学院西藏学汉文文献编辑室：《平定准噶尔方略》，正编卷之76，第2335—2336页。
② 西藏社会科学院西藏学汉文文献编辑室：《平定准噶尔方略》，正编卷之78，第2370—2371页。
③ 西藏社会科学院西藏学汉文文献编辑室：《平定准噶尔方略》，正编卷之78，第2372页。
④ 西藏社会科学院西藏学汉文文献编辑室：《平定准噶尔方略》，正编卷之79，第2376—2377页。
⑤ 西藏社会科学院西藏学汉文文献编辑室：《平定准噶尔方略》，正编卷之82，第2429页。

出,清朝认真对待,令兆惠查明具奏。① 两个月后,乾隆二十二年(1757)正月,据副都统鄂博什呈称,二人阵亡属实,又同格勒车尔,在阿鲁海击贼阵亡,尚有索伦兵十六名。同尼萨勒图送文遇贼阵亡,尚有兵十七名,俱系将军等交代时遗漏。副都统阿敏道前往回部,所领索伦兵查出被害有名者四十四人,余丁仆役三人。以上这些遗漏人员造册送部,照例请恤。② 乾隆二十四年(1759)十一月,索伦佐领三达保因在鄂垒扎勒图剿贼有功,加恩授为副总管。③ 乾隆二十五年(1760)正月,吉林防御阿林保赏戴孔雀翎,右卫马甲纳达齐,三姓前锋阿尔苏纳,领催伊三泰,索伦领催西图库尔,马甲礼达俱授为蓝翎侍卫,随达克塔纳护送使人之索伦领催讷卜齐,披甲卓多巴,授为蓝翎侍卫。④ 乾隆二十五年二月,吉林领催得宝在喀喇乌苏之围中,力护将军,懋著劳绩,加恩授为三等侍卫,赐号布林巴图鲁,仍赏银一百两。⑤ 二月,赏由屯缎十二端,银五百两,海兰察缎十端,银一百八十两。索伦总管诺瑞察,三等侍卫乌尔衮保俱缎六端。又赏给将军、大臣、官员等荷包各有差。⑥ 三月,久在军营的索伦兵凯旋,于德胜门外校场暂为休息,再行起程,以示体恤。内务府大臣会同特派之御前大臣侍卫等照看,赐以饭食,查奏官兵亲属阵亡人数,军营效力有功及阵亡官兵等,俱据奏节次敕部议叙议恤。父子、兄弟、祖孙三人内有二人阵亡者,即使没有劳绩,而情尤可悯,自应格外加恩。若官员奴仆阵亡,将其子弟准其开户为民。如果是兵丁奴仆,酌赏其主身价,也准其为民,即照阵亡例议恤。其昭忠祠祭祀,列名于兵丁之次,以示优奖。⑦ 同月,加索伦总管萨垒副都统职衔。⑧

---

① 西藏社会科学院西藏学汉文文献编辑室:《平定准噶尔方略》,正编卷之82,第2429—2430页。
② 西藏社会科学院西藏学汉文文献编辑室:《平定准噶尔方略》,正编卷之84,第2467页。
③ 西藏社会科学院西藏学汉文文献编辑室:《平定准噶尔方略》,正编卷之82,第2440页。
④ 西藏社会科学院西藏学汉文文献编辑室:《平定准噶尔方略》,正编卷之84,第2464页。
⑤ 西藏社会科学院西藏学汉文文献编辑室:《平定准噶尔方略》,正编卷之85,第2476页。
⑥ 西藏社会科学院西藏学汉文文献编辑室:《平定准噶尔方略》,正编卷之85,第2490—2491页。
⑦ 西藏社会科学院西藏学汉文文献编辑室:《平定准噶尔方略》,续编卷之1,第2493页。
⑧ 西藏社会科学院西藏学汉文文献编辑室:《平定准噶尔方略》,续编卷之1,第2503页。

索伦官位升赏很多。到乾隆中期，清朝对于索伦达呼里官的升赏太多，已经达到了借补食俸，缺少人多的程度。乾隆二十五年（1760）三月，将候补总管副总管暂以佐领借补，候补佐领、骁骑校暂以骁骑校领催借补，俱照原品给予俸饷，等缺出即补。① 赏给打牲之索伦达呼里官员半俸，拣选兵丁二千名，赏给半饷。这个待遇发给什么人，是要仔细甄别的。前在乾隆七年（1742），军机处议覆呼伦贝尔博尔德曾经出兵之壮丁二千三百九十余名俱给予钱粮，候缺出裁汰。到乾隆二十四年（1759），裁过一千三百三十余名，尚存一千五十余名。现今的新选兵没有享受到此待遇。黑龙江将军绰尔多建议，如今应从军前撤回之索伦达呼里等未得钱粮者，拣选二千名赏给，以示公平。这一建议果然得到高宗批准，索伦达呼里等向未给予俸饷，今蒙恩轸念伊等效力军前，准照呼伦贝尔等官兵之例赏给，自应于军前撤回官兵内拣选，不必将从前给饷候裁之人派入。撤回之官兵如今到达北京，准备回到黑龙江游牧，领赏人员由黑龙江将军绰尔多拣选，以八月初一日为始，即行给予俸饷。② 乾隆二十五年四月，索伦总管塔济尔图，锡鲁古敦巴图鲁号，仍各赏银一百两。③ 五月，索伦署参领骁骑校乌尔库勒图赏给孔雀翎，索伦署领催玛塔木保、三世保俱奖赏蓝翎，阵亡得伤官兵俱著造册送部，议叙议恤。④ 七月，赏戴寻踪获犯之索伦领催署章京拉塔木保蓝翎，阵亡得伤之官兵等俱著交部议恤。索伦巴图鲁二等侍卫扎延保，吉林巴图鲁蓝翎侍卫哈木图虎以解送回人家口至京。照例赏缎各八端，银各一百二十两。⑤ 乾隆二十七年（1762）四月，优恤续查阵亡病故之呼伦贝尔等官兵亲属。呼伦贝尔马甲章固勒图兄弟三人随征，兄章固岱病故，弟扎什鼐阵亡。章固勒图加恩以骁骑校用。索伦领催达本达尔等父子兄弟

---

① 西藏社会科学院西藏学汉文文献编辑室：《平定准噶尔方略》，续编卷之1，第2505页。
② 西藏社会科学院西藏学汉文文献编辑室：《平定准噶尔方略》，续编卷之1，第2505—2506页。
③ 西藏社会科学院西藏学汉文文献编辑室：《平定准噶尔方略》，续编卷之1，第2509—2510页。
④ 西藏社会科学院西藏学汉文文献编辑室：《平定准噶尔方略》，续编卷之3，第2534页。
⑤ 西藏社会科学院西藏学汉文文献编辑室：《平定准噶尔方略》，续编卷之5，第2559页。

四人内，有阵亡病故者，事亦相通。①

清朝恩恤被叛贼所害的索伦兵。乾隆二十二年（1757）九月，恩恤副都统阿敏道，及照阵亡之例议恤的随行一百名索伦兵。其中所称从前将军兆惠等驻扎伊犁，遣副都统阿敏道领索伦、厄鲁特兵收服波罗泥都、霍集占等。伊等诈称畏厄鲁特扰害，若肯撤回，即行投顺。阿敏道遂撤回厄鲁特兵，带索伦兵一百前往。结果到了沙喇斯才知波罗泥都等谋叛诈降，一百名索伦兵及阿敏道俱为梭害。其行为深为清朝感动，称其捐躯殉难，深可悯恻。②

清朝格外照顾索伦兵。乾隆二十三年（1758）五月，驻防伊犁、乌鲁木齐的索伦官兵原无俸饷，此次照驻防官兵例，减半赏给。③ 乾隆二十四年（1759），兆惠被围三月之久，军营绿旗兵病故者三百余名，富德速往救援，围解时将有病者续行护送，又多致毙。所派守护病兵的索伦兵取其鸟枪，而病兵不肯给与，致有双方争夺鸟枪之事发生。绿旗兵有病之人尚能争夺鸟枪，说明其非不可拯救，可见绿旗兵在清军中地位之低，不可与索伦兵相比。而索伦兵娴于战阵，护视病兵不知体恤，唯知早取军器交官了事。将军对待兵丁应当一体爱惜，弃置绿旗兵，表示其轻视绿旗兵，对于护视绿旗病兵的索伦兵格外重视，争夺鸟枪之事没有加罪于索伦兵。乾隆二十九年（1764）二月，热河移驻伊犁的满洲官员照索伦官员例给予一年俸禄④，说明索伦官员已给予一年俸禄。乾隆二十五年（1760）三月，赏给打牲之索伦达呼里官员半俸，拣选兵丁二千名，赏给半饷。⑤ 乾隆二十九年二月，再从前派出索伦、察哈尔兵丁之总管等各给俸银一年，驼二只，马十匹，跟役十四人。官员每月盐菜银八两，跟役盐菜银五钱，赏银二两。⑥ 乾隆二十五年三月，例

---

① 西藏社会科学院西藏学汉文文献编辑室：《平定准噶尔方略》，续编卷之16，第2744—2745页。
② 西藏社会科学院西藏学汉文文献编辑室：《平定准噶尔方略》，正编卷之44，第1761页。
③ 西藏社会科学院西藏学汉文文献编辑室：《平定准噶尔方略》，正编卷之55，第1963—1964页。
④ 西藏社会科学院西藏学汉文文献编辑室：《平定准噶尔方略》，续编卷之24，第2865页。
⑤ 西藏社会科学院西藏学汉文文献编辑室：《平定准噶尔方略》，续编卷之1，第2505—2506页。
⑥ 西藏社会科学院西藏学汉文文献编辑室：《平定准噶尔方略》，续编卷之24，第2869页。

载满洲、索伦等兵丁，月支羊三只，绿营兵月支二只。① 从此可看出，索伦兵月支羊的待遇与满洲兵相同，优于绿营兵。乾隆二十五（1760）年五月，恩免索伦等处官兵应赔军器。黑龙江将军绰尔多奏称索伦等处官兵五百一十七名，所有损坏军器请照数制给其价值银两，即于各该官兵应得俸饷内分作三年扣还。但是高宗考虑到年来索伦等处官兵在军营行走甚属奋勉，对索伦兵格外加恩，所有损坏军器，照数造给，不必令其赔补。只是说明此次系格外加恩，未便支以为例。同时传谕绰尔多晓示官兵，加意爱惜军器，毋得任意损坏。② 以上仅举几例说明，说明清朝对于索伦兵待遇之特殊优厚。对于索伦兵的升赏，清朝又作出优先升赏出征官兵的政策。

优先升赏出征索伦官兵政策的实施。雍正元年（1723）七月，出征平定策妄阿拉布坦，已经八年了，凡出征之在京八旗，及盛京、黑龙江、宁古塔、西安、右卫等处满洲、绿旗官兵内，有宣力行间，分内应升者，若于各本处补授，恐致悬缺，不敷看守。是以将现在之人，拣选补授。以致军前效力官兵，转壅滞其升迁之路。③ 这是平定准噶尔战争中，清朝重视优先升赏出征官兵的开始。此时平定策妄阿拉布坦，已经八年，条件艰苦，长期对峙，出征官兵需要物质和精神的激励。乾隆二十二年（1757）十一月，清朝命以军营奋勉兵丁，行文本旗升补。此次索伦兵丁已在军营行走四年，但是如果其旗中有官缺出现，都由留在旗中没有出征之人坐补，反而使得出征之人升转迟滞。为了解决这个问题，清朝将军营奋勉兵丁列为一等者，咨行该旗，遇应升之缺，即行升补。吉林、察哈尔、绿旗兵丁也参照这一原则。但是由于索伦等本地出缺及遇有他处缺出军营行走之人，原有补放之例，因该处未曾行文军营，故而出征将士无从得知。为了防止这一现象再次出现，军机大臣交部规定，将此等补放之人查明知会军营，其军营造册保送之索伦、吉林、察哈尔、绿旗兵丁，亦即行文各该处，于行文到日，遇有应行升补

---

① 西藏社会科学院西藏学汉文文献编辑室：《平定准噶尔方略》，续编卷之1，第2496页。
② 西藏社会科学院西藏学汉文文献编辑室：《平定准噶尔方略》，续编卷之3，第2525页。
③ 西藏社会科学院西藏学汉文文献编辑室：《平定准噶尔方略》，前编卷之11，第212页。

之缺，俱以军营之人拟正，奏请补授。即使伊等年资稍浅，而效力疆场，与家居者过异，必如此拔擢，方足以示鼓舞，并传谕各该将军总督总管等知之。①

优先升赏出征官兵政策的取消。乾隆二十三年（1758）二月，高宗驳斥了定边将军兆惠等酌量拣补索伦等处员缺的建议。高宗指出，已补授索伦副总管伊灵阿、佐领三达保二等侍卫，副总管、佐领与二等侍卫俱系四品，令其兼衔。至于该旗所出员缺，俱于副都统鄂博什等保荐军前人员内选补，则不可行。以前索伦、达呼里有官缺，不在军前人员中拣选，而在本旗未出征人员中拣选。这其中存在新旧久暂的差别，如果都在高宗军前人员中拣选，则从前在和通呼尔哈淖尔、额尔得尼招等处受伤没有再出征的官兵就没有机会补授，曾经在青年时期出征之人，年老没有从军也没有机会拣选，从而造成其无机会升补，形成不公平对待。高宗认为其对出征人员加恩，并不意味着其忘记了过去立功之人。何况索伦人等本属浑朴，如果从军即能优叙必然导致骄纵，妄生冀幸。所以认为兆惠、富德所见甚属错谬，是欲沽美名潜相引诱，其办法不妥，传谕饬行。按照兆惠的办法，只能是加恩则效力，不加恩即不效力，断没有此道理。嗣后索伦等处员缺，照常于军前及在家人员内，酌量拣选补授。②

优先升赏出征官兵政策的恢复。乾隆二十五年（1760）四月，命军前效力撤回官员先补该旗额缺。黑龙江正黄旗满洲骁骑校员缺，以奖赏蓝翎领催嘉哈图、金图补授。奖赏蓝领前锋锡克索赉，领催坦色木保俱著记名，一有缺出，即行补授。补授是原则是军前有功人员优先，再照旧例，拣选应升人员。③

清朝优先升赏出征索伦官兵的政策经历了实施、取消、恢复的过程，这是根据形势的变化而变化的。军前形势紧张时，采取优先升赏出

---

① 西藏社会科学院西藏学汉文文献编辑室：《平定准噶尔方略》，正编卷之46，第1815—1816页。
② 西藏社会科学院西藏学汉文文献编辑室：《平定准噶尔方略》，正编卷之50，第1876—1877页。
③ 西藏社会科学院西藏学汉文文献编辑室：《平定准噶尔方略》，续编卷之2，第2525页。

征官兵的政策，以示体恤，军前形势缓和时，取消优先升赏出征官兵的政策，同时兼顾撤回的官兵，既防止军前官兵骄横，又能体恤游牧和受伤官兵，一举两得。

清朝对于索伦逃兵严格审讯。乾隆二十八年（1763）十二月，索伦逃兵额伊勒木保被拿获，审拟治罪。高宗指示，如果叶尔羌等处有伊系恋之人，事涉无耻，应较寻常逃犯，加倍治罪。若系一时愚昧，并无别故，则照常例治罪。对于阿克苏办事都统侍郎海明照前拟绞，监禁阿克苏，秋后处决的处置方式，高宗很不满意，认为办理殊不明晰，务必要审出实情，定拟具奏。① 这说明高宗对索伦兵是否有系恋之人，能否安心军务，十分关心。乾隆二十九年（1764）正月，查出委署章京星噶勒图等所留掠获厄鲁特回人妇女塞卜腾等。额伊勒木保在阿勒楚尔等处掠获回妇库图什，携至叶尔羌生一子，因撤兵时不肯从行，遂携库图什逃亡阿克苏，现已将塞卜腾等四人，解送质对。此外，额伊勒木保还殴其族叔，畏罪脱逃。高宗十分气愤，额伊勒木保仍照前拟绞监候。秋审入于情实，所掠回妇库图什与查出之塞卜腾等，俱著解送伊犁，赏厄鲁特为妻。高宗传谕各城大臣，严饬所属兵丁，嗣后遇此等情事，一经查出，即重治其罪。② 高宗之所以重视此问题，是为了严肃军纪，展示清朝军队良好的形象，取得西北各民族对清朝的政治认同，这和准噶尔军队暴横无耻、掠获妇女的素习，形成鲜明的对比。

乾隆二十九年（1764）三月，恩免索伦兵丁扣赔借用官驼十分之五，仍展限缓扣。索伦总管诺们察领兵五百名至乌里雅苏台，因马力平常，借官驼二百五十只，沿途倒毙一百五十只，应于伊等月粮内坐扣赔补。但高宗考虑到索伦兵携带家口，以致疲乏，加恩宽免十分之五，其应赔之项，若即令坐扣，未免拮据。等一年后，再行扣补。③ 八月，带

---

① 西藏社会科学院西藏学汉文文献编辑室：《平定准噶尔方略》，续编卷之23，第2854—2855页。
② 西藏社会科学院西藏学汉文文献编辑室：《平定准噶尔方略》，续编卷之24，第2860—2861页。
③ 西藏社会科学院西藏学汉文文献编辑室：《平定准噶尔方略》，续编卷之24，第2870页。

领第二起索伦兵之副总管署营总色尔默勒图，查出兵丁内，有将家口重报遗漏，及多领马银缘由。高宗令索伦兵到达乌里雅苏台时，定边左副将军成衮扎布审明索伦兵家口数，移咨黑龙江将军，又命索伦兵到达伊犁时，即行禀报其家口数。批评索伦兵所报家口不符，及支给俸饷种种错谬，皆起程时办理不善所致。①

（四）战后索伦兵保卫西北

索伦兵不但在战争中冲锋陷阵，充当先锋的作用，而且在战后也参与保卫西北，巩固边疆，成为满洲的信任和依靠的重要力量。乾隆二十三年（1758）九月，上谕定边左副将军成衮扎布于带领北路索伦兵进剿严拿抢夺卡伦之乌梁海兵。十月，再次申谕成衮扎布等严拿盗窃卡伦贼匪。可见，九月的进剿有了效果，抢夺卡伦的乌梁海兵已经不敢明目张胆地进攻卡伦，而是出现了盗窃卡伦的贼匪。在巴尔鲁克卡伦拿获的厄鲁特人朋楚克、乌勒木济、德勒格尔等都是索伦官兵奴仆，他们偷窃牧群马匹，从巴里坤逃出。② 同月，新派的索伦兵即派上用场，令其搜剿逸贼官兵。参赞大臣巴禄选派五百名索伦兵，每人给马三匹，裹粮前往。凡藏匿之吗哈沁及哈丹、阿巴噶斯余贼，尽行搜捕剿除。③ 十一月，将先到的索伦一千名，暂行驻候。将健锐营、察哈尔兵丁乘骑之马，拣选三千匹，交照看索伦兵大臣等，送至阿克苏。在本月攻城剿贼的战斗中，索伦署参领蒙郭勒肋下负伤，与贼骑相扭挟。满洲索伦兵将受伤人马互相救出者甚多。④ 十二月，将爱隆阿所领满洲、索伦、蒙古兵丁五百名，马二百匹，饲秣膘壮，并酌量赛里木回人等，助出马匹，办理行装，策应大兵。⑤

乾隆二十三年（1758）二月，清朝开始考虑撤回索伦兵丁。此时阿睦尔撒纳已经病死，驻防在乌里雅苏台的索伦、察哈尔兵丁无事，清

---

① 西藏社会科学院西藏学汉文文献编辑室：《平定准噶尔方略》，续编卷之26，第2905—2906页。
② 西藏社会科学院西藏学汉文文献编辑室：《平定准噶尔方略》，正编卷之62，第2066、2068页。
③ 西藏社会科学院西藏学汉文文献编辑室：《平定准噶尔方略》，正编卷之63，第2093页。
④ 西藏社会科学院西藏学汉文文献编辑室：《平定准噶尔方略》，正编卷之64，第2108页。
⑤ 西藏社会科学院西藏学汉文文献编辑室：《平定准噶尔方略》，正编卷之66，第2153页。

朝想用这部分兵防范喀尔喀边界之厄鲁特,故令成衮扎布等于乌里雅苏台、科卜多等处兵丁,量足看守仓库,供应差遣外,撤回其余索伦、察哈尔等兵丁。此外,索伦兵久在军前效力,未获休息。现议其在乌鲁木齐、鲁克察克等处屯田。此处已有绿旗兵驻扎,绿旗兵虽娴于耕作,但是镇守巡防不及索伦。在乌鲁木齐、鲁克察克等处屯田,索伦兵享有特殊待遇。既免其纳赋貂皮,又有钱粮养赡,射猎资生,自当更觉饶裕。令黑龙江将军绰尔多等于索伦兵丁内拣选一千名在乌鲁木齐、鲁克察克等处屯田。今年先遣兵丁前往,来年再将索伦兵眷属移去。拣选兵丁时,若户口多者,恐其亲属相离,不许派往,只派小户单丁。后经绰尔多酌议,考虑到人情安土重迁,或携眷亦非所愿。如不愿携眷,允许驻防兵丁更番戍守,定以年限,派兵更代,酌量赏赐。赏赐的方法是若有更代驻防旧例,即查照办理。或无例可援,即照出兵例,减半赏给。①

乾隆二十三年(1758)三月初七,富德率兵追击哈萨克锡喇。越过博罗呼济尔领,鄂博什等左翼,罗卜藏多尔济等为右翼,追及于哈鲁勒托罗海,擒获卓托鲁克得木齐车隆。之后,由屯带兵往追鄂哲特等,收降台吉衮布等。其节次所收户口,派索伦兵送至吐鲁番。② 四月,敏珠尔多尔济等剿贼不力,高宗令定边将军兆惠、富德领兵二千余名,同领队大臣明瑞、由屯、瑚尔起、温布、巴图济尔噶尔,由伊犁进剿回部。表扬了先前领队大臣由屯,赞其领兵甚少,尚能擒贼。指出如果兆惠等协力前追,更易集事。徒驻兵伊犁没有益处,要敢于出战追击,应调遣领队大臣,乃多派侍卫,最好是将军及参赞大臣亲往。③ 四月,定议量撤乌里雅苏台等处兵丁。北路军营留索伦兵一千名,除挑往西路索伦兵四百五十名外,余兵五百四十名,在军前年久,应行撤回。索伦兵因和硕齐等带去三百名,尚在驻防。将乌里雅苏台、科卜多致索伦兵暂

---

① 西藏社会科学院西藏学汉文文献编辑室:《平定准噶尔方略》,正编卷之51,第1897—1900页。
② 西藏社会科学院西藏学汉文文献编辑室:《平定准噶尔方略》,正编卷之53,第1929—1930页。
③ 西藏社会科学院西藏学汉文文献编辑室:《平定准噶尔方略》,正编卷之54,第1949—1950页。

时留驻，俟和硕齐等兵丁回程之便，全行撤回。① 定边左副将军成衮扎布派出驻防在科卜多的三百索伦、察哈尔、喀尔喀兵策应和硕齐。② 五月，撤回在军前效力有年之索伦兵三千名，令回游牧休息。由黑龙江将军绰尔多从未经派出之索伦、达呼里等中拣选二千名更换，与派去伊犁、乌鲁木齐驻防的索伦兵一千名，合起来也是三千名。出于办理回部的需要，六月，令绰尔多再于索伦兵内拣选一千名，与前次所派兵丁一同起程，由副都统福禄、散佚大臣永庆、乾清门侍卫额讷慎、塔尔海、乌尔图纳逊带领前往军营效力。③ 但此时索伦、达呼里共二千三百余名官兵，不够挑选之数，酌于呼伦贝尔等处之索伦、巴尔虎兵内，凑足一千，其派出管辖官员、俸饷银两均照前次赏给。其军器等件于齐齐哈尔等处奏办，共派索伦兵二千名，候御前侍卫敦察等至日，带领起程。④

乾隆二十三年（1758）十月二十等日，索伦兵经过辟展。⑤ 高宗于新派索伦兵二千名，察哈尔、健锐营兵各一千名内，派索伦兵一千，察哈尔、健锐营兵各五百，共二千名，令纳穆扎尔、三泰驻防伊犁。其余索伦兵一千，令阿桂带领驻扎已面。新兵分驻之日，即旧兵撤回之时。⑥

乾隆二十五年（1760）正月，舒赫德从回城叶尔羌等处所驻索伦兵内，抽调三百名，前往乌鲁木齐，防范哈萨克。此时，清朝又于恰克图接到俄罗斯文书，称有哈萨克统众三万，分三路侵犯卡伦。清朝对此将信将疑，为了确保安全，豫为准备。令策布登扎布驰驿至乌里雅苏台，领兵二千赴布延图防范，其中有索伦兵一千名。

乌里雅苏台军营仍由成衮扎布驻防，亦需调兵添补防守力量，令噶布舒、诺们察驰驿前往，选派呼伦贝尔之索伦达呼里兵五百名，黑龙

---

① 西藏社会科学院西藏学汉文文献编辑室：《平定准噶尔方略》，正编卷之53，第1927—1928页。
② 西藏社会科学院西藏学汉文文献编辑室：《平定准噶尔方略》，正编卷之54，第1944—1945页。
③ 西藏社会科学院西藏学汉文文献编辑室：《平定准噶尔方略》，正编卷之56，第1974—1979页。
④ 西藏社会科学院西藏学汉文文献编辑室：《平定准噶尔方略》，正编卷之57，第1994页。
⑤ 西藏社会科学院西藏学汉文文献编辑室：《平定准噶尔方略》，正编卷之63，第2102页。
⑥ 西藏社会科学院西藏学汉文文献编辑室：《平定准噶尔方略》，正编卷之62，第2082—2083页。

江、墨尔根、齐齐哈尔三处之索伦兵五百名，合计从黑龙江调索伦兵一千名。将军副都统舒泰负责办理马匹牲只，军器口粮。此次出征保卫西北边疆，意义重大，清朝对待索伦达呼里兵实行特殊政策。索伦达呼里兵向无俸饷，年来效力军营，甚属奋勉，加恩照呼伦贝尔官兵例，赏给一半俸饷。其额数定为二千名。① 乾隆二十五年（1760）二月，再从阿克苏派索伦兵三百名，前往乌鲁木齐。此时阿克苏有索伦兵二百六十余名，又于齐凌扎卜所领新索伦兵内拣选三十余名，凑足三百名，发往乌鲁木齐。阿克苏地方紧要，现在所有索伦兵全部派往乌鲁木齐，没有索伦兵保护。② 这说明满洲不得不依靠索伦兵。四月，又派满洲、索伦、察哈尔兵三百名，前往乌鲁木齐。③ 至此，乌鲁木齐增兵二千九百名，多为索伦兵，力量增强很多，足以防范哈萨克。乾隆二十六年（1761）九月，派出京师满洲兵二千，黑龙江满洲、索伦兵一千，察哈尔、厄鲁特兵一千，前往伊犁、叶尔羌、乌鲁木齐更换驻防。④ 这些派出的索伦官兵，官员预支俸银一年，兵丁赏整装银二十两，营长等月支盐菜银六两，跟役六名，马十匹，佐领等月支盐菜银四两，跟役四名，马八匹，骁骑校等月支盐菜银二两，跟役二名，马六匹，兵丁月支盐菜银一两五钱，马二匹，每二兵公用跟役一名，月支盐菜银五钱，赏银二两，及账房锣锅等项。⑤ 十一月，由乌鲁木齐派各六十名索伦兵驻防玛纳斯、库尔喀喇乌苏，由伊犁派索伦兵五十名驻防晶河。⑥ 十二月，调伊犁索伦兵一百名驻防乌鲁木齐，巡查防守。⑦ 派黑龙江官兵一千名前往伊犁更换驻防。⑧ 乾隆二十七年（1762）四月，南北两路换班撤回之满洲、索

---

① 西藏社会科学院西藏学汉文文献编辑室：《平定准噶尔方略》，正编卷之84，第2468—2469页。
② 西藏社会科学院西藏学汉文文献编辑室：《平定准噶尔方略》，正编卷之85，第2479—2482页。
③ 西藏社会科学院西藏学汉文文献编辑室：《平定准噶尔方略》，续编卷之2，第2513页。
④ 西藏社会科学院西藏学汉文文献编辑室：《平定准噶尔方略》，续编卷之13，第2698页。
⑤ 西藏社会科学院西藏学汉文文献编辑室：《平定准噶尔方略》，续编卷之14，第2707—2708页。
⑥ 西藏社会科学院西藏学汉文文献编辑室：《平定准噶尔方略》，续编卷之14，第2711页。
⑦ 西藏社会科学院西藏学汉文文献编辑室：《平定准噶尔方略》，续编卷之15，第2718页。
⑧ 西藏社会科学院西藏学汉文文献编辑室：《平定准噶尔方略》，续编卷之15，第2724页。

伦、察哈尔官兵共三千二百余员名，于哈密雇车，送至肃州，皆令边外行走，遣回游牧。①

乾隆二十九年（1764）五月甲戌，至乌鲁木齐尚有满洲兵二百名，应令与索伦兵同行，既可学习技艺，且益壮声威。雅尔既经筑城驻兵，哈萨克自必远避，但此等愚昧外藩，唯知自便。应酌派满洲、索伦兵九百名，分东北两路顺便巡察，有越境游牧者严行驱逐。若有潜至乌梁海种地之华额尔齐斯等处游牧或有换易粮米乘隙抢夺等情，另请咨行乌里雅苏台将军成衮扎布，禁止驱逐。②乌里雅苏台将军，又称定边左副将军，是清朝在喀尔喀蒙古的行政建置，武职从一品，是清代驻防全国军府制度14员将军之一，是清朝在喀尔喀、唐努乌梁海与科布多的最高军政长官，与科不多参赞大臣、库伦办事大臣相配合，共同防止厄鲁特蒙古准噶尔部侵袭喀尔喀蒙古，如乾隆三年（1738）乌里雅苏台将军策棱在喀尔喀与准噶尔牧地划界过程中，不为二子在雍正十年（1732）被俘所动，坚持原则，以阿尔泰山为界。

雍正九年（1731）八月，大、小策零敦多布率兵三万侵袭喀尔喀，策棱率兵击败大策凌敦多布及海伦曼济于鄂登楚勒。次年六月又击败小策零敦多布。雍正十一年（1733），世宗为了防止此类事件再度威胁喀尔喀，设立乌里雅苏台将军，首任为额驸策棱，其担任该官职直到乾隆十五年（1750）。乌里雅苏台将军掌管喀尔喀四部（车臣汗部、土谢图汗部、赛音诺颜部、札萨克图汗部）、唐努乌梁海、科不多军政事务。乾隆二十七年（1762）设立伊犁将军，此时已经平定南北疆叛乱，又有伊犁将军总统新疆，来自西部的威胁消除了。乾隆二十九年（1764）乌里雅苏台城（今蒙古扎布罕省扎布哈朗特）开始建设，乾隆三十二年（1767）竣工，乌里雅苏台将军正式开府。乌里雅苏台城方圆三里有余，有将军衙门、参赞衙门、内阁衙门、户部衙门、兵部衙门、理藩院衙门。在行政建置上，设参赞大臣二员，满洲、蒙古平分。宣统三年

---

① 西藏社会科学院西藏学汉文文献编辑室：《平定准噶尔方略》，续编卷之16，第2743—2744页。

② 西藏社会科学院西藏学汉文文献编辑室：《平定准噶尔方略》，续编卷之25，第2884页。

(1911），辛亥革命，外蒙古库伦的哲布尊丹巴政权独立，最后一任乌里雅苏台将军奎芳于十二月撤离，次年民国政府以那彦图署理乌里雅苏台将军，欲出兵收复外蒙古，没有实现，那彦图也没有上任，从此乌里雅苏台将军退出历史舞台。

乾隆三十年（1765）二月二十一日，准德福将乌什回人作乱，卞塔海领兵往援。查叶尔羌、喀什噶尔、阿克苏等处满洲、索伦兵丁分管台站，势难一时调集，伊犁将军明瑞令副都统观音保精兵五百名由穆素尔领往援。① 二月二十五日，明瑞得知乌什大臣官兵被害，卡塔海未能即获贼首。在危急关头，明瑞派遣以索伦兵为主力的部队再次增援。爱隆阿领索伦兵一千二百名，又随派满洲、索伦、察哈尔兵一千一百余名于闰二月初四日渡河，初五日起程，还由穆素尔领往援。② 明瑞派出索伦兵六百名，在巴尔楚克山之西与绰克托合队。绰克托是在正月初六带领满洲、索伦兵前往雅尔驻防。五岱到乌鲁木齐安顿家口，于正月十九日至尼玛图，前与伊犁将军明瑞约定合队之事，两队哨探相遇，因沿途雪深数尺，定于闰二月初起程。③ 这样，在大量索伦兵参战的情况下，很快平定了乌什回人的作乱。乾隆三十年（1765）五月，参赞大臣绰克托在雅尔屯田驻兵。随同满洲、索伦兵斫取柳条，于营外周围插护。④ 八月，留兵五百名驻防乌什，其中有满洲兵一百名，索伦兵一百名，绿旗兵三百名。满洲兵以副都统舒泰、乾清门侍卫保宁管辖，索伦兵以原任总管达克塔纳管辖，绿旗兵以乾清门侍卫法灵阿管辖。高宗认为乌什事竣，满洲、索伦兵无须多驻，所以驻防乌什以绿旗兵为多数。⑤

（五）索伦兵在平定准噶尔战争中的作用

索伦兵在平准战争中的承担着多种任务，在战争开始之前，就为战争做准备，制造军装。乾隆二十五年（1755）六月，副都统伊勒图所领满洲兵一百名，索伦、察哈尔、额鲁特等兵一百名，制造军装。⑥ 索

---

① 西藏社会科学院西藏学汉文文献编辑室：《平定准噶尔方略》，续编卷之28，第2929页。
② 西藏社会科学院西藏学汉文文献编辑室：《平定准噶尔方略》，续编卷之28，第2935页。
③ 西藏社会科学院西藏学汉文文献编辑室：《平定准噶尔方略》，续编卷之29，第2949页。
④ 西藏社会科学院西藏学汉文文献编辑室：《平定准噶尔方略》，续编卷之30，第2963页。
⑤ 西藏社会科学院西藏学汉文文献编辑室：《平定准噶尔方略》，续编卷之30，第2966页。
⑥ 西藏社会科学院西藏学汉文文献编辑室：《平定准噶尔方略》，续编卷之4，第2556页。

伦兵在战争平定准噶尔中，起到了不可替代的重要作用。

驻防乌里雅苏台。乾隆二十年（1755）八月，普庆于京兵内带领五百名，达色于索伦兵内带领五百名，驻扎乌里雅苏台，听候阿兰泰调遣。① 恰在此时，乌鲁木齐台站被流散布库努特贫人所抢，总管阿敏道误信侍卫玛瑞、乌鲁木齐台站察哈尔骁骑校敦多克的奏报，以为是阿睦尔撒纳先遣阿巴噶斯、哈丹等领兵前行哨探，大兵随后即到。这一误判已被纠正，为了稳妥起见，令总管毕里衮将索伦巴尔虎兵丁暂停撤回，并遣人传知扎哈沁宰桑额尔奇木济同驻扎侍卫巴哈曼集，酌派蒙古、索伦等兵接续台站，至乌鲁木齐会同额林哈毕尔噶台吉扎那噶尔布。② 并将巴里坤处七千匹马调取三千，给予索伦巴尔虎兵丁调换。③

驻防巴里坤。乾隆二十一年（1756）十二月，内大臣博尔奔察赴乌里雅苏台拣选索伦兵丁前往西路进兵，著先派兵五百名。交与侍卫顺德讷，即速驰赴巴里坤听候调遣。④ 乾隆二十二年（1757）正月，定边将军成衮扎布带领索伦兵丁二三百名，由阿济必济前往巴里坤。⑤ 此时，所调北路索伦兵二千名及吉林、察哈尔兵各一千名，阿拉善兵五百名陆续可到。以此兵力，擒剿逆贼，已足敷用。⑥ 这些兵力是用来擒剿阿睦尔撒纳的。索伦兵素属骁勇，如今身处移民社会，清朝恐怕其被厄鲁特影响，势必染其余习，将来渐不可用，甚属无益。⑦ 对于所遣报信之索伦侍卫努古德、彰金布，俱属赏银一百两，努古德著赏给额勒斯巴图鲁名号，彰金布著赏给呼尔察巴图鲁名号。⑧

驻防伊犁和乌鲁木齐。乾隆二十三年（1758）五月，议驻扎索伦官兵事宜。黑龙江将军绰尔多等拣选索伦兵一千名，驻防伊犁、乌鲁木齐。根据索伦兵自身不愿携眷前往的意愿，清朝尊重其这一选择，令其

---

① 西藏社会科学院西藏学汉文文献编辑室：《平定准噶尔方略》，正编卷之16，第1228—1229页。
② 西藏社会科学院西藏学汉文文献编辑室：《平定准噶尔方略》，正编卷之17，第1249页。
③ 西藏社会科学院西藏学汉文文献编辑室：《平定准噶尔方略》，正编卷之17，第1250页。
④ 西藏社会科学院西藏学汉文文献编辑室：《平定准噶尔方略》，正编卷之35，第1601页。
⑤ 西藏社会科学院西藏学汉文文献编辑室：《平定准噶尔方略》，正编卷之35，第1609页。
⑥ 西藏社会科学院西藏学汉文文献编辑室：《平定准噶尔方略》，正编卷之35，第1612页。
⑦ 西藏社会科学院西藏学汉文文献编辑室：《平定准噶尔方略》，正编卷之35，第1612页。
⑧ 西藏社会科学院西藏学汉文文献编辑室：《平定准噶尔方略》，正编卷之35，第1617页。

更番戍守。绰尔多拣选年力精壮者一千名，派副总管二员，佐领十二员，骁骑校十二员，于六月间由克尔伦一路起行，三年一次更换。索伦官兵原无俸饷，此次照驻防官兵例，减半赏给。其跟役马匹及盐菜口粮银两，俱赏给银两。火药、铅子、麻绳驮载多费，令向乌里雅苏台支给。领兵官员于副总管内拣派一员，令其管领。等这批索伦兵一到，即换回西路所有索伦兵。① 五月，议屯田增兵措饷事宜。清朝指出若回地出谷有限，不能交易，即将前后屯田兵丁暂行撤回巴里坤，显示满洲对索伦兵的关心。由于乌鲁木齐处位置较远，派拨驻防索伦兵一千名内的五六百名前往驻防，对于其后勤补给，令黄廷桂将屯田需用各项先期送至吐鲁番。等来年将屯田兵丁遣往，收货有效再于伊犁等处渐次经理。② 清乾隆二十八年（1763）正月，选派索伦壮丁一千名，以佐领十员，骁骑校十员带领，分为二起，于春夏陆续携眷前往，移驻伊犁。每户给整装银三十两，驼一只，折价银十八两，人给马一匹，账房折价银四两，锣锅折价银二两，起程之时，裹带两月口粮，每丁月给盐菜银一两五钱，俟办给孳生牲只，再行停给。伊等既无跟役，各赏银十两，置办军器。③ 乾隆二十八年（1763）三月，除索伦兵带来马驼，准其存留外，仍给与孳生牲只，请按现在牛羊数目，每户派给羊二十五只，二三户合给牛一只，每羊十只，岁交孳生羊三只，牛十只。交孳生牛二只。④ 索伦兵至乌里雅苏台换易马驼。⑤ 索伦亦系游牧过冬自搭棚房⑥，多用皮衣。九月，伊勒图奏言，准新柱等咨伊犁携眷之满洲、索伦、察哈尔等人口甚多，布匹棉花，俱口用所必需，请将叶尔羌折粮钱文，采买棉花三万余斤解送。⑦ 乾隆二十九年（1764）正月，派一千名盛京锡伯兵挈眷移驻塔尔巴噶台。其中，选派佐领十员，骁骑校十员，约束管

---

① 西藏社会科学院西藏学汉文文献编辑室：《平定准噶尔方略》，正编卷之55，第1963—1964页。
② 西藏社会科学院西藏学汉文文献编辑室：《平定准噶尔方略》，正编卷之55，第1966—1967页。
③ 西藏社会科学院西藏学汉文文献编辑室：《平定准噶尔方略》，续编卷之20，第2804页。
④ 西藏社会科学院西藏学汉文文献编辑室：《平定准噶尔方略》，续编卷之21，第2817页。
⑤ 西藏社会科学院西藏学汉文文献编辑室：《平定准噶尔方略》，续编卷之21，第2821页。
⑥ 西藏社会科学院西藏学汉文文献编辑室：《平定准噶尔方略》，续编卷之20，第2812页。
⑦ 西藏社会科学院西藏学汉文文献编辑室：《平定准噶尔方略》，续编卷之22，第2841页。

理，带领兵丁出章古台由台站前往。理藩院照例派笔帖式两员，领催两名，送至乌里雅苏台。官员兵丁，应领俸饷，约需银十万两，就近于盛京户部支领。并派城守尉、协领各一员，送至伊犁。①

驻防形成移民社会，众多民族聚居，相互借鉴，促进民族融合。乾隆二十九年（1764）二月，拣发热河满洲兵、达什达瓦部之厄鲁特兵、盛京锡伯兵约计二千五六百名，现在各令挈眷陆续起程。至满洲、锡伯兵共有二千。②盛京锡伯兵及厄鲁特兵同索伦、察哈尔一体游牧，锡伯兵若需房屋，亦令自行修造，又官给孳生羊只，索伦、察哈尔应给之项，已奏明酌给外，将来厄鲁特、锡伯兵照例每兵给羊二十五只，约计需四万余只。可见，清朝对厄鲁特、锡伯兵给予的待遇也是十分优厚，在伊犁驻防城形成一个移民社会。锡伯兵丁照索伦、察哈尔、厄鲁特之例建立昂吉，编设佐领，约计一千名作一昂吉六佐领。领催披甲分派各佐领下，另于索伦、满洲大员内选派总管、副总管各一人管束。其佐领、骁骑校各六名，即于现在之防御、骁骑校二十名内选放，如防御内有可任副总管者，亦即令充补。其余官员仍食原俸当差，俟缺出选补，领催二十四名，亦于现往之领催内挑选，其余俱照察哈尔例办理。所有昂吉佐领，给予关防图记。③

清军在撤军途中将索伦兵作为先锋使用。乾隆二十二年（1757）三月，撤索伦、吉林兵丁。派索伦兵八百名，令明瑞、色布腾巴尔珠尔管理。吉林兵二百五十名，令满福管理。又派索伦兵七百名，令三格、图伦楚、奇彻布管理。吉林兵三百名，令爱隆阿管理。④

清朝出于对索伦兵的信任，令其伴送使臣，参与外交事务。乾隆二十二年（1757）九月，派散佚大臣和硕齐、侍卫富锡尔、穆伦保等带索伦兵一百名、厄鲁特兵一百名，沿途伴送哈萨克使臣，同时搜剿吗哈沁等。在伴送使臣的过程中，令成衮扎布等交科卜多驻扎大臣派索伦兵

---

① 西藏社会科学院西藏学汉文文献编辑室：《平定准噶尔方略》，续编卷之24，第2863—2864页。
② 西藏社会科学院西藏学汉文文献编辑室：《平定准噶尔方略》，续编卷之24，第2867页。
③ 西藏社会科学院西藏学汉文文献编辑室：《平定准噶尔方略》，续编卷之24，第2874—2875页。
④ 西藏社会科学院西藏学汉文文献编辑室：《平定准噶尔方略》，正编卷之38，第1651页。

预备厄鲁特兵,说明清朝对于厄鲁特兵来说,更加信任索伦兵,并给予伴送使臣的索伦兵较好的待遇,其马驼牲只及整装银两,俱照例赏给。① 乾隆二十二年(1757)九月,赐哈萨克阿布赉等敕书记载,派散佚大臣和硕齐、巴图鲁侍卫富锡尔、穆伦保带领索伦、蒙古兵丁,护送哈萨克使臣,由额尔齐斯、塔尔巴噶台至古尔班察尔。②

清朝派索伦兵护送马匹、人员和银两。乾隆二十二年(1757)十二月,据吴达善、豆斌奏称,护送军营马八千匹,将所派兵丁,编队行走。对护送马匹的吉林、索伦、察哈尔等闲散余丁俱酌量赏给。之后,成衮扎布等奏请增马两千匹,而此时巴图济尔噶尔等早已起程,但是护送军营马匹非常重要,清朝还是令吴达善等,作速行文巴图济尔噶尔等,将所领兵五百名内挑选索伦、蒙古兵一百名,交富绍带回巴里坤,护送续进马匹③,显示了索伦兵的重要作用。乾隆二十三年(1758)正月,雅尔哈善带领索伦兵一千名续送军营马匹到鲁克察克。这一千名索伦兵要是计划参加进剿沙喇擘勒贼众的战斗,以壮声势之用,可见索伦兵之巨大作用,清朝以其为依靠。④ 二月,为了加强雅尔哈善分派哨探策应,及巡察牧群之用,当时其有索伦、察哈尔及富绍等送马兵丁将及三百名,高宗考虑雅尔哈善兵数不够用,谕定边将军兆惠将一切差遣回程索伦兵留于鲁克察克,如有不足,再自兆惠军营遣发。⑤ 三月,莽噶里克带索伦十人去侦察敌情,得知是尼玛之兵牧放马驼。⑥ 四月,派索伦五十名,同珲齐等家口,俱送至吐鲁番。其布库察罕之从兄阿都齐,亦派索伦兵送至吐鲁番,照前转解到京。⑦ 豆斌带

---

① 西藏社会科学院西藏学汉文文献编辑室:《平定准噶尔方略》,正编卷之43,第1746—1747页。
② 西藏社会科学院西藏学汉文文献编辑室:《平定准噶尔方略》,正编卷之44,第1769—1770页。
③ 西藏社会科学院西藏学汉文文献编辑室:《平定准噶尔方略》,正编卷之46,第1817页。
④ 西藏社会科学院西藏学汉文文献编辑室:《平定准噶尔方略》,正编卷之48,第1836—1839页。
⑤ 西藏社会科学院西藏学汉文文献编辑室:《平定准噶尔方略》,正编卷之50,第1873页。
⑥ 西藏社会科学院西藏学汉文文献编辑室:《平定准噶尔方略》,正编卷之52,第1909页。
⑦ 西藏社会科学院西藏学汉文文献编辑室:《平定准噶尔方略》,正编卷之53,第1924—1925页。

领驻扎在巴里坤的索伦、吉林、绿旗兵二百名巡查台站。① 乾隆二十四年（1759）二月，令侍卫官长保等趱送马匹。达瓦党阿等从巴里坤到乌鲁木齐需用熟识水草的向导，清朝从索伦、察哈尔、厄鲁特等兵丁内派出二百名作为向导，趱送马匹。② 三月，定边将军兆惠调取辟展等处，存留索伦、察哈尔兵五百名，拨马一千匹出口，又拨银三十余万，由哈密解送军营，办理军需。③ 乾隆二十九年（1764）十一月庚午，绰克托等先派索伦官兵巡查，驱逐哈萨克等，续领官兵带运粮饷、籽种、器具起程。④

此外，索伦兵还有巡查台站和侦查军情的任务。索伦兵在平定准噶尔战争中发挥了重要作用，使得满洲统治者对索伦兵的器重远胜过绿旗兵。乾隆二十三年（1758）三月，雅尔哈善调取索伦兵五百名由朱尔都斯押解人口，送交雅尔哈善。之后将索伦兵留用，派绿旗兵丁押解人口，转赴巴里坤。用此索伦兵来剿杀昂吉岱等贼众，后虽取消了此次调遣⑤，但依然可看出清朝对索伦兵的倚重远远超过绿旗兵。四月，派索伦五十名，同珲齐等家口，俱送至吐鲁番，雅尔哈善将索伦兵留用，另派绿旗兵送至巴里坤。⑥ 高宗在伊犁驻扎索伦兵及健锐营兵二三千名，合之绿旗屯田兵丁，声威自壮。⑦ 这些事例都可以看出清朝对索伦兵的依仗和重视。

历经康雍乾三代帝王，承前启后，终于在乾隆朝统一了准噶尔，清朝统一多民族国家事业向前发展了一大步。两次平定准噶尔作为高宗"十全武功"之首，意义重大显而易见。索伦兵在追剿阿睦尔撒纳的过程中，远赴哈萨克作战，在平定准噶尔之后，继续驻防伊犁，为祖国统一和边疆稳定作出了重大贡献。

---

① 西藏社会科学院西藏学汉文文献编辑室：《平定准噶尔方略》，正编卷之54，第1942页。
② 西藏社会科学院西藏学汉文文献编辑室：《平定准噶尔方略》，正编卷之68，第2191页。
③ 西藏社会科学院西藏学汉文文献编辑室：《平定准噶尔方略》，正编卷之70，第2219页。
④ 西藏社会科学院西藏学汉文文献编辑室：《平定准噶尔方略》，续编卷之27，第2913页。
⑤ 西藏社会科学院西藏学汉文文献编辑室：《平定准噶尔方略》，正编卷之52，第1912—1914页。
⑥ 西藏社会科学院西藏学汉文文献编辑室：《平定准噶尔方略》，正编卷之53，第1924—1925页。
⑦ 西藏社会科学院西藏学汉文文献编辑室：《平定准噶尔方略》，正编卷之53，第1923页。

第二节 平定回部战争中的索伦部与满洲的军事关系

新疆是丝绸之路经济带的桥头堡，西北边疆地区以新疆为主，毗邻中亚诸国，战略地位十分重要。然而受"华夷之辨"的思想束缚，秦朝所建立的郡县制无法施行于边疆地区。新疆地区古称西域，长期以来跟中原王朝实行朝贡制的羁縻统治，清代以前中原王朝对于西域未曾真正统治。清朝统治者实现了真正的国家大一统，从康熙二十九年（1690）康熙亲征噶尔丹开始，到乾隆二十四（1759）平定霍集占兄弟，用兵西北69年，统一新疆。并实行一地多制的管理体制，乾隆二十七年（1762），清朝设立伊犁将军，为最高军政长官，南疆实行伯克制，东疆实行郡县制，蒙古族、哈萨克族和东疆的维吾尔族实行札萨克制。嘉道时期，又历40多年才将张格尔及其家族势力平定。同治三年（1864），《中俄勘分西北界约记》签订，中俄西段边界划定，清朝失去了巴尔喀什湖以东、以南44万多平方公里的土地。左宗棠击败阿古柏势力，收复新疆，光绪七年（1881）中俄签订《中俄伊犁条约》，清朝几乎收复全部新疆，包括伊犁九城及特克斯河流域附近领土，但仍失去塔城东北和伊犁、喀什噶尔以西约7万平方公里的领土。

一　阿敏道带领索伦兵招抚回部

新疆是中国西北部的边疆地区，秦汉时称为西域，北靠蒙古、西接俄国与中亚，地理位置十分重要。天山山脉横亘其间，西起葱岭，东抵哈密，纵横数千里，把新疆一分为二，天山以北称北疆，又称天山北路，天山之南称南疆，又称天山南路。在清代，准噶尔居住在北疆，故把北疆成为准部，维吾尔居住在南疆，故将南疆称为回部，这样称呼把民族与地区联系起来，一目了然。维吾尔在唐宋时，称为回纥或回鹘。元朝末年，伊斯兰教盛极南疆，称为回教，取替唐代以前的佛教，当地人被称为回回。清代称为回部。明清之际，叶尔羌汗国统治回部，不久黑山宗与白山宗教派倾轧，内乱不已。噶尔丹崛起后灭亡叶尔羌汗国，兼并回部，囚禁宗教领袖阿布都实特于伊犁，又经策妄阿拉布坦、噶尔丹策凌、达瓦齐先后经营，对回部实行暴力统治，强迁回部维吾尔人到天山以北的准噶尔地区，内乱不停，外患接至，回部陷入四分五裂的境地。康熙三十五年（1696），清朝大败噶尔丹将阿布都实特护送到回部，至噶尔丹策凌时，又将玛罕木特及其二子布拉呢敦和霍集占拘禁伊犁。

乾隆二十年（1755），清军占领伊犁，达瓦齐被擒，大和卓木布拉呢敦解除拘禁，回到南疆统治，小和卓木霍集占留在伊犁，统辖当地回人。大、小和卓木均认同于清朝的统治。但是好景不长，霍集占在阿睦尔撒纳兵败之际，逃回叶尔羌，很快说服布拉呢敦起兵反抗清朝。霍集占曾暗中帮助过阿睦尔撒纳，受其分裂主义的影响，煽动布拉呢敦自立。定边右副将军兆惠发现端倪，派遣副都统阿敏道索伦兵一百、厄鲁特兵三千前往回部，招抚大、小和卓木。在库车，霍集占欺骗阿敏道撤回厄鲁特兵，阿敏道仅带一百名索伦兵进入库车城，阿敏道被杀，一百名索伦兵被俘。

二 索伦兵参与平定大、小和卓木叛乱

（一）雅尔哈善请求派遣索伦兵

乾隆二十三年（1758）正月，清朝正式出兵平定回部叛乱，高宗派兵部尚书雅尔哈善为靖逆将军，率领上万清军进抵回部。二月，靖逆将军雅尔哈善请求将兆惠军营派发索伦兵五百名前来，加上其自身的五百索伦兵，索伦兵数量达到一千名，前去招抚伯克霍集斯。这一请求没有得到批准，因为兆惠正在北疆剿贼，也需要索伦兵，而雅尔哈善前去招抚，没有必要调用那么多索伦兵，清朝追回了调往雅尔哈善军营的索伦兵。由此可见，清朝对索伦兵的派发使用非常重视，均用在最关键的战役中。兆惠在准噶尔剿贼需要索伦兵，雅尔哈善也很依靠索伦兵，甚至在招抚的过程中，也希望多派索伦兵前去，以壮军威。三月，雅尔哈善派拨进剿官兵。其侍卫富绍领索伦、吉林、察哈尔兵共一千四百余名来到鲁克察克军营。①

---

① 西藏社会科学院西藏学汉文文献编辑室：《平定准噶尔方略》，正编卷之52，第1906页。

（二）库车战役中的索伦兵

乾隆二十三年（1758）五月，雅尔哈善率领八旗、绿营军队一万余人攻打回部重镇库车。六月，先将满洲、索伦兵埋伏要隘，令绿旗兵张满洲、索伦旗帜，前往迎战。等库车回人贼众一出，满洲、索伦兵埋伏骤起，截断剿杀。① 清军了解到敌军不到三千人，在隔壁前沟边住歇。雅尔哈善派兵二千四百名，令顺德讷、爱隆阿、端济布、衮楚克、朗衮扎卜、五福带领侍卫官员等前往。次日黎明，排列队伍。绿旗、回兵居中，满洲、索伦、蒙古兵分为两翼往迎。贼据沟边高阜排列，彼此施放鸟枪。回兵正欲冲清军两翼，清军四面呼噪，发矢放枪，合围攻击。回兵大乱，拥聚沟中，只以枪刀格斗。清军奋勇击射，自午至未，进行剿杀，仅逃脱一二十人，俱已带伤，计剿贼二千余人。清军阵亡者数人，得伤者亦少。获马千余匹，杀伤者亦千余匹，驼百余只，鸟枪千余杆，似炮鸟枪二十杆。② 六月二十三日，参领第雅隆阿在城东北筑垒处埋伏，见有马步贼二百余人，即领吉林索伦兵五名，绿旗兵三十名，从墙洞内放枪发矢，追至城下，贼人坠马受伤者甚众，计杀贼五十余人。③

在库车战役中，索伦兵付出了流血牺牲，巴图鲁侍卫海兰察、阿拉善署参领乌巴什得鸟枪伤，吉林、索伦、蒙古兵得伤者八人。清军听闻霍集占、田沙雅尔路、沙勒达朗路来援兵，雅尔哈善决定采用围城打援的战术，重创援军。七月，爱隆阿带领索伦兵与满洲兵、蒙古兵、绿旗兵配合，分路迎剿霍集占援兵。雅尔哈善等驻兵高旷之地，见尘埃垒纷起，领队大臣顺德讷、爱隆阿、端济布、衮楚克、朗衮扎卜、马德胜等带领侍卫官员，冲击贼阵，贼众不支，纷纷逃窜。清军追剿六十余里，直抵鄂根河。在此次战斗中，爱隆阿领吉林、索伦等兵至库车城南，遣往沙雅尔路埋伏的索伦兵，由协领阿定保带领，望见贼踪，前往迎

---

① 西藏社会科学院西藏学汉文文献编辑室：《平定准噶尔方略》，正编卷之56，第1982—1983页。

② 西藏社会科学院西藏学汉文文献编辑室：《平定准噶尔方略》，正编卷之57，第1997—1998页。

③ 西藏社会科学院西藏学汉文文献编辑室：《平定准噶尔方略》，正编卷之57，第1989页。

敌①，索伦伏兵在围城打援的过程中至关重要。虽然库车战役没有擒获霍集占、卜都克勒木，但责任不在索伦兵，高宗将雅尔哈善、哈宁阿、马德胜和顺德讷四人处死。

（三）黑水营战役中的索伦兵

乾隆二十三年（1758）七月，兆惠与雅尔哈善会合，两支军队总共有索伦兵二千余名，此时所派二千名索伦兵替换军营索伦兵，但还没有赶到。鉴于索伦兵强大的战斗力，清朝鼓励索伦兵，若有年力精壮，仍愿留营效力者，即分别加赏。其余人俟更换后，赏给遣回。用于替换的索伦兵，于七月初八日，从海拉尔出发，由御前侍卫敦察、副都统福禄带领前往军前。清朝已令巴里坤办事副都统阿里衮等预备官兵口粮马匹②，在巴里坤给予其补给。马得胜据卡伦兵报知有十余贼人踪迹，他赋性怯懦，变色奔告，谓贼众将近大营，请速派索伦兵抵敌，致使其传为军中笑谈。朝廷将此贻误军机的提督马得胜革职。并且将其署下的副将达世朗、千总常继春、副将杨景达、署守备陈自如革职。③ 其事件反映出马得胜所领的兵战斗力极差，为战则怯，十几个敌兵迫使其喊出其心中的倚靠力量索伦兵。可见，一些清朝将领已将索伦兵作为主力，贼众一至即调派索伦兵正面抵御，主要战争均需要索伦兵来唱主角。八月，定边将军兆惠率兵挺近南疆，负责回部平叛事宜。现在军前，已调发健锐营兵一千名，索伦兵二千名，察哈尔兵一千名，军威甚壮，清军调集劲旅，显示出必胜之决心。声言今年断不撤兵，且必于今冬竣事。盖大兵一撤，则回人又来夺据城堡，种植禾稼，惟相持不解，则贼人无从得食。清军官兵的粮饷和马匹由哈密接济④，清朝希望早获胜利。参与征缴回部战争的索伦兵的粮饷在辟展支给，进军路线由辟展直达回部。九月，右部哈萨克图里拜及塔什罕回人图尔占归诚，索伦领催图鲁逊、吉林领催留保、马甲额森特、德赫布等二十一人前往接收。当时正是哈萨克、塔

---

① 西藏社会科学院西藏学汉文文献编辑室：《平定准噶尔方略》，正编卷之58，第2005页。
② 西藏社会科学院西藏学汉文文献编辑室：《平定准噶尔方略》，正编卷之59，第2027、2036—2037页。
③ 西藏社会科学院西藏学汉文文献编辑室：《平定准噶尔方略》，正编卷之60，第2041—2042页。
④ 西藏社会科学院西藏学汉文文献编辑室：《平定准噶尔方略》，正编卷之60，第2049页。

什罕之众拒河排列争水放枪,索伦、吉林官兵高声宣谕制止,陈说利害,唤出图尔占与图里拜相见,双方皆归顺清朝。此时,大、小和卓木已向南逃跑,占领喀什噶尔和叶尔羌。兆惠率领四千兵马从乌什出发,十月初,抵达叶尔羌仅四十里的辉齐阿里克。兆惠积极进取,长途追击,孤军深入,与回兵发生了著名的黑水营战役。为了解救被围的兆惠军队,十一月中旬,高宗急调索伦兵、健锐营,以及察哈尔兵、西安满洲兵、达什达瓦兵、绿旗兵一万五六千名千里赴援,挺进回疆。十二月,大、小和卓木在呼尔璊打击清朝援军。索伦与满洲、吉林、察哈尔、绿旗兵丁共阵亡七十余名,在呼尔璊大败回兵。兆惠坚守待援,闻知援兵赶到,兆惠反守为攻,冲出包围,打败回军步兵。但是大、小和卓木的骑兵仍在远处窥伺,对清军造成一定威胁。紧急关头,兆惠派索伦兵奈图、善伯图等,寅夜绕道,给富德通信。清军里应外合,又击败回军骑兵。索伦兵不畏艰险,舍身送信,是此次战斗胜利之关键,使得回军骑兵被歼,对于清军没有牵制力量。乾隆二十四年(1759)正月十四日,大、小和卓木兵败南逃,清军返回阿克苏修整,黑水营战役清军胜利结束。

三 索伦兵战后驻防西北

乾隆二十四年(1759)二月以后,清军收复和田二城,堵住大、小和卓木逃往西藏的去路。四月,索伦兵鄂提雅往齐尔拉城,同伯克密喇等收获逃散回人四千余户,并驰书前往招抚可勒底雅、塔克二城头目来见。索伦署骁骑校乌尔图保固守额里齐城。① 五月,清馥将巴里坤存留索伦兵选派百余名,前往策应努三搜捕博克达山,寻找被窃牧群,以壮军威。② 闰六月中旬,兆惠、富德分别进入喀什噶尔和叶尔羌,大、小和卓木逃走。七月,大、小和卓木逃入巴达克山国,被当地酋长素尔坦沙斩获。平定回疆取得最终胜利。这对于巩固多民族国家的统一,发展回疆经济,清朝全盛局面的形成具有重要意义。

乾隆二十三年(1758)派出的索伦兵原是用来替换久在军营的索

---

① 西藏社会科学院西藏学汉文文献编辑室:《平定准噶尔方略》,正编卷之71,第2246页。
② 西藏社会科学院西藏学汉文文献编辑室:《平定准噶尔方略》,正编卷之74,第2300页。

伦兵，但是因为黑水营战役兆惠被围三个多月，久在军营的索伦兵无法撤回。此次平定叶尔羌后，高宗即令索伦兵各回本部。由此可见，从皇帝到将军对于索伦兵依赖之重。

乾隆二十四年（1759）十一月初二日，富德自拔达克山凯旋。抵达叶尔羌后，将叶尔羌、喀什噶尔两城伤病废人撤回，其余满洲、索伦、蒙古兵留驻叶尔羌，以备不久后驻防伊犁。十一月，清朝将驻防辟展军营年久的索伦、吉林兵撤回。

此时，虽然平定了回部大、小和卓木叛乱，但是战争刚刚结束，清朝在回部的根基不牢固，安抚新降人众，仍然需要派兵驻防。高宗意识到要想永久消除西北准噶尔和回部叛乱的根源，必须从根本上改革其政治体制，清朝必须对其直接管辖，不能依靠当地少数民族领袖，而是要指派官员管理。同时，必须派兵驻防，严密控制，屯田垦荒，发展经济，这样才能巩固统治。

在叶尔羌驻兵一千名，其中有索伦兵五百名，由总管巴雅尔带领。散佚大臣永庆负责带领驻防官兵巡查台站卡伦。在喀什噶尔驻兵一千名，其中有索伦兵五百名，由副都统伊柱管领。在英噶萨尔驻兵五百名，其中有索伦兵三百名，由副都统丰讷亨管领。以上的索伦官兵均是新派往回部的，在军营年久的官兵已经于乾隆二十年（1755）、二十一年（1756）撤回，其中包括吉林兵七百余名，由爱隆阿管领，索伦兵二千余名，由瑚尔起、由屯、鄂博什、温布四人分领。这两千七百余名东北官兵，在军营已经三年之久，全部办给资装，撤回原处。① 乾隆二十四年（1759）十二月，策布登扎布与富德领兵两千，其中有索伦兵五百名，俟草青时，乘哈萨克不备，相机进剿。并谕参赞大臣舒赫德将所留索伦兵派往驻防乌鲁木齐，预防哈萨克抢掠。② 这样，索伦兵作为重要力量，参加驻防西北。

平定回疆叛乱对于巩固清朝多民族国家的统一，发展回疆经济和清

---

① 西藏社会科学院西藏学汉文文献编辑室：《平定准噶尔方略》，正编卷之82，第2438—2439页。

② 西藏社会科学院西藏学汉文文献编辑室：《平定准噶尔方略》，正编卷之83，第2450页。

朝全盛局面的形成具有重要意义。在此过程中，索伦兵、吉林兵参与其间，作出重大贡献，付出巨大牺牲。战后继续驻防回部，稳定边疆，发展经济，是清朝经营南疆的一支不可或缺的力量，其功绩已记入中华民族的史册。

第三节 平定两金川战争中索伦部与满洲的军事关系

土司制度在清朝西南地区广泛存在，其好处是控制了土司酋长就可以获得太平；反之，土司酋长对中央王朝的统治不认同就会带来不安定因素。大、小金川位于四川省西北大渡河上游，当地有两条河，是藏族聚居地之一，在这里就实行土司制度。大、小金川因临河山上盛产黄金而得名，此地碉卡林立，地势险要，气候寒冷，雪山环绕。隋设金川县，唐属维州，明属杂谷安抚司。清初设金川土司，雍正元年设金川安抚司，酋长莎罗奔自号大金川，泽旺为小金川。莎罗奔将女儿嫁给泽旺，两金川联姻，结成一体。在众多土司中，大金川势力最强，经常打击欺负小土司。乾隆十一年（1746），大金川土司的活动达到高潮，欲吞并小金川，并进攻众多土司。为了维护国家的统一，高宗派兵镇压大金川土司。自古治藏必先治川，平定两金川土司战争的胜利，也为以后的平定廓尔喀战争打下了坚实的基础。在这场战争中，索伦兵参与清朝平定两金川战争，为统一多民族国家作出了巨大贡献。

一 索伦兵与第一次金川战争

乾隆十二年（1747），大金川土司莎罗奔出兵攻打小金川、革布什咱、明正三土司，抗拒四川巡抚。领兵的云贵总督张广泗、大学士讷亲内斗怯战，踌躇不前，已被高宗正法，岳钟琪带领数万清兵亦无法战胜只有二三千之数的大金川番兵。金川兵凭借碉楼易守难攻，使得清军损失很大，高宗为了完成统一大业，节省饷银，急调京城和东三省八旗兵参战。

（一）绿旗兵无能导致清朝在战争后期调派索伦兵

在第一次金川战争中，清朝没有在战争开始时，即调派战斗力强大的索伦兵。首先，金川地势高低不平，不便骑兵，大金川番兵利用碉楼防守，弓矢亦无所用。在攻碉时，需要前后和两面埋伏的兵丁配合，须用奋勇兵一二百名在前，又须数百名为后继，并须两面埋伏兵数百名，以往攻碉的失败在于前队已进，后无应援。满洲兵在前冲锋，绿旗兵在后迟疑不前，在前冲锋的满洲兵白白地牺牲，如此则骁勇的满洲兵也不得不退缩。其次，千里调遣满洲兵、索伦兵数千名，费用太大，人数也难于聚集。数千满兵之费用，多于数万汉兵之费用，千里调兵不如就近调兵。①

随着战事的发展，高宗认识到调派满洲兵、索伦兵是一劳永逸，惜费而费转增，似费而费实省。绿旗兵多糜粮饷，柔懦无能。临阵时，只有用满洲兵督战，绿旗兵才不敢退缩。此外将帅指挥不力。傅尔丹年老，不能步行，班第率领侍卫督战，竟然不与兵丁同队前往，不在前敌观阵，致使无有大员监督，绿旗兵丁习于怯懦，望风而靡。乾隆十三年（1748）九月十二日，清军进攻阿利山，绿旗兵遇贼即溃，将领各不相顾。班第等国家大臣不随队亲行，致使指挥不力。清军既不能分路进攻，又不能长驱直入，不过为得寸则寸，得尺则尺之权宜之计。金川战争此时已经投入四万余人，将领不能前进皆以兵少为理由，这是高宗所不能接受的。高宗认为兵贵于精，如果投入金川战争的兵丁羸弱不堪，即当简汰老弱，留其精壮，更调他兵，以资进剿。并且责怪傅尔丹、班第不上奏情况，事事皆由讷亲代奏，使得皇上无法全面知晓军情。四川兵丁遇贼即溃，将领均所不顾，已成固然，全无军纪可言。四川兵丁家属，又纠众喧闹，致使兵丁有后顾之忧，无法安心作战。高宗基于此不再信任川兵，即使路途险远，耗资巨大，也坚决要调派满洲兵、索伦兵前往金川作战。

讷亲、张广泗等统兵不利，将领相互参劾，将士有罚无赏，士气堕

---

① 西藏社会科学院西藏学汉文文献编辑室：《平定金川方略》卷10，全国图书馆文献缩微复制中心1991年版，第191页。

颓。驭军过宽，军纪懈弛。在安营休息时，竟然出现马踏军营，敌军半夜潜入，将士酣寝不知情之事。在战场上，兵丁麾之不前，只能依靠侍卫等用刀背从后驱迫向前，士卒疲懦，直如儿戏。讷亲也不亲自临阵，不直接掌握战场情形，不督率士卒。高宗严加饬谕，讷亲才前往督战。在如此局面之下，为了快速取得胜利，不再继续虚糜国帑，高宗下定决心调派满洲兵和索伦兵。

（二）索伦兵参加第一次金川战争

乾隆十三年（1748）十月，京兵一千七百名，吉林兵一千名、黑龙江兵二千名。京兵分为四起，头起兵五百名，余俱四百名，吉林、黑龙江兵，每起兵俱五百名，来往金川参战。① 在此之前的九月份，高宗原想派东三省兵各省出一千名。后由于盛京兵丁迟误，也考虑到战斗力方面盛京兵不及索伦、达呼尔兵，改派一千盛京兵为索伦、达呼尔兵。黑龙江前起兵一千名，由博洛纳统领，后起兵一千名，由黑雅图统领。

清朝大肆奖赏索伦兵丁。乾隆十三年（1748）十一月，高宗在丰泽园犒赏东三省官兵初队。赐将弁兵丁等筵宴，并颁赏棉甲，奖赏金银牌有差，后遣兵皆如此。"乾隆帝亲御瀛台，遍赐将士，使披坚执锐之徒，皆得瞻觐天颜，而仰承宠锡。其恩均一而溥被。盖所以悯其劳，极其情者至矣。宜其鼓舞欢欣，感激之忱，不能自已也。"② 同时，"带领船厂兵丁之协领等，既皆赏给花翎，其盛京、黑龙江之城守尉、总管、协领等，领兵到京时，亦著照例赏给"③。并照雍正七年（1742）调发东三省兵丁例，给予恩赏银两，在凯旋之前，若兵丁家中遇有吉凶之事，赏给银两。物质和精神的双重鼓励，使得东三省官兵士气大振。

清朝对于吉林、黑龙江兵一路上的后勤保障工作极为重视。武备院备箭一万枝，赏给吉林、黑龙江兵丁带往军营应用。乾隆十三年（1748）十一月，盛京官兵以不让参战为憾，请求出兵。高宗令其将所有马匹，准备数千，等吉林、黑龙江官兵到盛京时，换乘马匹。同月，

---

① 《清高宗实录》卷327，乾隆十三年十月丙午。
② 西藏社会科学院西藏学汉文文献编辑室：《平定金川方略》卷17，第307页。
③ 《清高宗实录》卷329，乾隆十三年十一月丙子。

高宗被盛京兵的请战行为所打动，复派一千名盛京兵前往金川军营，令各处为其预备马匹，由副都统哲库诺带领。同时在科尔沁一路也为吉林、黑龙江兵预备马匹更换，只是天未降雪，兵丁由边内行走，在大凌河、盛京、山海关均预备调换马匹。从北京到西安，计程二千六百余里，分为八站，每站预备马八百匹，车三百辆。自西安至军营，沿途山路有不能行车之处，交与该督抚等，安设台站，详加筹划。①

满洲统治者深知索伦兵情性，"打牲索伦兵丁，人甚壮健，枪箭敏捷，惯走山林，颇耐劳苦，但一时乏粮，每有窃取牛羊以食用之事，性好饮酒，不知礼节，约束稍觉费心。若能服其心，临战甚属得力。且伊等行路，甚属简便，旷野之地，插木为栅，随便即可栖止"②。这段史料明确地反映出索伦兵作战勇猛，技术高超，但是性格粗犷，嗜酒少礼。清朝正是掌握了索伦兵的性情，对其倍加奖赏，先服其心，令其认同满洲的统治，为清朝统一国家效力。"船厂、黑龙江兵丁未到之前，纵不能深入贼巢"③，说明吉林、黑龙江兵的重要性，是清军依靠的攻坚力量。"船厂、黑龙江兵丁非京兵可比，素性蠢野，惟利是图。"④ 这是经略大学士傅恒对吉林、黑龙江兵的评价，其实是不客观的，物质利益的给予加强了东三省兵对清朝的政治认同，这与其本性是不相关的。傅恒在每队派侍卫及护军参领各一员，管束护送东三省兵，防止其生事，这一方面表明东三省兵相对于满洲兵来说的不受信任，也说明傅恒的民族观十分狭隘。

吉林、黑龙江兵还没有到达金川前线，大金川土司莎罗奔已经向经略大学士傅恒投降，重新认同了清朝的统治。乾隆十四年（1749）正月，"王师不战，止戈为武，威既伸矣，功既成矣，班师振旅，允合机宜，息事宁人，贻休奕禩。我国家正当全盛之时，以东三省之辽远，悉徒万骑，匝月而抵西川，诚昔人所云，从枕席上过师者，传之史册，休有烈光。令非此番办理，先声震叠，军纪严明，功剿奋勇，则贼番挺其

---

① 西藏社会科学院西藏学汉文文献编辑室：《平定金川方略》卷13，第249页。
② 《清高宗实录》卷328，乾隆三十年十一月甲子。
③ 西藏社会科学院西藏学汉文文献编辑室：《平定金川方略》卷16，第297页。
④ 西藏社会科学院西藏学汉文文献编辑室：《平定金川方略》卷17，第309页。

螳臂，未必若是之厥角归诚"①。这段话表明东三省兵对于震慑大金川番兵的巨大作用。东三省兵接到命令，原路撤回。东三省虽然没有在第一次金川战争中投入战斗，但是其作为前往战场的力量，已经震慑了大金川土司，为清军胜利奠定了坚实的基础。

第一次金川战争实际是政治招降，清朝没有能够犁庭扫穴，永绝后患。大金川气候恶劣、地势绝险、碉楼林立，易守难攻，清军将领指挥无能，进退失据，在两年的战争中，吞兵七八万，耗帑两千万，连诛张广泗、讷亲两大臣，八旗、绿营将士死伤无数。大金川实力未伤，蠢蠢欲动，导致又有第二次金川战争爆发。

二 索伦兵与第二次金川战争

高宗治理大金川的政策是以番攻番，鉴于第一次金川战争的教训，高宗反对官府直接出兵，而是利用众多小土司抗衡大金川。其高潮是乾隆二十七年（1762）九吐司联合攻打大金川，耗时四年，最终以九土司力量不足、心思各异、各自为战而宣告失败。高宗转而改为政治招降，依然没能摆脱大金川一家独大、为所欲为的局面。乾隆三十六年（1771），小金川土司僧格桑和大金川土司索诺木分别进攻鄂、沃克什、明正、瓦司和革布什咱土司，高宗初令四川总督阿尔泰、提督董天弼攻剿小金川，因二人能力不济而失败。十一月，高宗派大学士温福领兵平定两金川，户部侍郎桂林为四川总督配合温福，历时五年的第二次金川战争由此爆发。

战争初始，温福主持西路军，桂林主持南路军。乾隆三十七年（1772）三月，南路军桂林兵败战死，高宗派遣阿桂主持南路军。十二月，两路军会师攻克美诺，统一小金川。小金川土司泽旺被擒，其子僧格桑逃入大金川。十二月底，清军开始进攻大金川。乾隆三十八年（1773）六月，由于温福指挥不力，大金川联合小金川的投降官兵袭击清军后方基地布朗郭宗、底木达，随后攻破木果木大营，温福战死，清军死亡三千多人，一万多人溃逃。大金川夺回小金川失地，清军受到严

---

① 西藏社会科学院西藏学汉文文献编辑室：《平定金川方略》卷23，第413页。

重挫折。

(一) 阿桂整军调遣索伦兵

清军在木果木大败，温福战死，高宗任命阿桂为定西将军，丰升额、明亮为副将军。高宗认为这是绿旗兵作战意愿不强烈，战斗力太弱所致。于是派遣京城健锐营、火器营兵，吉林、黑龙江八旗兵，伊犁厄鲁特兵及各省绿营兵一万七千人，前往军营，平定金川叛乱。早在乾隆二十七年（1762）十一月，通过第一次金川战争，清朝已经认识到："满洲劲旅忠勇兼著而吉林索伦之兵，并能登高越险，所向无前。"① 平定两金川，不可专靠四川绿旗兵，而要仰仗满洲、吉林、索伦兵。

乾隆三十八年（1773）六月，高宗派吉林兵一千，黑龙江兵一千，其中呼伦贝尔驻防八旗索伦达斡尔兵五百，黑龙江诸城驻防八旗索伦达斡尔兵五百。以五百人为一队，迅速起程。吉林兵由福珠礼带领，黑龙江兵由倭升额带领，经喜峰口到京，再赴金川。七月，添调吉林兵一千名出征。② 海兰察指出："即刻痛歼恶贼，方可雪恨。黑龙江呼伦贝尔八旗，尚有壮丁、闲散、西丹，相应请从中调派一千名，布特哈索伦、达斡尔内调派一千名，统共多派二千名。"③ 海兰察是索伦的民族精英，他不顾索伦兵在征缅战争中的巨大牺牲，毅然申请再次增兵金川，痛歼恶贼，方可雪恨，说明其已经把清朝的命运和索伦的命运联系到一起，没有考虑索伦的民族利益，而是站在国家的立场，不顾本族的牺牲，为了国家的统一依附于满洲，毅然请求出兵。高宗出于保护索伦兵丁的人数，避免大的伤亡，只增加了一千名索伦兵丁出征金川。吉林兵、索伦兵和满洲兵待遇相同，日给米八合三勺，月给盐菜银两一两五钱，绿营兵日给米八合三勺，月给盐菜银两一两三钱。

(二) 索伦兵速克小金川

乾隆三十八年（1773）十一月下旬，清军七日收复小金川。贼番

---

① 西藏社会科学院西藏学汉文文献编辑室：《平定两金川方略》卷2，全国图书馆文献缩微复制中心1991年版，第116页。
② 西藏社会科学院西藏学汉文文献编辑室：《平定两金川方略》卷70，第971页。
③ 中国第一历史档案馆、鄂温克族自治旗民族古籍文献整理办公室：《清宫珍藏海兰察满汉文奏折汇编》，辽宁民族出版社2008年版，第104页。

出碉抗拒，相比于鸟枪，更畏惧弓箭。吉林、黑龙江、索伦兵素娴弓箭，由北京来金川武备院又拨给一万支箭，正好派上用场。贼番出碉不成，则踞守碉卡，佯攻较难，土兵习熟道路，索伦兵擅长登山履险，土兵与索伦兵合作攻碉，效果很好。普尔普成果统率索伦兵与土兵攻打美诺。美诺碉卡多在陡坎山崖之上，无法两三面围攻。阿桂派出吉林兵和索伦兵履险登山，绕越碉楼进攻。富僧额①由领催随将军阿桂征金川。在吉林、索伦兵、满洲兵的带动下，绿旗兵也倍常出力，奋勉争先，清军士气大振。阿喀木雅美美卡木阑壩地形绝险，去年攻打五六个月，复被金川番兵所占，且又早为预备防守碉兵，今年两日即攻克。

（三）索伦兵参加大金川攻坚战

乾隆三十九年（1774）正月，清军攻打大金川。在攻打俄坡山梁时，索伦兵由小路登上俄坡山梁，占据山顶，居高临下，压击贼众，大获成功。在攻打喇穆山梁时，满洲、吉林、索伦兵在贼众因夜间野战受伤，不敢出碉的情况下，"除夜间歼贼不计外，共计杀死三十余人，并割献首级二颗"②。进攻登古山碉卡时，"吉林委署防御八十七，枪矢连发，毙贼十余人"，致使"汉土官兵勇气倍增，向上冲杀"。金川番兵遁入卡内，喇穆喇穆碉内，百余名番兵欲逾沟接应，"被索伦兵冲断围射，歼戮甚多"③。正月十八日夜，夺取卡卡角以前两山梁一战，吉林兵七名，索伦兵二名，屯兵八名由蓝翎兴善保、守备田蓝玉带领，作为先锋于绝险之路攀附向上。十九日黎明，其已在悬崖峭壁之上，余兵接踵而至。他们占据有利地形，居高临下，出其不意，致使正在抵抗的两山梁碉内贼番望风而逃。清军追击剿杀五十余金川番兵，并拦截住碉内

---

① 富僧额，达呼尔鄂拉氏，黑龙江满洲正黄旗人。乾隆三十八年（1773），由领催随将军阿桂征金川。四十一年（1776），补骁骑校，赏戴蓝翎。四十八年（1783），迁佐领。五十六年（1791），迁副总管。五十七年（1792），随参赞海兰察攻克博尔东拉各处营寨、木城，赏换花翎。嘉庆二年（1797），川陕邪匪滋事，调赴军营。三年（1798），以功赏斐礼巴图鲁忙活。八年（1803），军务告急，偕侍卫明喜管领东三省官兵胜利回京，引见记名。十年（1805），补布特哈总管。十三年（1808），擢察哈尔副都统。十四年（1809），卒。子福善，蓝翎长。德平额，官佐领。（《清国史·嘉业堂钞本》第8册，大臣画一传档次编，卷一百一十一，第658页。）

② 西藏社会科学院西藏学汉文文献编辑室：《平定两金川方略》卷87，第1182页。
③ 西藏社会科学院西藏学汉文文献编辑室：《平定两金川方略》卷88，第1191页。

番兵，杀死十三人，占据卡卡角以前两山梁。正是吉林、索伦兵的勇敢攀岩，才使得胜利很轻松。为了奖赏此次参战的官兵，清朝把所获的八十余头牛，二百余只羊，刀枪等物赏给兵丁，以示鼓励。二月，清军攻占莫尔敏山，攻克迪噶拉穆扎。这次战斗金川番兵攻势猛烈，清军被其拦腰截断。清军奋力抵抗，将贼击败。索伦云骑尉委署参领定吉尔图受伤身故。三月二十六日，海兰察、额森特、乌什哈达等带兵分为两翼绕进，围困四座木城和两座石碉。满洲、索伦官兵遇贼三百余人，歼灭八九十人，击毙得斯东寨头人阿布波烈和勒乌围喇嘛头人格楞布，此二人均是沙罗奔冈达克最信任的头人。四月，高宗应明亮、富德所请，将打仗处所，与官兵一并出力的吉林、黑龙江跟役余丁"照兵丁例一体办理，遇有甲缺即行坐补"①。与其形成鲜明对比的是关内驻防的满洲兵。

五月，荆州满兵、成都满兵均因表现不佳，得到惩罚，"应得之项，照绿营一体给予"②。荆州满洲兵在去年赴川时，为了节省经费，情愿不用马匹，徒步前往，高宗深受嘉悯，曾赏给一月钱粮，以示鼓励。如今战守俱不得力，是失掉满洲旧习的表现。这在乾隆中期是普遍之事，绿旗兵和满洲兵的战斗力下降，这与东三省兵形成鲜明的对比。喇穆喇穆山形险峻，为了攻取它，清军在更高的罗博瓦山岗下添筑木城炮台，计划运炮轰摧喇穆喇穆山上的木城石碉。为了添筑木城炮台，清军砍伐木枝，此处林箐深密，金川番兵发现，派百名贼兵分为三股前来滋扰，被海兰察预先布置埋伏的吉林、索伦兵击败。吉林、索伦兵保护了坎木之兵，使得木城炮台成功修筑，为轰摧喇穆喇穆山做好了准备。五月十八、二十等日，金川番兵频繁骚扰清军。吉林、索伦兵预先埋伏，歼毙甚多。二十日夜，海兰察、额森特预先设伏，亥刻，金川番兵前来偷袭，乌什哈达领兵追杀。黎明时分，额森特带领吉林索伦及土兵冲杀，海兰察从后包抄，合围金川番兵。吉林兵、索伦兵弓箭发威，在近距离的战斗中，弓箭的威力远胜于鸟枪，箭无虚发，直将金川番兵追至碉楼之下，杀贼无数。六月，吉林兵、索伦兵预先埋伏，官兵略开一

---

① 西藏社会科学院西藏学汉文文献编辑室：《平定两金川方略》卷88，第1288页。
② 西藏社会科学院西藏学汉文文献编辑室：《平定两金川方略》卷96，第1294页。

第五章　清朝国内战争中的索伦部与满洲之军事关系　199

路，诱敌深入。金川番兵中计，吉林兵、索伦兵攒射殪毙贼众，清军攻克第一碉，击杀大头人达实策旺。七月，清军攻打色溯普山。喇穆喇穆山梁迤西峰峦突起处的两大碉，地形险绝。海兰察带领满洲、吉林、索伦、绿营、屯土兵内挑选勇健兵六百余名先至山巅，然后上下配合，一举拿下两碉。此战奖赏"黑龙江空衔蓝翎笔帖式明善、空衔蓝翎司鞍雅尔江阿内松额并戴蓝翎之领催，吉林协领乌雅勒达、赉里克，索伦骁骑校委署参领伊勒德戴花翎，吉林前锋委官采保住、吉林披甲人色呼木保，索伦前锋色楞保、索伦披甲人章海沙什赏戴蓝翎"①。鉴于满洲兵、索伦兵的勇敢，清朝赐予满洲兵、索伦兵好马，用于追剿番兵。额森特带兵冒进，难以后退。利用雾雨天气，攀缘上腾，砍栅进攻。有贼众援兵七八十名从靠北山腿处前来，富兴、普尔普带领满洲、吉林、索伦兵冲入贼队，左右击射，杀贼二三十名，击溃援军。

　　七月十七日，海兰察带兵潜进，不知不觉绕过木城，天明时分占据该布达什诺木城后山腿上，绕到敌人身后。金川番兵为了保护要隘，悉力前来，双方展开鏖战。满洲、索伦兵丁箭支几近，杀贼无数，顶住了番兵的攻击，番兵逃入木城石卡。九月，索伦兵、吉林兵注矢团射，番兵滚崖落箐者无数。吉林领催乌达逊、索伦马甲喀尔泰、空蓝翎额鲁特达瓦冲入贼队，奋力击杀，各毙贼番数名。满洲、吉林、索伦官兵"聚射贼众，矢无虚发，甚为得力"②。九月初七日，清军前往攻取逊克尔宗。初六日夜，派三等侍卫巴达玛、黑龙江协领那延泰带兵二百名作为先锋前往逊克尔宗。但初七日早，海兰察率领大部队到达时，先锋官兵还没有赶到。巴达玛、那延泰不服海兰察管束，举动傲慢，受到高宗的惩罚，鞭责一百，令其披甲效力赎罪。这说明清军功过严明，纪律甚好。清军预先埋伏满洲、索伦兵，引弓以待，果然奋追攒射，毙毙二十余名金川番兵，攻取第一寨。十月，奖赏吉林乌拉马甲佟佩戴孔雀翎，给予西解特巴图鲁名号，戴蓝翎，赏银一百两。海兰察授为参赞大臣。黑龙江骁骑校玛济赏沙布德克巴图鲁名号，赏银一百两。吉林乌拉前锋

---

① 《清高宗实录》卷962，乾隆三十九年七月癸丑。
② 西藏社会科学院西藏学汉文文献编辑室：《平定两金川方略》卷104，第1410页。

保住、领催塞依永额及原三等侍卫披甲效力之巴达玛,俱授为蓝翎侍卫。上月巴达玛因不服海兰察管束曾被惩罚,如今收到加赏,更说明清军赏罚分明,不计前嫌。十二月,吉林、索伦兵多次打击追兵、援兵,挽救了进攻中的清军。海禄、特成额进攻两木城,未能攻克,在撤退时,金川番兵乘势冲压。章京新达苏带领吉林兵、索伦兵接应,歼毙贼人甚多,安全接回海禄、特成额。在荣噶尔博山梁上,金川番兵百余名,突然冲击清军,吉林兵、索伦兵横截其后,万箭齐发,歼毙贼众甚多,负伤滚山崖箐者亦多。福康安、额尔特之兵在进攻碉寨时,金川援兵分为两股,抄截前来,吉林兵、索伦兵分头迎敌,奋力攒射,歼毙甚多,保护了进攻中的清军。

(四) 索伦兵参与攻陷勒乌围和噶拉依

攻陷勒乌围。乾隆四十年(1775)正月,吉林委署骁骑校玛林保用大炮轰击从庚额特山梁石洼潜行而下,冲击新竖木城的三十余金川番兵,击毙十余人。二月,清军攻克堪布卓寨,索伦佐领伊尔赛阵亡。阿桂在绒布各山梁营卡兵丁内调派吉林兵一百名,索伦兵一百名急赴宜喜。八月,海兰察同额尔特攻击勒乌围近南木城。乌什哈达攻击勒乌围近北木城。贼转经楼等处番兵二百余人前来支援,被满洲索伦兵弓箭射死者最多。额尔特得到满洲索伦兵打援相助,乘势攻占木栅二座。十五日,清军攻占勒乌围。"若攻坚越险,则索伦吉林兵丁皆所优为"[1],是对索伦兵的中肯评价。

攻陷噶拉依。乾隆四十年(1775)九月,吉林、索伦官兵的跟役由于无马步行,折与马匹银两给予。吉林索伦官兵不随将军返回者由水路经河南直隶进京。索伦吉林等处官员中享有巴图鲁号及赏戴花翎者先行进京,在四百名之内的人,俾得一体恭与盛典,以示优奖。十一月,将多余皮衣帽领六百六十四副赏给索伦吉林兵丁。十二月,攻克乃当甲杂的紧要屏蔽达撒谷,金川番兵依靠地形防御严密。索伦、吉林、绿旗兵二百四十人,由投番阿布僧格太、霍尔甲引路,带同屯练土兵分为四队,攀越西侧陡壁悬崖,出其不意,上到山顶,上下夹攻金川守兵。此

---

[1] 西藏社会科学院西藏学汉文文献编辑室:《平定两金川方略》卷122,第1669页。

战索伦、吉林兵丁赏给一月钱粮，以示鼓励。乾隆四十一年（1776）正月，清军攻陷噶拉依，索诺木跪降，大金川平定，平定两金川战争结束。

在平定两金川战争中，参赞大臣海兰察被封为一等超勇侯，赏戴双眼孔雀翎，成为索伦部的军功代表。海兰察子嗣较少，故没有形成家族势力，长子安禄①后被封为二等侍卫。次子安成后被封为三等侍卫。九月，清朝在噶拉依、美诺两处设喇嘛寺庙，从京城喇嘛内，派往住持，加强金川民众的宗教认同。此外高宗下令两金川番众剃发易服，加强其文化认同，最终上升到国家认同。平定两金川战争对于巩固清朝国家统一，维护西南民族地区安定，加快当地经济发展，打通入藏道路中的障碍具有积极意义。在此过程中，索伦兵发挥了重要作用，尤其是在第二次金川战争中，登高涉险，攻坚退敌，起到了奇兵的作用。第二次金川战争长达五年，耗银七千万两，调兵十余万，牺牲近万人，虽然清朝付出了沉重的代价，但是却换来了西南边疆的长久和平，两次金川战争均应给以肯定评价。

总之，索伦部在清代的国内战争中与满洲共同协作，为统一多民族国家军事实践的成功作出了巨大的贡献。清代的国内战争为打破民族封

---

① 安禄，多拉尔氏，满洲镶黄旗人。乾隆四十九年（1784），安禄以父剿甘肃逆回功，擢二等侍卫，在乾清门行走，并赐都尉世职。五十年（1785），随征西藏有功，赏哈什巴巴图鲁名号。五十八年（1793），承袭一等超勇公。嘉庆元年（1796），擢乾清门头等侍卫。四年（1799）七月，剿办川省邪匪，安禄解饷到川。经略勒保派赴都统额勒登保军。十一月，贼突林中，数矛攒刺，殁于阵。事闻，照例赐恤，赏内库银一千两，予谥壮毅，加赏骑都尉世职。寻谕曰：凡兹乡勇皆系良民，因与莠民打仗，致有伤亡，已觉可悯。即绿营兵丁亦系良民充伍，岂可任其杀伤。若我八旗及盛京、吉林、黑龙江兵，最为劲旅。倘因失利致为奸民索戕，尤为可惜。何况带兵官员，为国宣力致被戕害，甚至如惠伦、安禄皆系五等之封，亦因剿此奸民殁于行阵，更为万分不值。朕每思及，五内含悲。且惠伦、安禄二人，伊父奎林、海兰察均系宿将，著有威名。今伊二人以轻进捐躯，不但深堪珍惜，并恐教匪等因此启其轻视之心。甚至流传外藩，以名将之子不能歼此匪徒而转为所害，捐伤国成。尤为关系。著额勒登保及各路带兵大臣，嗣后官兵剿贼，总须将满洲及东三省官兵自为一队，毋得零星派拨与绿营兵，搀杂并进。使我精兵劲旅蓄养锐气于应行奋击时，令其并力直前，及锋而用。则弓马驰骤，皆其所长，以之剿此乌合乱民，自必所向披靡。各路带兵大臣皆当一体遵照。子恩特贺莫扎拉芬，承袭一等超勇公，兼袭骑都尉。旋部议，骑都尉又加骑都尉，应当为三等轻车都尉。奉旨以安禄弟安成袭。（《清国史·嘉业堂钞本》第 8 册，大臣画一传档次编，卷六十二，第 121 页）

闭、建立国家范围内的民族联合创造了条件。在国内战争中有平定准噶尔战争、平定回部战争、平定金川战争，这些战争均是清朝国家对于少数民族"反叛"行为的镇压和国家力量进入某一边疆民族地区。不能将此单纯地看作民族矛盾，而应该看到其维护国家统一的重要性。军事冲突不在于哪方首先开火，而在于其中充满了军事冲突的必然因素。除东北地区山水相连，一马平川外，中国其他的边疆民族地区均比较封闭。北部地区草原相隔，西北地区荒漠阻断，西藏地处遥远，与内地道路难通，西南地区条件恶劣，崇山峻岭，瘴气难行，各民族彼此隔绝，不相接触。清朝中央王朝的力量进入边疆民族地区打破了民族封闭，这样才能建立国家范围内的民族联合，规约国民统一族性，统一多民族国家。清朝的这几次国内战争均以胜利告终，为了巩固边疆民族地区，均实行移民、屯田、实边的政策，分而治之边疆民族势力。在此过程中，索伦兵首当其冲，背井离乡，驻防边疆，作出了重大贡献。

在清代的战争中，国家征调索伦兵是按民族族属组建的军队，表现出满洲对索伦部各族的信任。国家是凌驾于民族之上的社会单位，可以根据需要，灵活跨越民族的界限，组建军队。这样能够防止军队以民族组建所带来的负面影响，防止民族联系而产生有威胁的民族分裂势力。索伦兵虽然勇猛过人，但和满洲兵、绿旗兵相比毕竟数量少，与其他民族官兵一同参与国家军事活动，促进了民族融合，加强了民族感情，为中华民族多元一体格局的形成奠定了基础。

第六章

一个达斡尔族村庄的社会历史调查

清代索伦部发展到当代，识别为鄂温克族、鄂伦春族、达斡尔族，其中达斡尔族的经济发展最为发达，分布在内蒙古自治区莫力达瓦达斡尔族自治旗、海拉尔南屯，新疆维吾尔自治区塔城地区，黑龙江省齐齐哈尔市、黑河市爱辉县、孙吴县。为了追寻达斡尔族的足迹，了解当代达斡尔族的历史记忆和民族认同，我们对孙吴县境内的沿江满族达斡尔族乡东霍尔莫津村进行了田野调查，这是一个达斡尔族村，地处黑龙江沿岸，位于中俄边境前沿，村民对过往的历史应有所记忆，也会影响到乡村的发展。

"霍尔莫津"是达斡尔语，当地人称东霍尔莫津为东红毛鸡或东屯。东霍尔莫津村是达斡尔族世居的边塞村落，具有悠久的历史。明代后期，黑龙江两岸的沿江地带是达斡尔、鄂温克及鄂伦春等族的祖先"索伦诸部"的聚居之地。作为黑龙江中上游地区的土著居民，他们渔猎、游牧、耕种在从精奇里江到额尔古纳河及外兴安岭以南的黑龙江中上游地区。此次调查，正值十九大报告中提出实施乡村振兴战略、2020年全面进入小康社会的战略目标，边疆地区乡村振兴应找准机遇，找出短板，精准提升。

从黑河乘车沿着平坦的乡间水泥路向黑龙江下游行驶，经过古城瑷珲，翻过几座山，再穿过红色边疆农场，便来到了孙吴县境内的沿江满族达斡尔族乡。沿江满族达斡尔族乡是于1988年12月经黑龙江省政府批准成立的。全乡总面积576平方公里，现有人口1.2万人，有汉族、满族、达斡尔族、朝鲜族、回族、蒙古族6个民族。

第一节 古老的村屯

东霍尔莫津建村于康熙二十二年（1683），康熙二十六年（1687）雅克萨战争胜利后，萨布素率宁古塔、吉林满军和达斡尔兵2000人，开始在黑龙江两岸屯田。英勇的达斡尔人是祖国边疆的保卫者，多次与沙俄侵略者进行艰苦的斗争。

一　边防重地

今天的东霍尔莫津村位于黑龙江省孙吴县沿江满族达斡尔族乡辖区之内，是达斡尔族村。沿江满族达斡尔族乡是孙吴县唯一的少数民族乡，于1988年12月经省政府批准成立的，位于孙吴县东北部，北纬49°12′—49°38′，东经127°40′—128°00′，黑龙江右岸，东南与逊克县接壤，西北与红色边疆农场、爱辉为邻，东北与俄罗斯阿穆尔州康斯坦丁诺夫卡区隔江相望，边境线长35公里。

东霍尔莫津村历史悠久，从遥远的古代开始，这里就是渔猎民族生活的地方。隋唐时期，这里是室韦人生活的地方；辽金时期，女真人在这里生活，留下了四方城等遗址，同时，达斡尔人的祖先开始在这里生活；明末清初，达斡尔人是黑龙江中上游地区的最主要的居民，他们在包括东霍尔莫津在内的很多村屯。崇德元年（1636），皇太极建立清朝以后，这里的达斡尔人和其他索伦人一起归顺清朝。顺治年间，沙俄殖民者入侵黑龙江，东霍尔莫津一带的达斡尔人进行了英勇的抗俄斗争。由于清朝政府忙于关内统一战争，无暇北顾，加之达斡尔人武器落后，因而难于抵抗武器先进的沙俄殖民者，被迫南迁嫩江流域。

康熙二十二年（1683），清朝政府完成统一之后，康熙皇帝决定驱逐侵入黑龙江流域的沙俄殖民者。为了进行雅克萨自卫反击战，宁古塔副都统萨布素率宁古塔、吉林等地八旗官兵2000人，到黑龙江瑷珲等地筑城屯垦，又从齐齐哈尔等调达斡尔等族官兵500人到黑龙江沿岸驻防屯垦。当时，有一批何姓八旗人自宁古塔移居黑龙江霍尔莫津屯屯田，被编为镶红旗，属黑龙江副都统管辖。与此同时，一部分南迁的达斡尔人又回到黑龙江沿岸东霍尔莫津等地。东霍尔莫津在这一时期建立。雅克萨战争胜利之后，参战的部分达斡尔族官兵及其家属，在东霍尔莫津驻防屯垦，成为这里最早的村民。

雅克萨战争的胜利，使清朝政府遏制住了沙俄殖民者对黑龙江地区的侵略势头。中俄《尼布楚条约》的签订，初步确立了中俄两国东部地区的边界。从此，中俄关系进入了一个新的时期。黑龙江地区处于东北北部，因此成为与沙皇俄国接壤的东北边疆地区。黑龙江将军所辖疆域的卡伦始设于康熙年间。咸丰八年（1858）清朝政府在孙吴霍尔莫津屯设卡伦。光绪二十六年（1900）经瑷珲副都统姚福升勘定，黑龙江右岸自额尔古纳河口起至逊河口设卡伦20处，在孙吴沿江设霍尔莫津卡伦1处。光绪三十四年（1908），霍尔莫津卡伦与右岸其他19处卡伦同时恢复，设卡官1人，卡兵30人。屯民陆续返回。民国时期，卡伦依然存在。民国九年（1920）卡伦由黑河警备司令部所辖。民国二十年（1931）卡伦归黑河市政筹备处管辖。如今，东霍尔莫津村依然是边防重地。

二 近代的抗俄斗争

咸丰八年（1858）沙俄强迫清政府签订不平等条约——《瑷珲条约》。强行霸占海兰泡，将其改名为"布拉戈维申斯克"，意为"报喜城"，作为阿穆尔省首府。咸丰十年（1860），《中俄北京条约》确认了中俄《瑷珲条约》的效力，再次承认了沙俄对中国黑龙江以北领土的侵占，并把《瑷珲条约》规定为中俄"共管"的乌苏里江以东40多万平方公里的中国领土强行割占。

光绪二十六年（1900），俄国殖民者以中俄两国要交战为借口，把中国居民赶下黑龙江，对海兰泡的中国居民进行了惨绝人寰的大屠杀。沙俄军队在制造海兰泡惨案的同时，又把屠刀挥向了江东六十四屯。江东六十四屯位于黑龙江左岸，从瑷珲县黑河镇对岸的精奇哩往南，直到孙吴县霍尔莫津屯对岸，面积约6600平方公里，人口达3万多。其中包括汉人、满洲人和达斡尔人。按咸丰八年《瑷珲条约》规定，黑龙江左岸中国人历代居住的六十四屯"照旧准其各所住屯中永远居住"，由清政府官员管理，沙俄"不得侵犯"。显然，即使根据不平等条约的规定，中国政府对江东六十四屯仍然享有主权。江东六十四屯当时归瑷珲副都统管辖。中国人民长期辛勤开发的田地就这样被霸占，人民被迫离开了自己世世代代居住的家园。这是沙俄殖民者在中国领土上对中国人民欠下的又一笔血债。江东六十四屯惨案发生后，又有大批满洲和达斡尔族难民迁徙到东霍尔莫津村。

在17世纪，霍尔莫津一带还有很多劳动人民英勇抗俄的历史。段山诸屯与霍尔莫津山水相连，位于瑷珲河上游，共有四个村落，其中后段山屯也叫北段山屯。其他三个统称前段山屯，均位于后段山屯之南。山屯居中，东、西分别称河南段山屯和西段山屯。《瑷珲条约》签订以前，从段山诸屯往东一片荒凉。条约签订后，沙俄闯进精奇里江南岸设屯开垦。中俄双方屯从相距五六十里到迫近之势成仅用了几年时间。光绪初年，俄国移民越来越多，横行霸道，任意扩大地盘，强行侵占"六十四屯"东部村民牧场田地。光绪五年（1879），俄国人在我段山沟外牧猎之地擅自埋立木桩，圈占土地，蛮横无理。段山屯居民将木桩全部拔掉。光绪六年（1880），沙俄又变换花招。阿穆尔当局向我瑷珲副都统照会，声称要借买我段山屯沟外之地，作为刈草、牧马耕种之用。瑷珲副都统文绪当即复照，援引《瑷珲条约》之规定，严词拒绝。照会当日，即6月6日，俄人八九名竟强行开犁耕垦。段山屯民众迫不得已，夺过俄犁，卸下犁刀，令其停止。6月8日，瑷珲副都统桂廉要求会晤。俄官竟以第二天是周日不予接见。6月12日双方交涉，俄官竟以该处为空旷之地，无人开垦，强行狡辩。桂廉指出这种事态继续延续下去的可怕后果，谈判后，两国达成协议，俄国人不再开垦。然而3天后，俄国人竟于6月15日夜，在段山屯附近又偷开一片。段山屯屯长多隆河立即将此情报告桂廉。次日会晤，俄官理屈词穷，无言以对。段山屯民众的强烈斗争使俄国人不得不撤出段山屯。

布丁屯位于精奇里江南岸，与霍尔莫津近在咫尺，该屯有二三百年历史。苏忠河祖孙三代，早在《瑷珲条约》签订前就住于此，并开出30多垧肥美良田。光绪十六年（1890）春，俄国人越界在苏家地里立杆、拉线、测量。等到苏忠河骑马到达，俄国人已收起器具，扬长而去。苏忠河时年已过花甲，他一面派人通知全屯各户做好准备，一面派人报告"五护卢"（总屯长）速到江西禀报瑷珲副都统。安静了一段时间，苏忠河却丝毫没有放松警惕。从小酒铺听到俄人赖账无礼的说辞，更使苏忠河加强了戒备。几天后，十几名俄国警察从海兰泡来到布丁屯，通知苏忠河，土地越界了。俄国警官不看界沟就向苏忠河发放俄国地照。苏忠河来到界沟（宽约5尺，深6—7尺，沟边的土楞上长满了蒿草），据理力争。沟东的一棵大桦树是一个封堆，离它5步埋着界桩。界桩是光绪六年（1880）两国最初勘的界线。三年后，俄人占了我们8里多地。光绪九年（1883）两国政府第二次勘界。俄人又占了清朝几百垧旗地，几十里牧场。眼下的第三次勘界，是李金镛和俄国官员会勘的。正在争论中，当年勘界的人们骑马赶到了。苏忠河的地是在界沟之内，俄国警官狼狈不堪，急忙逃掉了。"地照"的阴谋失败了，沙俄海兰泡当局并不甘心。在江东六十四屯人民强烈要求下瑷珲副都统多次报告黑龙江将军，请求朝廷出面与沙俄交涉。沙俄不顾清政府多次抗议，妄图在苏忠河身上打开缺口，以造成占领六十四屯界内土地的事实。半个月之后，俄国警官又向苏忠河提出收税的要求，自然被拒绝。7月，廓尔甫总督亲自带人驾驶"江兔子"（民称汽船）来到布丁屯收税。凶狠的手枪没能吓住愤怒的人群，俄国警察再次仓皇逃走。

第二节　东霍尔莫津村与霍尔莫津要塞

日本关东军要塞不仅是日俄争夺东北霸权的历史延伸及日苏在"满"苏国境上战略对峙的产物，而且其主要战略目的是巩固伪满洲国的"国防"，永久霸占中国东北，并以此实现进攻苏联的战略目标。战争年代胜山要塞是侵略者构筑的战略重地，和平时期是重要的爱国主义教育基地，它作为"战争的活化石""战争的缩影地""战争的教科书"，将以战争遗迹游、红色足迹游和森林生态游为一体的崭新形象呈现在世人面前。

一　民国时期的东霍尔莫津村

中华民国成立后，东霍尔莫津屯属瑷珲县第八区管辖，1925年划为第四区。1929年划归奇克县管辖。1931年，日本发动"九一八事变"，迅即侵占了中国东北地区，其后又建立了伪满洲国。东霍尔莫津人民处于日伪的统治之下。1933年12月22日，伪满政府公布保甲法。霍尔莫津屯隶属奇克县干岔子保。1940年划归孙吴县管辖，隶属曾家窝堡保。

在东霍尔莫津村的江对面有一个岛，叫作霍尔莫津岛。岛上资源丰富，围岛的水域盛产多种江鱼。岛上的山果树种繁多，有山丁子、山李子、山葡萄、山梨等，在春天这里绿树映衬着缤纷的鲜花，整个岛犹如仙境一般。霍尔莫津岛后来也成为中俄反复交涉的地方。1908年至1929年间，这里有一个叫"双和盛"的酒馆，生意红火，老板是李振海。1912年，李振海去世后由王振东、李小九经营。很多岸边的居民常来这里消遣，这里成了沿江休闲旅游的好地方。日军入侵以后，实行了集屯部落，从此岛上的经营性活动取消了。日伪政权展开一系列的抓壮丁、出荷粮的行动。

二 霍尔莫津要塞

在东霍尔莫津村附近，有一处日本关东军要塞——霍尔莫津要塞。要塞是构筑永备工事进行长期坚守的国防战略要地。通常配置专门守备部队和较强的火器，形成独立的防御体系。日军占领东北后，面临着"南进还是北进"的战略选择，用几次战争试探了苏军的军事实力，深知进攻苏联无胜算，于是决定南进，在第二次世界大战德法两国争先修筑要塞的背景下，便决定在苏联与中国东北边境修筑要塞进行防守，霍尔莫津要塞就是其中之一。

1933年4月，日本关东军制定了《对苏作战纲领》，在北部正面针对苏境阿穆尔州开始军事部署。由日本参谋本部与关东军共同组织的幕僚团前往北部边境地区进行大规模侦察活动。然后在伪黑河省选定了霍尔莫津、爱辉（西岗子）、黑河和法别拉四个战略要地，准备构筑国境阵地。1934年，实地测量事竣，关东军指令伪满政府每年负担约600万元的"国境筑城费"，从事"国境建设"。1935年日本关东军设置"筑城班"，主管修建边境设施事务。

伪黑河省内的4个"国境阵地",根据日本关东军在东北边境共设置的14个"国境边境阵地",称为第5、6、7、13"国境阵地"。其中,第5"国境阵地"为霍尔莫津,位于北部正面右翼,其任务掩护东侧背。守备队编制由步兵4个中队,炮兵2个中队,工兵1个队构成。主要炮火力定额为10榴弹炮、中迫击炮各4门,高射炮8门。各部队统归日本关东军第四军管辖。该军曾设想,如对苏发起攻势,遭到苏军回击时,该军主力最后撤至孙吴附近死守,计划将第5、第6两阵地作为前沿阵地,并加强各阵地联系。

1941年关东军特别大演习时期,日军企图进攻苏联。此时,关东军在伪黑河省大力加强与修筑了各种军事设施。关东军特别大演习之后,关东军并未偃旗息鼓。1942年制订的对苏作战方案,北部正面军事部署除4个"国境守备阵地"外,以孙吴为中心,东起奇克,向西延伸经高滩、干岔子、逊河、嘎巴亮子、霍尔莫津、毛兰屯、小河西、孙吴、四季屯、富拉尔基、爱辉（西岗子）、新开岭、山神府、黑河、纳金口子、法别拉、达音山、源利金厂、白石砬子、满洲屯、小新屯、青石厂,西至三道卡分别驻有第4军部队。

霍尔莫津要塞是第二次世界大战期间侵华日军在中国东北部精心构筑的一个庞大军事工程,始建于1934年。由胜武屯村上大队本部、胜山主阵地、毛兰屯野战阵地构成,总面积100余平方公里。设有备用弹药库、军需仓库、东官舍、西官舍、给水塔、俱乐部、碉堡、对苏监视哨等设施,按当时的军事物资贮备,可供两千多士兵驻守一年以上。右翼是毛兰屯野战阵地,有近百个不同规模的军事工事,都保存得较好。胜山主阵地配备四个步兵中队、两个炮兵中队、一个工兵队。步兵配有轻重机枪、步兵炮、野山炮。炮兵配备有榴弹炮、加农炮、高射炮、大型要塞炮及反坦克车速射炮。战时兵员,包括军需人员1200多名。驻军番号是日本关东军694部队44师团269联队。

日本侵华期间,由于霍尔莫津要塞的得失直接关系到对苏防御的成败,所以这座被称为"北正面"核心防护区的要塞由关东军精锐部队把守,对外称作"第五国境守备队"。东北抗日联军在此开展过多次对敌斗争。霍尔莫津要塞方圆20公里,群山和低谷布满碉堡、战壕、仓库、兵舍和战地医院等。阵地中心的"亚雷高地"是霍尔莫津的最高峰，可以远望黑龙江。每隔 20 米一座，成直线分布着四座炮台，附近还有一排六个小炮台，构成强火力进攻和防空基地。按动电钮，炮台可以自由升降。对岸的苏联境内在大炮的有效射程内，高地下面一马平川，炮台群可以有效地防守胜山。作为侵华日军"北部正面"战区的右翼，其主要任务是所谓防御和伺机进攻苏联，用重炮摧毁苏联沿江工事。驻军为日本关东军 694 部队 44 师团 269 连队第五国境守备队，最多时有工兵 1200 余人。日军在第一线阵地还设置了一系列江岸监视哨，用高倍望远镜严密监视苏军动向。霍尔莫津要塞位于北正面爱辉、黑河、法拉别四个要塞中的最右翼，在与爱辉要塞之间，还有数处野战阵地相连，构成了一道沿黑龙江边境地区的坚固防线，并进行了边境和纵深地区的兵力部署。孙吴东北 50 公里处隔黑龙江与苏联康斯坦丁诺夫卡城相望，有 38 公里的边境线，所修筑的要塞阵地基本上是位于沿黑龙江中苏边境一线的制高点上。尤其是对苏军进攻孙吴时的荒原、谷地，均可进行有效封锁和防守。日军进攻苏联时，各要塞阵地上的火炮，又可实施火力支援，摧毁苏境内的部分军事工事。除上述攻防作用外，霍尔莫津要塞作为北正面右翼防线，通过其坚固的要塞阵地和毛兰屯等野战阵地，在防御苏军进攻上担当着更重要的角色，确保北正面防线的右翼安全。当时的修建是秘密进行的，外界不知内情。要塞修好后，里面的中国劳工都被杀害。据吴瑞庆老人回忆，当时的劳工不用本地人，因为本地人对周围地理情况熟悉，而大多用的是河北、山东和琉球人。

　　昔日的霍尔莫津要塞如今已经变成为胜山要塞遗址。人们来到这里，总要到胜山要塞去看一看。战后的霍尔莫津要塞保存下 100 余处当年的军事战争遗迹，并被列为国家级重点文物保护单位。霍尔莫津要塞森林繁茂，有野生植物 85 科 410 多种，野生动物 300 余种，现在是国家级森林公园。战争年代霍尔莫津要塞是侵略者构筑的战略重地，和平时期是重要的爱国主义教育基地，它作为"战争的活化石""战争的缩影地""战争的教科书"，将以战争遗迹游、红色足迹游和森林生态游为一体的崭新形象呈现在世人面前。

三 攻克胜山与霍尔莫津惨案

1945年年初，世界反法西斯战争临近最后胜利。1945年2月，苏、美、英三国首脑在苏联雅尔塔举行会议，签订了《雅尔塔协定》，确立了苏联对日作战方针。1945年7月25日，苏军完成了进攻日本关东军的准备，在中苏边境集结80个师，4个坦克机械化军，3个航空兵集团军，外加太平洋舰队和黑龙江舰队，共计兵力为157万，火炮2.7万门，坦克5500多辆，作战飞机3500多架，海军各种舰船500余艘，海军航空兵飞机1500余架。8月8日晚9点，苏联的后贝加尔方面军、远东第一方面军、第二方面军、太平洋舰队、黑龙江区舰队（阿穆尔舰队）全部进入了进攻状态。苏联红军派出侦察兵渡过黑龙江，在沿江霍尔莫津附近对日军军事设施进行侦察。8月9日零时10分苏联红军向驻扎在中国东北的日本关东军发起了进攻。苏联远东第二方面军的第二集团军先头部队发起对孙吴日本关东军的全面进攻，首先用飞机轰炸孙吴城军事指挥系统。8月10日，苏军主力从孙吴沿江哈达彦的嘎亮子架设浮桥渡江，以T34、T50型坦克为主的装甲部队逼近胜山。苏军采取立体进攻的方式发起攻击。第一步是用飞机轰炸胜山要塞的炮兵阵地、指挥部，击中十加农炮座；第二步是运用坦克进行攻垒；第三步由步兵抢攻阵地。苏军在中国东北西部对日军发动了攻击，这大大出乎了日军的意料。日军预测苏军要休整五个月，而且会选择中国东北部（远东滨海地区）进攻日军。日本关东军总司令田乙三和等被迫由长春迁往通化，在迁移中指挥被迫中断。驻扎在孙吴的日本关东军没有准备仓促应战。

当时关东军第4军在北部正面的部署是：第123师团驻孙吴阵地；独立第135旅团驻西岗子阵地。当时霍尔莫津要塞的日本军队只有1300人，炮弹运到其他战场，弹药储备不足，由村上大队长、须田中队长和大木、首岛二位守备队长，仓促指挥防守。胜山要塞十分坚固，苏军的伤亡也很严重。

8月11日拂晓，苏军开始进攻霍尔莫津要塞各阵地。强大的火力摧毁了日军的防线，驻守毛兰屯野战阵地的日军稍作抵抗不支便撤回后方、胜山等主阵地的日军凭借坚固的工事拼命抵抗。北泽贞治郎调集步兵第一大队总部、第一中队和机关枪中队，步兵第二中队，268 联队和 207 联队，第二机关枪中队，增援胜山。深山军曹押运的 4 卡车炮弹在胜山桥被苏联迫击炮射中。8 月 12 日下午 4 时，由苏联红军组成的 20 架轰炸机群对胜山展开轰炸，50 辆坦克向胜山逼近。战斗十分激烈，日军负隅顽抗。从侧面包围胜山的苏联红军步兵部队，不断遭到日军的反击，但由于日军的炮台严重损坏，再加上炮弹供给不足，在苏军的立体进攻下，还击力量明显不足。苏联红军越过黑龙江发起猛烈攻势，庞大的霍尔莫津要塞土崩瓦解，日军也无法挽回最后覆灭的命运。17 日日军在花见山 123 师团指挥部举行了焚烧军旗的仪式，向苏军投降。霍尔莫津要塞并没有发挥日军想象的作用，只用七八天时间便被苏军攻克。霍尔莫津要塞最终成了埋葬日本侵略者的坟场。

苏军出兵东北，进攻日本关东军，受到东北人民的热烈欢迎。长期遭受日伪压迫的黑龙江沿江一带的中国老百姓一心盼望苏军把日军打败，积极行动起来给苏军送干粮、炒菜、白酒，东霍尔莫津村的百姓更是如此。苏军攻下了霍尔莫津要塞，东霍尔莫津村的百姓也获得了解放。据吴瑞庆老人回忆，日本关东军残余不甘心失败，他们化妆成东霍尔莫津村的百姓，以给苏军送食物的名义，炸掉苏军的坦克。由于苏军分辨不清同是黄色人种的中国人与日本人，于是酿成了"霍尔莫津惨案"。苏军包围了东霍尔莫津村，大肆屠杀中国老百姓，顿时漫山遍野，血流成河。

四 解放战争时期的东霍尔莫津村

1945 年 8 月抗日战争胜利后，国共两党为争夺东北展开了激烈的斗争。中共中央为建立东北根据地，派干部 2 万多名和军队 11 万人挺进东北。1946 年苏军撤离东北后，中共中央将工作重心放在了创立北满根据地上。当时国民党在东北没有一兵一卒，蒋介石一方面派接收大员到东北接收政权，并委任东北地区的伪警宪特及土匪武装为国民党"先遣军""地下军"；一方面大量向东北运兵，发动内战。东霍尔莫津村所在的黑河地区虽然地处边境，但也是匪患严重。东北民主联军进入后，这里也展开了建立政权、剿匪和土地改革运动。

在解放战争中，1947年5月，东霍尔莫津村正式建立。村民给予了东北民主联军以大量人力物力支持，参与和见证了黑河地区的剿匪斗争和土地改革运动。收复逊克、剿灭刘山东匪帮是中国共产党领导三省（龙江、合江、嫩江）会剿的胜利，是参战的全体指战员同广大人民群众紧密配合、浴血奋战的结果。东霍尔莫津村的农业始于17世纪末叶，当时是原始耕作，个体经营。伪满洲国时期，为了长期侵略的需要，日本开拓团来到这里，土地控制在日本人手中。抗战胜利后，村民在党的领导下夺回了土地。1948年实行土地改革，农民得到了土地。土改分两步进行：第一步是发动群众，划阶级，定成分，斗争地富和伪警、宪特等；第二步是整顿内部，分配胜利果实，成立贫雇农团。东霍尔莫津主要斗争胜利果实是3匹马、4230斤粮食、246件衣服、14尺布匹、18床被褥、3962元金子、3750元银子、31120元现款、90亩土地、8间房产。

第三节 中华人民共和国成立后东霍尔莫津的春天

中华人民共和国成立后的东霍尔莫津在各个领域都有了快速发展，其交通便利，通过黑奇官道（今黑奇公路）可达到周围县市。东霍尔莫津村很好地安置了移民，经济发展迅速，社会事业有了很大的发展，边境交往和冲突比较频繁。

一 安置移民

区域开发作为人类经济活动在区域空间的拓展，是人类经济行为中对自然环境作用最强的活动，因此人类的区域开发活动必然对生态环境产生深远的影响。区域农业发展具有特殊规律，把一个村庄作为一个独立的区域进行研究，聚焦固定区域，打破时间限制，从长时段综合考察其农业发展状况，具有重大的理论意义与现实意义，也是我们致力于探讨的核心命题。作为区域经济的重要组成部分，区域开发是一个持续渐进的过程，要受到地理环境、土地政策、赋税制度、移民政策和区域经济发展规律的制约。

中华人民共和国成立后，作为达斡尔族为主的东霍尔莫津村也不断接受来自全国各地的汉族移民。这些移民既有国家统一组织的移民，也有自流移民。其中，接待和安置最多的是国家组织的移民。来自全国的移民，对于东霍尔莫津的经济发展和文化交流作出了巨大贡献，他们也得到了村民的热情照顾。

为了开发边疆和建设边疆，从1955年到1960年，国家有计划地组织大批移民到边疆落户，建设新农村。先后从哈尔滨市、山东省鄄城县、成武县、梁山县、范县等地组织移民768户，3320人迁入东霍尔莫津村所在的孙吴县。孙吴县政府对移民工作非常重视，为了做好移民的安置工作，于1955年7月21日成立了孙吴县移民委员会，办公室设在民政科。按照县委的统一部署，东霍尔莫津村也成立开荒委员会，委员3至5人，以加强对安置移民的领导。东霍尔莫津村在第一次移民中安置5户，14人；第二次移民中安置8户，40人；合计13户，54人。国家对支边移民在经济上给以大量扶持，拿出了一定数量的经费。支边户的车、船费，中途死亡抚恤费，被服费，途中医疗费都按规定给予核销。安置在东霍尔莫津村的居民，每户拨给建房费140元，服装家具费56元，口粮费24元，医疗费8元，按人口合计每人补助38元。

二 经济发展

1948年土改后，东霍尔莫津村开始了农业互助合作化运动，初级社、高级社、公共食堂相继成立。农民在土地改革分得的土地上自主经营，拓荒扩种，精耕细作，生产热情空前高涨，农业生产得到迅速恢复和发展。解放初期，多数农户存在着缺乏大型农具、生产资料少等困难。1952年春，依据党中央关于发展农村互助合作运动的一系列指示，并针对上述情况，孙吴县委、县政府在保护农民个体经济积极性的同时，大力发展劳动自助，进行农业合作化运动与农业的社会主义改造，推动生产发展，从根本上建立农村的社会主义经济制度。

1960—1962年，由于三年自然灾害和"共产风"的原因，农业产量下降。1961年，宣传贯彻《农村人民公社工作条例（修正草案）》

（简称六十条），取消了供给制，解散了公共食堂、托儿所，实行了社员自己负担花销和大队适当补贴的办法，允许社员种植自留地、小开荒，农村社员每人分给3分田归社员个人所有，允许从事饲养畜禽等家庭副业生产。强调贯彻"按劳分配"的原则，实行了"以产计酬、超产奖励和三包一奖（包工、包产、包财务，超产部分奖励）"的劳动计酬形式。

1961年年末，根据中央"调整、巩固、充实、提高"的方针和《关于改变农村人民公社基本核算单位问题的指示》，东霍尔莫津村实行了"三级所有队为基础"的管理体制，即公社、大队、生产队三级所有，以生产队为基本核算单位。1964年，全村掀起"农业学大寨"的热潮，村长吴福庆亲赴大寨参观学习。1965年全村推行了"大寨工分"。在评工计分过程中，实行"政治分"或者"人头分"，社员的正当家庭副业被当作"资本主义尾巴"割掉。1972年，孙吴县委在农村开始推行定额管理与评工计分相结合的计酬方法，原田地重新分给社员。

小麦是东霍尔莫津村的主要农作物之一。中华人民共和国成立前，东霍尔莫津村主要采用人工播种、小刀收割的原始耕种方法，产量很低。中华人民共和国成立后，随着科学的不断进步，小麦的种植方法不断改变。20世纪50年代小麦播种一般在4月初开始，5月初结束。播种方式分为机播、垄作、漫撒三种方式。以1956年为例，小麦机播面积占33%，用新式畜力圆盘式和靴式播种机；垄作占19.2%，采用小垄三苗眼播法；漫撒为47.8%，垧播量，肥地（伏荒、二荒）400—420斤，秋茬、豆茬380斤，一般350斤。机播小麦拔两三次草，垄作小麦铲一两遍，拔一次大草，苗高4—5寸时每垧地追肥1000—1500斤。60年代为细耕操作，小麦种在秋翻地上。针对过去重茬造成草籽多的情况，狠抓小麦调茬工作。大多施种肥，主要是尿素、灰土粪。机播面积达80%。1970年旱象由西往东逐渐加重，出现了第一次抗旱高潮。东霍尔莫津村索利岗25垧小麦绝产，中午能将拔下的麦秸点燃。70年代小麦播期比五六十年代提前，土壤以化冻5厘米播种最为适宜。播种方式多样化，有30公分双条播、36公分双条播、45公分双条播、

7.5公分单条播、15公分单条播、30公分单条播、大垄3条播，早熟品种20%，晚熟品种80%。施肥有种肥、追肥、底肥三种方式。种肥主要是颗粒肥，垧施量400—600斤；追肥在分蘖末期追尿素，垧施量200—300斤；底肥垧施农家土杂肥5万—6万斤。小麦三叶期压苗扶壮。1975年小麦田间管理达60%，除少量低洼地块机车进不去外，其余全部实现机播，小麦机播面积达99%。

大豆也是东霍尔莫津村的主要农作物之一。20世纪50年代大豆播种采用拉拉稀方法，垧播量120斤。采用窝稀密点法1尺左右一窝，每窝4—6棵苗，垧播量100斤。种子搞粒选、脐选，发芽率90%。1956年，东霍尔莫津村推广混种，占大豆面积的15.8%。采用玉米带大豆或红豆，2株玉米间种1埯大豆或红豆，玉米不减产，每垧可得大豆300斤或得红豆600—700斤。60年代大豆机播面积达40%，平播后起垄，扩大60公分平播，用七桦犁随播随起垄。扣种大豆，浅破茬深掏墒，点好籽，压实保墒，垧保苗30万—35万株。田间管理主要靠人工铲、畜力、机播机耪。70年代田间管理加强，大豆管理推广了盖、耙、耪、疏等一整套机械化管理措施。1974年大豆播种方式有垄上双条播、梅花形扎眼播、机播随播随起垄、满垄灌、垄上3条播。用废柴油除豆田杂草，在大豆出苗前，分别用2斤或3斤（垧播量），采用喷雾法对豆田施用，垧用量3斤的除草效果为52.5%，比人工除草增产23%。用敌草安灭豆田草，出苗前施用，垧用量4斤，除草效果为36.7%，比人工除草增产4.3%；垧用量8斤，除草效果为38.9%，比人工除草增产26.2%。肥料使用氮、磷、钾颗粒肥，5406菌肥，农家肥等。

东霍尔莫津村也种植谷子。1952年推广肇源丰产经验，实行宽苗眼种，宽播稀点，播幅宽3—4寸，垧播量12斤，需拌12—15斤熟苏子或10—12斤熟谷子，播深2—4厘米，踩好底格子和上格子。小苗长至6公分左右时，间苗、拔草。中间拔大草2—3次。50年代用盐水选种，小苏打浸种。肥料主要用农家肥。60年代改为细耕，铲前一犁，灭草保墒，加宽播幅，垧保苗为80万—100万株。70年代增加30公分、45公分平播，垄上3条播。

玉米的种植也是东霍尔莫津村种植的作物。20世纪五六十年代种植玉米主要是抓把粪，拌种肥、上坑洞灰。播种方式是单株播种，垄宽55公分，株距40—45公分，行距45—50公分。种子采用穗选，掐头去尾留中间，垧保苗3万—4万株。中间三铲。70年代玉米种植部分采用一埯双株，双埯双株带豆类间作。1975年曾用玉米营养快育苗，缩短生长期，促进早熟。

东霍尔莫津村也种植水稻。20世纪50年代，水稻种植开始用条播机和点播机播种。推广品种主要是"石狩白毛"和"国光"，主要在沿江一带少数生产队（包括东霍尔莫津村）种植。1971年水稻品种增加了"七棵穗""瑷珲1号""瑷珲2号"。1973年开始水稻和旱田轮作。

随着东霍尔莫津村农业的发展，自然出现了农作物病虫害问题。其中病害有小麦根腐病、散黑穗病、赤霉病、叶锈病、叶枯病、全蚀病；大豆霜霉病、花叶病、紫斑病；玉米黑粉病；谷子白发病；水稻棉腐根病、恶苗病；马铃薯环腐病、晚疫病；黄瓜霜霉病；茄子碣纹病；白菜软腐病、霜霉病等，计20余种。东霍尔莫津村主要用化学农药防治。20世纪50年代用赛力散拌种、王铜拌种和温汤浸种的方法防治小麦的散黑穗病，后因赛力散残毒较大，逐步用拌种双、克菌丹、多菌灵等农药所代替。

虫害有地下害虫有金针虫、地老虎、玉米枯心叶蛾、玉米螟、大豆根潜蝇、大豆食心虫、大豆蚜虫、二条叶虫、草地螟、粟茎跳、麦秆蝇、小麦蚜虫、小麦吸浆虫、黏虫、瓢虫、水稻潜叶蝇、稻摇蚊、水稻泥包虫、豆椿象、曲条跳、芽青虫、甘蓝叶盗虫、白菜地蛆、萝卜地蛆、大葱地蛆、大蒜地蛆等30余种。由于东霍尔莫津冬季气候寒冷，不利于害虫越冬，因此一般年份虫害较轻，偶有发生，对症施用农药便可控制。但也有例外，需用敌敌畏、六六六等农药，同时挖防虫沟进行防治。兽害野猪、黑熊、田鼠、花鼠子，主要进行人工防治。

马克思主义认为，生产力决定生产关系，生产关系反作用于生产力。农业生产力与生产关系协调发展是区域农业高效可持续发展的前提。20世纪50年代至60年代，农作物中耕锄草作业均以人工和畜力为主。因地多人少，劳、畜力紧张，农田草荒比较严重。70年代，随着农业机械化程度的提高，采用了机械疏苗耙、耪、盖、机械深耕、中耕等管理措施，使中耕作物基本上实现了两铲，草荒程度逐年减轻。

在发挥机械中耕优势的同时，东霍尔莫津村大力推广化学除草技术。1975年运用机引药泵喷24—D丁酯，同时施用了除草醚、敌稗等除草剂进行水稻灭草，在麦—麦—豆的轮作体系中交替使用各种选择性除草剂进行豆、麦田灭草。1979年氟乐灵化学除草剂开始小面积试验获成功，1981年大面积推广。同年开始试验禾草灵灭野燕麦，1982年普遍施用。1985年用拿扑净豆田除草。20世纪70年代后由于加强科学管理，及时倒茬，加之施行大面积药物灭草，有效地控制了农田杂草危害，逐步实现了作物稳产高产。

中华人民共和国成立前，东霍尔莫津村的农业生产主要工具是手工操作的简单工具和畜力农具。播种工具有耙（铁铧木框，谷类播种时原垄种）、木磙（木制，长2米多，用于播后压平）、点葫芦（点谷子用）。田间管理工具有以锄头为主，木犁中耕。收获工具：芟刀（从俄国进口，刀薄杆长，用于割草割麦）、镰刀为主，另有少量的摇臂收割机和"萨马牙兹"收割机。打场工具有连枷、石磙。翻整地工具有木耙、铁耙（木制或铁制，用于搂地）、钉齿耙（木制或铁制，耙地和手撒平播敷土用）、木犁（木制部分由农民自制，铧子和犁镜等铁制部分由外地买进，用马或牛牵引，用于翻地打垄）。粮米加工工具有石臼、石碾、石磨、扇车等。

中华人民共和国成立后，东霍尔莫津村的农具有所发展。1956年，相继有播种机、收割机、圆盘耙、镇压器、双轮—铧犁、水田条播机、水田点播机、打场机。改革开放前，全村播种、田间管理和麦收基本实现机械化。播种工具，谷子多数用B（6）播种机或手扶拖拉机牵引耙，水稻部分用48行播种机播种，玉米播种大部分用B（6）播种机，小麦用48行机引播种机，大豆用机引B（6）播种机和"龙江1号"播种机。田间管理工具，大田作物铲地一部分用除草机，蹚地大部分用七铧犁，麦田压青苗用链轨拖拉机牵引V形镇压器，喷农药用机动喷泵和人工喷雾器。收获机械，小麦用谷物联合收割机、割晒机、拖拉机牵引拾禾器，除极少部分内涝严重地块人工收获外，全部用机械收获。脱谷机械有脱谷机、扬场机、清粮机。翻整地工具有拖拉机牵引五铧犁、七铧犁、缺口耙（重耙）、圆盘耙（轻耙）。

东霍尔莫津村的林业发展比较好，全村十分重视护林防火工作，积极响应1946年县政府与孙吴城防司令部联合发出的护林防火布告。此后每年春秋发布护林防火布告，规定春季3月15日左右至6月15日为防火期，4月10日至5月末为防火戒严期；秋季一般9月15日至11月15日左右为防火期；秋季防火戒严期根据气候情况每年时间不定，临时发布戒严令。1951年东霍尔莫津村有一些村民参加了县里成立的护林防火委员会和护林队。1952年秋季县里举办了护林防火训练班，建立健全了东霍尔莫津村的护林防火组织。

孙吴县水产捕捞历史较久，1939年大桦树林子、小桦树林子、四季屯三地有捕鱼户16户（《黑河省产业实态调查报告》第五编第二部分）。1949年孙吴县渔业调查报告中记载，孙吴县仅有沿江区进行渔业生产。当时以四季屯一架山、东霍尔莫津、大桦树林子、义利哈岛等产鱼最多，其次是哈达彦屯、小桦树林子江套子，捕鱼户31户。1959年冬，东霍尔莫津村的渔民参加了孙吴县商业局在沿江组建的国营捕鱼队，工人最多时达到21人，有2张网、2条大船。不久，由靠江近的生产队组织打鱼行家，组成打鱼小组下江捕鱼，每个捕鱼小组一般由2人组成，有1条渔船。

此外，东霍尔莫津村还进行了渔业养殖。精养鱼方法首先要改造鱼池，放水前清除淤泥，用生石灰消毒除害，施造基肥，池塘注、排水通畅，并设有拦鱼设备，水深1.5米为宜。对鱼种的选择及放养比例要严格要求。首先，精养鱼塘放养品种的比例和数字依据投饵的品种、数量而定，可因地制宜。草少水肥的池塘以养鲢鱼为主，兼养鲤、草鱼（不超过30%）；水草多的鱼塘，以养草、鲤鱼为主，兼养鲢鱼（不超过30%）。其次，扩大放养鱼种，放养大规格鱼苗，一般在3寸以上，最好4寸为宜。此外，亩放养量以3寸鱼种为例：粗养每亩放150尾左右为宜，亩产鱼70斤左右；半精养每亩200—300尾为宜，亩产鱼150斤左右；精养每亩500—700尾左右为宜，亩产鱼300斤左右。

东霍尔莫津村在1949年成立了供销社，在沿江村屯是优先发展起来的。在此之前，村民只能到县里去购买生活日用品和农副产品，十分不便。东霍尔莫津村的粮食销售主要用于城镇居民、工人、国家机关工作人员和农村非农业人口等口粮供应，其次用于饲料。东霍尔莫津村的粮食生产对于城市的发展作出了贡献。1954年，沿江乡建立了信用社，信用社为县信用合作联社、乡信用合作社和村信用站（或小组）三级组织形式，为东霍尔莫津村的村民提供了方便。

三　社会事业大发展

东霍尔莫津村是全国最早解放的边疆村屯之一，曾经为解放战争作出了一定的贡献。1949年中华人民共和国成立后，东霍尔莫津村的社会经济进入了一个新的发展时期。1954年11月隶属于黑河区。1956年3月设置沿江乡，辖东霍尔莫津村。1958年9月，成立一县一社的孙吴县人民公社，东霍尔莫津村成为沿江作业区。1959年4月，改为县联社后，成立沿江人民公社。中华人民共和国成立后，东霍尔莫津村的交通、邮政、电信、教育、科研、医疗卫生事业得到了蓬勃发展。

东霍尔莫津村交通便利，通过黑奇官道（今黑奇公路）可到达周围县市。东北沦陷时期，日军按所谓"北边振兴计划"精神，在境内修筑了北黑、孙奇、孙二、孙四4条公路。黑（河）奇（克镇）公路于1916年修建，当时称黑奇官道，土路，东北沦陷时期改土质路面为砂石路面，可通汽车。1945年以后，因战时破坏，加之年久失修，不能四季畅通。1978年黑龙江省政府定此路为边防公路。黑奇官道自黑河起经瑷珲、大五家子、四季屯、霍尔莫津、哈达彦、干岔子至奇克镇，全程216公里，境内42公里。路面宽3.5米，路基宽7.5米。有桥梁6座，118延长米，涵洞31道，有道班1个。此外，霍尔莫津至吴家堡有一条长24公里的简易军用公路。

东霍尔莫津村也是邮路的枢纽，开发较早的沿江村屯，以前靠黑龙江航期内的船只捎信。公文、信件由沿江霍尔莫津卡伦传递，私人信件由村屯附近的商号代办。1948年开通孙吴至霍尔莫津村无定期步班农村投递线路，单程45公里。

东霍尔莫津村较早发展了电信事业，1939年新增设孙吴至霍尔莫津电报回线，为音响单信，全长为64公里。孙吴县1948年开办了农村电话业务，共有电路4条：孙吴至沿江、腰屯、清溪、辰清。霍尔莫津就在沿江附近，使用电话十分方便。

东霍尔莫津村很重视发展教育，教育事业发展较早。1951年春，霍尔莫津的初级小学改为完全小学。1965年9月，沿江公社又办农业中学1所，在公社内招生34人，实行半农半读，除文化课外，聘请兼职教师讲授农业技术课和卫生常识课。1967年改为全日制普通初级中学。东北沦陷时期，日本侵略者通过建立民众讲习所、民众学校等方式进行奴化教育。1935年2月，境内霍尔莫津屯（时归奇克县）成立了男子民众学校，附属于小学校内，学员10人，修业期限4个月。冬学是解放战争时期农民和市民教育的一种重要形式。1949年1月，孙吴县有10个村屯办冬学，学员人数1106人（男830人，女276人）。县城3个街道办起妇女识字班、识字组，县、区、村都建立了冬学委员会。办冬学教农民识字是当时小学教员一项义不容辞的任务。冬学的经费来源有以学田余粮解决、摊派、农会家底、自愿集资等。教材以政府发的冬学课本为主，以报纸为辅。结合各种工作对群众进行教育，如征粮、选劳模、拥军优属、支前、搞副业等。

东霍尔莫津村的科研事业也是在沿江村屯中比较少见的。孙吴县农业科学研究所的前身是黑龙江省国营霍尔莫津良种示范繁育农场。1956年划归孙吴县，改称孙吴县沿江农场，是全县唯一的农业示范、科研与生产相结合的农场。1960年以农场的农业科学试验站为基础，建成独立的孙吴县农业科学试验站，站址设在沿江乡胜武屯（今红色边疆农场三分场场部）。1963年迁至腰屯乡，改为孙吴县良种示范繁育农场。农场下设农业科学研究室、实验站。1977年10月1日，在该站基础上创建孙吴县农业科学技术研究所。1979年4月从良种场分出迁至孙吴县西郊。该所1985年有职工24人（其中助理农艺师、农业技术员各3名），主要任务是进行农作物新品种、新技术的中间试验，为全县推广新技术、新品种提供科学依据。科研工作为农业发展作出了重大贡献。

东霍尔莫津村医疗卫生事业发展得很好。中华人民共和国成立后，一些地方在土地改革后的农业互助合作运动的启发下，由群众自发集资创办了具有公益性质的保健站和医疗站。1951年孙吴县供销合作社集资在三区霍尔莫津屯办起孙吴县医疗服务社，有 2 名中医，这是在农村建立的第一个医疗单位。1954 年撤销医疗服务社改为沿江卫生所。1958 年更名为沿江作业区卫生院，在取消沿江作业区的同时，易名为沿江公社卫生院。

1956 年全国人大一届三次会议通过的《高级农业生产合作社示范章程》中亦规定，合作社对于因公负伤或因公致病的社员要负责医疗，并且要酌量给以劳动日作为补助，从而首次赋予集体介入农村社会成员疾病医疗的职责。随后，许多地方开始出现以集体经济为基础，以集体与个人相结合、互助互济的集体保健医疗站、合作医疗站或统筹医疗站。可以说，从中华人民共和国成立初期到 20 世纪 50 年代末，农村合作医疗处于各地自发组建的阶段。

1959 年 11 月，卫生部在山西省稷山县召开全国农村卫生工作会议，正式肯定了农村合作医疗制度。此后，这一制度遂在广大农村逐步扩大。1965 年 9 月，中共中央批转卫生部党委《关于把卫生工作重点放到农村的报告》，强调加强农村基层卫生保健工作，极大地推动了农村合作医疗保障事业的发展。到 1965 年年底，全国已有山西、湖北、江西、江苏、福建、广东、新疆等十多个省、自治区、直辖市的一部分市县实行了合作医疗制度，并进一步走向普及化。到 1976 年，全国已有 90% 的农民参加了合作医疗，从而基本解决了广大农村社会成员看病难的问题，为新中国农村医疗保障事业的发展写下了光辉的一页。20 世纪 70 年代末期以后，农村合作医疗遭到了破坏，并开始走向低潮。1979 年 12 月，卫生部、农业部、财政部、国家医药管理总局、全国供销合作总社联合发布了《农村合作医疗章程（试行草案）》，各地又根据这个章程对农村基层卫生组织和合作医疗制度进行整顿，坚持农民群众自愿参加的原则，强调参加自愿，退出自由，同时改进了资金筹集办法。

克山病、地方性甲状腺肿、大骨节病是东霍尔莫津村有代表性的地方病。克山病于 1948 年、1949 年流行于东霍尔莫津村，其发病凶猛，患者吐黄水，又称为"快当病""黄水病"。发病时间一般在头场雪、三九天、过小年是高峰，人称"三关"。得病的多是生育期的妇女和学龄前儿童。1950年11月东北人民政府卫生部保健司科长应大凯率8人的防治克山病医疗队来到孙吴县，积极抢救病人并开展宣传教育，建立防治克山病组织，制定相应的抢救措施。给东霍尔莫津村培训了两名克山病防治抢救员。20世纪60年代初，成立了县、区、村防治克山病指挥部。地方性甲状腺肿，简称地甲病，俗称"大粗脖"。防治工作，以普加碘盐为保证，以普治现患为重点。1978年以来保证了全村碘盐的供应，卫生部门定期监测碘盐的加工、保管、运输、贮藏、出售各个环节的情况。还对育龄期妇女进行碘油注射。基本控制了该病的发生，达到了黑龙江省委提出的控制地甲病的各项指标。50年代防治大骨节病，效果较好。虽无药品治疗，但政府号召喝开水，用开水煮饭，多吃维生素含量多的食物，如菠菜、白菜、海带、萝卜、小海米等。60年代改良水质，打深井，大型过滤，用硫酸镁片治疗。70年代采用天然石膏石改水，用硫酸钙、碳酸钙、天然石膏片治疗。

1950年至1980年，东霍尔莫津村及附近村屯发生了十几种急性传染病，有白喉、黑热病、斑疹伤寒、天花、霍乱、副伤寒、脊髓灰质炎、百日咳、猩红热。对这些传染病都采取了积极防治，做到了早发现、早报告、早隔离、早治疗，建立了传染病登记卡，按期上报。1952年开始接种牛痘。1952年至1956年接种霍乱、伤寒、副伤寒疫苗。1983年东霍尔莫津村儿童实行双月免疫。1979年县内停止牛痘接种，伤寒和副伤寒不再流行。

东霍尔莫津村的医疗卫生事业增加了村民的体质，抵制和预防了多种疾病，并使村民的医疗有了一定的保障，使村民感到了新中国的美好和幸福。

东霍尔莫津村的用水水源主要有井水、泉水和河水三类。井水主要是手压机井。1978年防疫站进行了水质检测，结果水质污染有大部分偏高于国家饮用水指标，发生物理性的改变，偏酸、硬度低、低氟、低硒、低碘，但由于黑龙江水水质好，纯净透明，无工业污染，所以井水基本符合国家生活用水指标。

1949年后，东霍尔莫津村建立了妇幼保健组织，积极推广新法接生、科学接生，加强了幼儿保健工作。1960年对农村妇女在劳动过程中实行"三调三不调"（经期调干不调湿，孕期调轻不调重，哺乳期调近不调远）。还经常对农村妇女进行5期劳动保护教育（经期、孕期、产期、哺乳期、更年期）。1964年后，东霍尔莫津村响应计划生育工作，孙吴县也经常组织手术队，深入农村为广大妇女做手术。东霍尔莫津村开展妇女围产期劳动保护，推行科学接生。20世纪70年代开始妇女病的普查普治和婚前检查。50年代开展儿童传染病、小儿多发病、常见病的预防，宣传科学育人，对托幼组织进行保健指导。

东霍尔莫津村在1950年开展了以预防克山病为中心的爱国卫生运动。1952年开展了以反细菌战争为中心的爱国卫生运动。1958年开展除四害运动，要求达到"五有"（牛马有棚、猪羊有圈、鸡鸭有架、人有厕所、村屯有粪堆）"三勤"（勤起、勤垫、勤打扫）。1976年村里派人去县里开办的灭鼠学习班参加培训。总之，东霍尔莫津村的社会事业发展在黑龙江沿江村屯中是很好的，村容整洁，村民生活幸福。

第四节 改革开放后东霍尔莫津的发展

改革开放后的东霍尔莫津村位于黑龙江省孙吴县沿江满族达斡尔族乡辖区之内，是达斡尔族村。沿江乡三面环山，一面傍水，风景秀丽，土地肥沃，物产丰富。浩浩的黑龙江滋养了10万亩肥沃的良田，麦浪滚滚、大豆摇铃、瓜果飘香、渔舟唱晚和江中"三花五罗"等名贵鱼种成就了这里"鱼米之乡"和"塞北小江南"的美名。独特的传统民族文化、民族风情，更为沿江平添了独具特色的人文魅力。东霍尔莫津村位于沿江满族达斡尔族乡中心地段，依山傍水，历史悠久，凭借着独特的地理优势和少数民族乡村的政策支持，东霍尔莫津村如虎添翼，驰骋在现代化的大道上。

一 今日乡村

今日的东霍尔莫津村位于黑龙江省孙吴县沿江满族达斡尔族乡辖区之内，沿江乡政府驻地距孙吴县城55公里。沿江满族达斡尔族乡全境地势南高北低，南靠小兴安岭多丘陵、漫岗，北沿黑龙江为冲积平原，耕地面积9.2万亩，是全县主要产粮区之一。全乡总面积576平方公里，乡辖8个行政村、9个自然屯、5个农场连队，总人口1.2万人。沿江乡交通便利，陆路孙逊、爱沿两条公路纵贯乡城全境，水运上溯黑河、呼玛，下行可至佳木斯、哈尔滨。东霍尔莫津村位于沿江乡中心地段，依山傍水，历史悠久，2009年全村人口1340人，其中少数民族人口占全村的14%，有达斡尔族、满族、朝鲜族。耕地面积11117亩，人均年收入1200元。现在有线电视入户率95%，程控电话入户率99%，自来水入户率99%。东霍尔莫津村已做好道路硬化工作，道路的两旁挑起边沟排水，全村80%的房屋为砖瓦房。每家都有铁栅栏，村容美观，整齐干净。

东霍尔莫津村地处沿江平原区，位于孙吴县内东北部，海拔为110—200米，面积占全县总面积的4.09%。大片优质荒原已全部被垦为耕地。由于河流冲积，有明显的阶地发育，阶地宽度一般为1000—2000米，最宽处5000米。阶地表面多被沟谷割切，前缘陡坎明显，由西北向东南节节下降，与黑龙江沿岸的漫滩相连，起伏较缓，地势平坦开阔。第四系堆积物为亚黏土、淤泥质亚黏土沙砾卵石等，局部含泥炭、蓝铁矿斑点。黑龙江漫滩土层最厚达30米，由于岛状冻土影响，融化水下渗形成沼泽化湿地，此外水泡子、牛轭湖较多，河曲发育。地处中高纬度，属寒温带大陆性季气候，冬季受蒙古高压冷空气影响，漫长而寒冷；夏季受东南季风控制，温和而多雨；春季风大而少雨干旱；秋季降温急剧，常有早霜危害。总的特征是气温较低，无霜期较短，夏季日照时间长，温差大。

东霍尔莫津村在黑龙江右岸，此地区江面宽约930—1220米，深度为6—8米，历年平均流量3400立方米/秒，最大流量3万立方米/秒，最小流量120立方米/秒。黑龙江结冰期较长，历年平均结冰期约165天，最长时180天。封江日期为11月中旬，开江日期为5月1日前后。黑龙江河道宽阔，水流平稳，含沙量少，枯水期短，适于船舶航行。水资源丰富，土质肥沃，是孙吴县主要农业生产基地。

附近的主要岛屿有霍尔莫津岛和王阿木河岛。霍尔莫津岛，满语称安巴通岛，位于东霍尔莫津村对面。地理位置东经127°37′—127°48′，北纬49°35′—49°36′。由8个岛组成。岛长3500米，宽1000米，面积3.05平方公里。王阿木河岛，曾用名何地营子岛、车地营子岛，位于孙吴、逊克两县交界处。地理位置东经127°58′—128°02′，北纬49°33′—49°36′。由6个岛组成。岛长12700米，宽1600米，面积20平方公里。

东霍尔莫津村所在的沿江平原区的成土母质为砂砾岩及其再沉积岩、洪积物、冲积物等，发育成草甸暗棕壤、草甸土、泛滥地草甸土等。野生动物在国家动物地理区划上，属古北界东北区长白山亚区。野生植物属长白山植物区系，种类繁多。经济价值较高的土特产有木耳、蘑菇、猴头、榛子、笃斯越橘（都柿）、黑白柳条，可供出口的山野菜有蕨菜、薇菜等；蜜源植物有胡枝子（梢条）、椴树、柳树等。

二 经济发展

1978年冬，安徽凤阳县小岗村18位农民冒着风险，在大包干的契约上按下了18个鲜红的指印。从此农民拉开了改革开放的序幕。1978年召开的中国共产党第十一届三中全会决定，改革最先从农村试行，内容以集体土地由农户分散承包经营为重点。随着十一届三中全会的胜利召开，东霍尔莫津村农民的生产积极性得到了空前的激发，农业劳动生产力得到了极大的解放，农业生产得到了快速的恢复发展。

1982年1月1日，中共中央发出第一个关于"三农"问题的一号文件，明确指出包产到户、包干到户或大包干都是社会主义生产责任制。此后，中央连续发出5个关于农村发展的一号文件，确立了农村家庭联产承包责任制，大大解放和发展了农村生产力。包产到户打破了农业生产的"大锅饭"，使得农业发展越过了长期短缺阶段。2006年1月1日起，我国全面取消农业税，种地给予补贴，更加激发了东霍尔莫津村农民种地的积极性。每年的播种面积稳定，大型机械化效率高，成本低。到2006年，国家取消农业税后，东霍尔莫津村的农业统计数字基本稳定。2006年，东霍尔莫津村的农作物总播种面积为780公顷，粮食的播种面积为767公顷，单产1416公斤，总产量1086吨。2007年东霍尔莫津的农作物总播种面积为831公顷，粮食的播种面积为752公顷，单产 947 公斤，总产量 712 吨。

目前黑龙江省是全国主粮中拒绝使用转基因种子的唯一省份，是中国粮食安全的"压舱石"。2016 年 12 月 16 日，黑龙江省十二届人大常委会第三十次会议审议通过了新修订的《黑龙江省食品安全条例》，该条例规定"依法禁止种植转基因粮食作物"。此事在全国引起轰动，使全国人民长期关注的粮食安全问题有了突破性的进展，为新一轮东北振兴作出了典范。黑龙江省是中国东北边疆重地，也是我国重要商品粮基地，我们必须围绕供给侧结构性改革，推进全域式绿色农业，实行区域可持续发展，改革农业的组织形式，提高专业化的管理水平，打造宜居的生态环境，这样的时代任务要求我们，对于每一个基层村屯要做好扎实的调研工作，因地制宜，制定符合实际的发展策略。

霍尔莫津灌区兴建于 1939 年，位于沿江乡境内。总面积为 1.53 万亩，可耕面积 1.25 万亩。水源利用二道河子和 2 个泉水沟，合并一起由西向东贯穿全区流入黑龙江。该灌区共有 3 个干渠，长 1.55 万米；2 个支渠，长 2500 米。

东霍尔莫津的林地隶属于沿江林场。沿江林场 1973 年建场。经营面积 860130 亩。其中有林地面积 454635 亩。1985 年木材蓄积量达 683450 立方米，树种以柞树为主，黑桦为辅。建场至 1985 年造林保存面积 26365 亩，房屋建筑面积 2954 平方米。改革开放后，党的林业政策也发生了变化。村里实行国家重点防护林、特种用途林管护经营责任区，由孙吴县林业局颁发黑龙江省林业厅制作的管护簿。1987 年，发生大兴安岭"5·6"森林火灾后，东霍尔莫津村加强了护林防火建设。建立了村民防火队。多年来，东霍尔莫津村的村民尽职尽责，没有发生大的火灾事故。此外，凭借着沿江的优势，东霍尔莫津村的渔业发展很好。很多村民买来渔船进行捕鱼，收入颇丰。所捕到的鱼经常拿到孙吴县出售。

三 社会事业发展

如今随着儿童出生率下降和大量农村人口涌向城市，农村孩子上学的问题更加突出，学生越来越少，教室越来越空，教育资源越来越捉襟见肘。因此，撤点并校，集中办学，是解决临县办学困境的唯一选择。现在东霍尔莫津村的学生们都到沿江乡中心小学读书，初中和高中都在孙吴县。

东霍尔莫津村已经实行了合作医疗制度。1979 年 12 月，卫生部、农业部、财政部、国家医药管理总局、全国供销合作总社联合发布了《农村合作医疗章程（试行草案）》，各地又根据这个章程对农村基层卫生组织和合作医疗制度进行整顿，坚持农民群众自愿参加的原则，强调参加自愿，退出自由，同时改进了资金筹集办法。此后，虽然少数地区的农村合作医疗事业得到了恢复与发展。但随着 20 世纪 80 年代农村承包责任制的推行，乡村公共积累下降，管理不得力，各级卫生行政部门又未能及时加强引导，全国大多数农村地区原有的以集体经济为基础的合作医疗制度遭到解体或停办的厄运，绝大部分村卫生室（合作医疗站）成了乡村医生的私人诊所。据 1985 年全国 10 省 45 个县的调查，农村居民中仍参加合作医疗的仅占 9.6%，而自费医疗则占到 81%，1986 年支持合作医疗的村继续下降到 5% 左右，当时只有上海的郊县、山东的招远、湖北的武穴、江苏的吴县、无锡、常熟等为数不多的地区继续坚持合作医疗。

进入 20 世纪 80 年代后期，农村社会成员的医疗问题又引起了有关政府部门的重视，一些地方在总结历史经验的基础上，根据农村的发展变化，亦对传统的合作医疗制度因地制宜作了改进，从而呈现出不同的模式。目前，农村合作医疗事业作为农村社会保障事业的一个方面，已被列入国家卫生部门的发展计划，正在逐步恢复和发展。

中国的合作医疗事业所走的道路是曲折的，这种曲折与其他社会保障制度有所不同，它主要是因为农村承包责任制的推行使之失去了集体经济基础，同时又无得力的政策引导所致，其后果就是参加合作医疗的农村社会成员从 1976 年占农村人口的 90% 锐减到 1986 年的 5% 左右，一些地方又出现了农民看病难，看不起病，甚至因病陷入困境、绝境的现象。农村合作医疗事业曲折发展的这一过程，应当成为中国现阶段整个社会经济改革发展中的一个深刻教训。

在过去的数十年间，中国的农村合作医疗制度有过成功，也有过挫折,并迄今仍处于低潮时期,但其特色却是鲜明的。

合作医疗以农村居民为保障对象。在中国,城镇居民一般有公费医疗、劳保医疗或医疗社会保险制度给予保健与疾病医疗保障。而占全国总人口70%以上的农村社会成员却缺乏必要的医疗保障。合作医疗作为农民群众在长期与疾病作斗争中逐渐形成和发展起来的一种医疗保障制度,便成了解决农村居民疾病医疗与保健问题的主要依托。因此,合作医疗是农民创造的,也为农民的健康服务,从而主要是农村社会保障体系中的重要组成部分。

合作医疗以群众自愿为原则。合作医疗是合作化运动的产物,实质上是群众的互助互济,它从一开始就强调群众自愿的原则,通过政策引导、实施效果引导以及群众相互影响等来吸引群众参加。例如,国家在政策上重视并扶持合作医疗,把合作医疗当作为农村居民办实事;合作医疗本身具有的公益性、福利性使农民认识到其好处;群众之间的影响,又能推动农村社会成员的积极参与;合作医疗制度正是在上述三个因素的引导下由农民自愿参加并最终成为一项医疗保健制度的。在新的历史时期,合作医疗仍应坚持群众自愿的原则,但这并不排除政策引导、政府扶持等措施,将群众自愿参加引向群众自觉参加,使合作医疗成为农村社会的群众性医疗保障制度。

合作医疗以集体经济为基础。在过去数十年间,合作医疗制度与农村社、队集体核算制度相适应,其经费主要源于集体公益金的补助,社员看病只需交纳少量的费用,从而是一项抵偿的农村集体福利事业。农村改革后,合作医疗走向低潮正是因为失去了这种集体经济的保障。从中国农村的现实条件出发,无论是富裕地区还是贫困地区,均不可能由农民独自承担这种责任。而保障国民健康、增进国民健康又是国家和社会应该承担的职责。尽管国家和各级政府不可能在农村重走正面临着重重困难的城镇居民医疗保障制度的老路,但也不能放手不管。因此,国家和社会对农村居民的健康的职责,又将会主要通过政策引导和农村集体经济的供款来实现,集体经济在过去是合作医疗的经济基础,在今后仍将是农村合作医疗的必要基础。

合作医疗以全方位服务为内容。虽然合作医疗的层次低,设施简陋，但从过去数十年的实践来看，它又有着十分丰富的内容。在实行合作医疗的地区，它不仅为农村社会成员提供一般的门诊和住院服务，而且承担着儿童计划免疫、妇女孕产期保健、计划生育、地方病疫情监测等任务，并按照预防为主、防治结合的方针开展各种预防工作和饮食及饮水卫生、爱国卫生工作等。由此可见，合作医疗虽建立在乡、村，是中国最低层次的、粗放型的医疗保障，但"麻雀虽小，五脏俱全"，对保障农村社会成员的健康发挥着多方面的积极作用。

此外，农村合作医疗还能就近或上门提供医疗服务，极大地方便了农村居民的疾病医疗和保健需要。合作医疗的上述特点，决定了它在现阶段中国农村经济发展中的不可或缺性和在农村社会保障体系中的不可替代性。

在20世纪80年代以前，中国农村合作医疗事业的模式是统一的、规范化的，这是因为全国均实行社、队集体核算，而具有统一的基础和统一的社会政策。然而，农村改革以后，农村的经济结构发生了巨大的变化，地区发展水平极不平衡，同一地区甚至同一乡、村的发展也不平衡，再要恢复、重建全国统一的农村合作医疗制度显然是不现实的。在这种条件下，国家虽然倡导恢复与推广农村合作医疗事业，但又难以实施统一的政策。因此，自80年代以来，主要由各地结合自己的实际情况加以探索，从而形成了多种形式的农村合作医疗模式。具体而言，农村现行合作医疗形式主要有以下几种。

村办村管型。即合作医疗站（点）自行筹建，并由村委会管理，其经费由村集体经济组织（或村提留）和本村群众共同承担，实施对象限于本村居民，个人享受合作医疗的范围与标准均由村制定，它是过去中国农村合作医疗的主要形式。如1985年，在上海市郊县实行合作医疗的3037个村中，由村办村管的占83.5%。

村办乡管型。在这种模式下，合作医疗站（点）仍由村委会筹建，合作医疗经费由集体与个人共同筹集，但享受的范围与标准由村、乡协商制定，经费由乡卫生院或乡合作医疗管理委员会统一管理，按村核算，经费超支由各村自负。

乡村联办型。在这种模式下，合作医疗站（点）由乡、村区建，合作医疗经费除村集体提留和个人供款外,乡级政权还补助一部分;经费由乡统一管理,乡和村分成核算,提留和报销比例由乡、村协商确定,享受的范围与标准由乡级政权统一制定。如 1985 年,上海市郊县农村合作医疗中,就有 13% 属于这种模式。

乡办乡管型。这种模式下,合作医疗站(点)由乡级政权负责筹建,合作医疗经费由乡、村、个人三方筹集,由乡统一管理、统一核算,享受范围和标准由乡统一制定。

多方参与型。在这种模式下,除乡、村两级农村基层政权外,还有其他地方参与筹建农村合作医疗站(点)。如上海市金山县、湖北监利县等在当地政府与群众的支持下,就初步建立了合作医疗健康保险制度。以金山县的试点乡亭新乡为例,乡建立"合作医疗健康保险管理委员会",由县卫生局、县人民保险支公司和乡政府参与管理和协调,农村居民以户为单位、乡镇(包括村)企业以企业为单位自愿参加,交费登记,由乡"健管会"发放医疗保健卡,凭卡就诊或逐级转诊,按一定比例补偿医疗费用。据统计,1987—1989 年,该乡共筹集医疗保健保险基金 107.5 万元,同期全乡支付医药费 143.5 万元,其中由患者自交 41.3 万元,由保健基金支付 102.2 万元,另支出管理费 4.5 万元,收支基本平衡。

大病统筹型。在这种模式下,合作医疗只负责达到"大病"标准的农村社会的医疗问题,一般疾病不在合作医疗范围之列。如江苏高邮市就推行大病合作医疗制,其基本内容是:每人每年缴纳 1.5 元左右的统筹金,由乡镇专户储存,凡农村社会成员一次支出医药费 50—100 元的报销 20%,一次支出 100—500 元的报销 30%—40%,依此类推,最高可报销 70% 左右,全市 32 个农村乡镇的 70 多万农村居民都自愿地参加了这种大病合作医疗。

混合保障型。一些地方建立起综合性的农村基层保障制度,合作医疗被包容其中,如山西省潞城县石窟乡、湖南省临湘县源潭镇长源村等,均建立的是乡、村基层社会保障制度,合作医疗保障与养老保障等均是其基本内容,从而具有网络性、综合性。

上述不同模式的农村合作医疗制度均在探索发展之中,村本位办好还是乡本位好、单项办好还是综合保障好仍有争论。一些地方称之为医疗社会保险或医疗保险，尚不符实。因此，它们均属于农村合作医疗保障，其在多方集资、量入为出、综合服务、保障居民健康方面均是一致的。据中国农村医疗保健制度研究课题组1988年对16省的20个县的6万多农村居民进行抽样调查，参加各种合作医疗的已占30%；再据1993年《中国第三产业年鉴》的资料，到1992年年底，在中国农村651031个村级医疗点中有294417个为村或群众集体设置，占37%（个体医生办的医疗点占44%，乡卫生院下设点及其他形式的占19%）；少数地区发展更快，以上海郊县为例，合作医疗经过建立—滑坡—恢复的过程后，1992年已有2875个村实行了合作医疗，占市郊农村的96.5%。可见，合作医疗正在广大农村走向恢复和发展。

1974年7月全县普及队办。1977年又在沿江公社实行社、队联办。1983年以后办合作医疗的形式有三种：免费医疗，由队公益金全包，社员个人不投资；限额医疗，合作医疗资金以每户为单位筹集，超支由户负责，结余转账下年，不足补；保本医疗，大队拨一定的资金作为合作医疗的周转金，赤脚医生的报酬由队公益金解决。1983年变合作医疗站为卫生所（室）。1985年全部实行承包。

2002年10月，以中共中央、国务院的名义下发了《关于进一步加强农村卫生工作的决定》。强调从中央到地方，各级政府要高度重视农村卫生工作，加强领导，增加投入，优化卫生资源配置，逐步缩小城乡差距，建立和完善农村卫生服务体系，建立和完善农村新型合作医疗制度和医疗救助制度。旧的农村合作医疗制度的瓦解和衰落给农民带来了切肤之痛，农村公共卫生、预防保健工作明显削弱，一些已被控制和消灭的传染病、地方病死灰复燃，新的公共卫生问题不断出现，农民的健康水平呈现出下降趋势。医药费用不断上涨，广大农民不堪重负，看不上病、看不起病的相当普遍。其实农村新型合作医疗制度，与过去实行的旧合作医疗制度有许多不同点。

新型合作医疗是政府主导下的农民医疗互助共济制度，由政府组织、引导、支持。而过去的合作医疗则主要依靠乡村社区自行组织。

新型合作医疗的资金来源，主要靠以政府投入为主的多方筹资，中央和地方财政每年都要安排专项资金予以支持。具体的筹资比例为：中央财政和地方财政各占 2/5，农民个人缴纳 1/5，乡村集体经济组织有条件的也要给予资金扶持。而过去的合作医疗资金，主要靠个人缴纳和村级集体经济补贴，政府各级财政不负筹资责任。

新型合作医疗以"大病统筹"为主，重点解决农民因患大病而出现的因病致贫、因病返贫问题。而过去的合作医疗主要解决小伤小病，抗风险能力差。

新型合作医疗实行以县为单位进行统筹和管理的体制。一个县的人口，大县有一百多万，小县也有二三十万，统筹的范围大，互助共济的作用就大。而过去的合作医疗一般都以村为单位统筹，少数以乡为单位统筹，互助共济的能力较小。

如今新型农村合作医疗使看病享受了实惠的农民动情地说，我们农民有病住医院，也能报销医药费，这是历朝历代没有的事，真是非常感谢党和政府制定的好政策。现在农民观念和心态也发生了变化，有病想看了、敢看了，注重自己的生命与健康了。一些持观望态度的人，开始积极主动要求参与。两年前后一比较，人们的心态发生如此大的变化，主要原因是我们各级党委和政府非常重视这项工作的推行，做了大量扎实有效的工作，把它作为为农民做好事、做实事的具体体现。

当然作为一项新生事物，在其运行初期必然会存在各种各样的问题。对新型农村合作医疗的宣传还不够深入人心，农民对政策的理解不透彻，普遍存在期望值过高现象。如现行的合作医疗是建立以大病统筹为主的新型合作医疗制度和医疗救济制度，主要是帮助农民提高抵御大病的风险，而农民却要求将门诊费用大幅度提高；在运行过程中遇到的具体问题，由于工作人员的解释和处理与农民的理解有偏差，容易使农民对政策产生怀疑，失去继续参加的决心。

农村基层医疗机构的基础设施和设备大多数没有达到规范标准，不能根本解决农民就近医疗的问题。有病治不了或拖成大病，花钱更多。政府应该把农村基层的医疗机构作为农村合作医疗的基地，给予足够的投入，改善基础设施，增加必需的医疗设备，使每一个农村基层的医疗合作机构都能达到统一的硬件标准。

如今形成了县、乡、村三级医疗单位，相互配合，服务周到，安全便利。基层医疗机构的人才短缺是困扰农村合作医疗长期稳固发展的严重问题。基层医务人员学历低，专业技术水平不高是普遍存在的问题，要加强基层医护人员的培训，努力提高他们的医护水平。

如今农民强烈希望，各级合作医疗的工作人员要对政策领会透彻，端正为农民服务的态度，提高服务意识，让农民通过与这些工作人员的接触，理解政策，相信政府，增强积极参与的信心。

以科学的发展观来看，无论从国民经济的持续增长，还是要长期保持我国的国际竞争力，在资本、资源和技术这些基本要素上我国都不具有优势，只有劳动力要素供给具有无可争议的优势，我国的劳动力供给大部分来自农村，所以体力良好和心智健全的农村劳动力就是我国竞争力。从这一点上讲，建立新型合作医疗制度，保障农民的基本健康水平，增进我国的人力资本资源的积累，对保持经济持续增长具有战略上的意义。应该把增进农民的基本健康水平和人口控制、普及国民的义务教育放在同样重要的政策位置，从国策的认识高度来看待。只有把这三项政策有机地结合在一起，才能全面地提高我国国民的素质。城乡一体化的发展虽然表现为各个方面，但增进广大农民的身体健康和心智健全才是我国社会全面发展需要永远追求的基本目标：发展的根本目标就是促进全体国民自身的发展。

如今的东霍尔莫津村富裕了，开始有了科学规划。对于给水排水、电力电信、道路绿化、居住环境、防灾、建设用地都有了长远的统筹规划，新农村建设工作开展得有条不紊。

1979年，沿江、腰屯、兴北、卧牛河、向阳、群山（原前进）6个公社相继成立文化站。沿江公社文化站的成立对于东霍尔莫津的村民来说很有意义。1977年沿江公社东霍尔莫津大队建立砖瓦结构的电影院，安装35毫米放映机2台，靠背木椅500个，每日放一场还满足不了观众要求。1984年停映。1985年归村里，当作办公室。当时在农村很少有室内电影院。放电影时，本村人免费，外村人来看，需要购买门票，这也是村上的一项收入。如今这个电影院的二楼依然是村民进行文艺活动的场所，各种现代的灯饰，电视音响一应俱全。墙壁上的八个大字"自力更生、艰苦奋斗"依然清晰,棚顶的吊灯也如以前一样。此外,还有附近村屯的活动广场供村民们傍晚联欢,演绎民族歌舞。东霍尔莫津村已经与附近村屯联在一起,共同享用公共设施。附近村里购置了电脑、电视,运用高科技手段,进行网络远程教育,党员干部积极带头学习,方便快捷。东霍尔莫津村的村民也可以来此学习。

四 致富路径

2020年是"十三五"规划和全面建成小康社会的收官之年,脱贫攻坚的决胜之年。据沿江乡乡长孔质彬先生介绍,作为沿江满洲达斡尔族乡的重点村,东霍尔莫津村有很多致富路径,全乡的一些项目都需要东霍尔莫津村的参与和配合。胜山要塞森林公园项目、满洲达族风情园项目、沿江乡1万亩高油大豆良种繁育基地项目都取得了大幅度进展。

胜山要塞国家森林公园位于黑龙江省孙吴县沿江林场、前进林场境内,公园总面积13828公顷,其中森林面积11363公顷,森林覆盖率达82.2%,距县城平均约40公里。森林公园野生植物资源十分丰富,其中食用药用植物约300多种,具有广泛的开发前景与观赏价值。森林公园内野生动物甚多,有野生动物近300余种,主要有鸟类150余种,兽类40余种。境内有马鹿、驼鹿、黑熊、天鹅等均为国家重点保护珍稀动物。1933年日本侵略者占领地处对苏通道要冲的沿江一带,历时3年驱使数万劳工在孙吴县沿江一带进行浩大的军事工程建设,永久性地下兵营遍布沿江,山洞达千余处,军用机场3处,延绵20余里,被称为"胜山要塞"。屯兵10万余人,成为遏制周边交通咽喉的军事重镇,叫嚣"小小的哈尔滨,大大的孙吴"。

胜山要塞森林公园为避暑度假型生态旅游区,公园内设"森林生态观赏区、战争遗址游览区、霍尔莫津岛旅游度假区、逊河漂流区",以大森林为背景,以观赏小兴安岭山地云杉、阔叶混交林,逊别拉河漂流,霍尔莫津岛度假观光,湿地观光为主要内容,辅以冰雪娱乐健体、民族文化追溯、战争遗址、爱国主义教育等,具有浓郁林区风情的生态旅游区。

投资估算是总投资2100万元。资金筹措是银行贷款500万元,申请国家补助 700 万元，地方自筹 900 万元。随着旅游业的不断发展，森林旅游被称为健康之旅，越来越受到人们的青睐，胜山要塞森林公园军事遗址众多，原始状态自然景观保持完好。2004 年接待游客 3.5 万人，随着旅游景点的不断开发和基础设施的不断完善，接待游客人数将不断增加，旅游效益十分可观。

森林公园 2007 年前期建设完成，公园的基础设施，景点建设将更趋完善，游客的观赏性和参与性将会得到加强，公园的生态环境会得到极大的改观，游客不断增多，森林公园的收入也逐年递增，可实现年产值 500 万元，年可创利润 210 万元，年创税金 35 万元。

满洲达族风情园项目建设地点位于沿江乡西屯村，占地 2 万平方米，为展示满洲民族发展的历史，园内建设有满洲历史文化长廊、地藏寺，青砖小瓦、泥坯草房的满洲古老民居 1400 平方米，建设满洲风情展示馆 800 平方米。建设跑马场、狩猎场、风味小吃排档等。建设工期 1 年。是一个以人文景观为主、自然景观为辅的大旅游区。

该项目总投资估算为 2000 万元，其中：用于基础设施建设 1900 万元。资金筹措：争取国家和省投 200 万元，自筹、吸引社会资金 1800 万元。孙吴县沿江乡满洲达族风情园项目地理位置优越，交通畅达，通讯方便，是黑河市一个重要的旅游景点。近年来，与省内各大旅行社建立了广泛的业务联系，已同省内外 100 多个旅行社建立了业务关系，年可接纳游客达 2 万人次以上。项目建成后，除门票收入，还有其他经营项目收入，预计年可收入 190 万元，扣除各种税费后，净利润 142 万元。投资回收期 14.08 年。

孙吴县沿江乡 1 万亩高油大豆良种繁育基地项目。孙吴县沿江乡地处高纬度，地域广阔，土壤肥沃，昼夜温差大，气候适宜，有利于脂肪合成，是黑龙江省高油大豆产地。通过高油大豆良种繁育基地建设，进一步改善本地区的大豆品质，提高种植和加工效益，使大豆出油率提高两个百分点以上，达到 22%；产量可提高 5%—10%。加之本地的大豆加工龙头企业已有一家初具规模的油脂加工厂，年加工能力可达 10 万吨以上。可以形成大豆的产、供、销一条龙，拉动地方经济发展。

建设地点是孙吴县沿江乡。建设内容是高油大豆良种繁育基地 1 万亩。购置农机具50台，购置大豆品质检测设备2台，旱井喷灌设备850套，试验站3个。流动资金50万元。投资估算为总投资305万元。资金筹措为地方自筹105万元，申请国家投资200万元。

随着我国经济实力的增强，人民生活水平的不断提高，膳食结构的不断改善，我国人民对大豆及其产品的需求将不断扩大，大豆商品市场潜力很大，前景十分广阔。项目建成后，年生产大豆300吨，年销售收入90万元，年利润总额83万元。

东霍尔莫津村的村民也承包土地、林地，并捕鱼为业，外出打工进行致富。他们大部分到黑河、哈尔滨和大连等城市。

第五节 东霍尔莫津村的达斡尔族风貌

东霍尔莫津村地处东北地区北部，冬季漫长、夏季短促，气候寒冷。清代前期，这里的土著民族多以渔猎游牧或半农半牧为主，生产力水平极为低下，这种自然条件和生产力水平决定了他们的服饰特点主要是御寒性和季节性。东霍尔莫津村的达斡尔族在清以前的衣服有袍、衫、马褂、坎肩等多种；其饮食风俗，与各民族的经济发展及社会进步有着密切联系，是其勤劳与智慧的创造，同时也开始受到满、汉等族饮食风俗的影响；其住宅有草房、土房，每家自成院落；而出行必须借助马、牛、驯鹿等动物及车船等交通工具。

一 服饰与饮食

清朝是以满洲为主体而建立的封建王朝，在征服各民族、统一全国的过程中，清朝统治者把是否接受满洲服饰作为是否归附和接受其统治的标志，因此强令被征服的各族人民改用满洲服饰。东霍尔莫津的达斡尔族由于较早就归附了清朝，其服饰也与满洲服饰较为接近，加之他们大多被编入驻防八旗，因此，其服饰与满洲服饰基本一致。

东霍尔莫津村的达斡尔族在清代以前的衣服有袍、衫、马褂、坎肩等多种。男女皆喜穿长袍，女的带"开气"，男的不带"开气"，一般为蓝色或灰色。妇女喜欢在袍上镶边，俗称绦子。男人穿紧身短衣劳动,土改以后妇女也穿短衣。清代以前,满洲男女,冬季均不穿棉裤,妇女在家穿夹裤,以棉袍做外套,男人穿套裤劳动,以皮袄做外套。男女皆穿布鞋,分为布底与木底,女鞋绣有花纹。男子冬天鞋里以靰鞡草御寒。也有的同达斡尔、鄂伦春一样,穿由狍皮制作的"其卡米"。

在发式上,男人梳辫子,平时盘在头上。姑娘梳一根或两根辫子,新媳妇梳两把头,已婚妇女平时将头发梳成扁髻,盘在头顶上。男子冬天戴耳扇子皮帽,夏天戴帽头或光头。

中老年妇女,平时多用白布或白毛巾包头。男人平时系腰带,佩有烟荷包与烟袋,有的还挂有火镰石和耳挖子,走路时把大襟夹在腰带上。妇女平时佩烟荷包与手帕,用荷包给长者装烟,用手帕擦烟嘴。手套和烟荷包是达斡尔族特制工艺品,用狍皮制作,绣有各种图案。夏服用布料,秋冬两季多穿皮服。清代达斡尔族多用兽皮制作服装,民国初年始改为用布料制作。男女服饰有所不同,男人的长袍用狍皮或棉布制作,下摆左右开叉,外罩皮坎肩,腰束布带。夏天用白布包头或戴草帽,冬天头戴用狍子或狐狸头部全毛皮制成的帽子,双耳挺立。每逢喜庆场面,兽皮帽子还用貂尾、灰鼠尾等装饰。冬季戴皮制手套,手背上配有吉祥结或云卷形图案,腕部配项链形或绳索形纹饰,手指关节处配菱形或桃形图饰,十分精美。冬天脚穿"其克密",与满洲人相同,夏季穿软皮或布料制的鞋。女人也穿长袍,多用蓝色棉布制作,袖口、领口、下摆边缘绣有花纹,两侧对称,不束腰带,只有年节时才穿绣花绸缎长袍。冬季也穿"其克密",夏天穿白布袜、绣花布鞋。自清朝后期开始,随着汉族人口不断增多,并与之长期相处,其服饰逐步汉族化。解放后,只有在节假、喜庆之日才穿戴本民族服饰。

在清代,汉族男女均穿长袍,与满洲服饰大同小异,只在劳动时穿半身棉袄或单褂,多用家织布制成。民国时期,贫苦人平日穿粗布短袄便裤,偶在外出或应酬"场面"时才罩长衫。东北沦陷时期,民间服饰变化不大。解放初期,民间的长衫逐步被短袄所代替,严寒季节穿短大衣或长大衣。20世纪50年代,农村妇女多穿花布、彩布缝制的上衣,裤子多为黑、蓝色。苏式皮帽开始流行,民间男子多戴狗皮帽,女子戴针织毛围巾,民间以纳底鞋为主。60年代中后期,不分男女老幼均穿灰、蓝、黑、草绿色服装，样式较少，颜色单调。改革开放以来，服装样式千变万化，逐渐缩小城乡距离。

东霍尔莫津村达斡尔族的饮食风俗，与各民族的经济发展及社会进步有着密切联系，是其勤劳与智慧的创造，同时也开始受到满、汉等族饮食风俗的影响。

在清代，村落四周是种满大麦、燕麦、糜子、荞麦、豌豆的田地。菜园作物有大豆、蒜、罂粟、香瓜、西瓜、黄瓜，果类有苹果、梨、胡桃，用大麻榨油。饲养的家畜数量很多，有大批的马、牛、羊、猪。用牛耕田，就像俄罗斯人用马一样。从中原传到这里的还有鸡。周围林中盛产毛皮兽，有貂、猞猁、赤狐和黑狐等。

中华人民共和国成立前，东霍尔莫津村的达斡尔族与汉族、满族相近，主食以面为主。中华人民共和国成立后，主食有小米、玉米面、玉米楂子、白面、大米，制作面食或米饭，也有吃冻饺子和黏豆包的习惯。副食以蔬菜、肉、蛋、鱼为主，同时借鉴少数民族的食品制作技术制作泡菜、韭菜花、辣椒末等小菜，喜食涮羊肉、刀切面、油炸糕、酥饼等民族食品。冬天有渍酸菜的习惯。

东霍尔莫津村的达斡尔族经常喜欢吃加牛奶的热稷子饭、加牛奶的荞麦面饼、燕麦米粥加大豆等。老年人最喜欢喝牛奶，吃狍肉和燕麦、荞麦煮的粥，另外还有"哈合面"（炒燕麦面粉）和"滚待勒"（较粗的燕麦面）。平时都吃腌菜，肉食以晒肉干和煮、烤为主，不习惯吃炒肉。节日宴会待客的珍贵菜有"瓦奇"（猪肘子）和手扒肉（煮熟的肉用小刀切着吃）。

过去东霍尔莫津的达斡尔人和满洲人，主食有糜子米（黍）、荞麦、粘谷米、苓当麦、小麦和玉米，经常吃的是小米、糜子米、荞麦面及粘谷，白面和玉米面不经常吃，白面尤为贵，只有在年节和待贵客时吃。食油以苏子油、猪油为主。满洲过去喜欢吃小米、黄米干饭与黄米饽饽（豆包），每逢过节时必吃"哎吉格饽"（饺子），每当除夕必吃手扒肉。满洲独有风味的食品有煮猪肉、炙猪肉、糕点中的"萨其马"。满洲盛行"七碟八碗"。"七碟八碗"是常规宴，婚宴为"九碟八碗"。碟为压桌碟，以凉菜为主。最讲究的是"八碗"，每碗菜的菜料是固定的，上菜是有顺序的。头鸡、二烧（红烧扣肉）、三洋（炸土豆块和肉块）、四海（海参或海物）、五羹（羹汤）、六肉（方块肉）、七丸、八鱼。

二　居住与出行

东霍尔莫津村的达斡尔族住宅有草房、土房，每家自成院落。院中比较宽敞，有栅栏或板墙。房子有正方房、东西厢房之分，正房是住人的地方，有的五间、有的三间或二间。房屋南、西有宽大的窗户。室内西屋为上屋，东屋为下屋。住人的屋一般有北、南、西三面炕，即"万字炕"。居住习俗与满洲相同，西炕为贵，北炕为长，南炕为少。冬季取暖主要靠火炕和泥烧制的火盆。

满洲和达斡尔族在庭院中都有"索伦杆子"，又称"祖杆"或"通天杆"，是满洲传统的祭天"神杆"。"索伦杆子"立在院内东北角的一个石墩的孔中，上有锡斗，祭天时，供物摆上，锡斗里放上碎米和切碎的猪内脏，让神鸦和喜鹊、仙雀来享用。每家都有一人唱歌众人和，热烈而又严肃。并有祭天歌："一进院门抬头看，影壁后面有神杆，这是满洲摇钱树，喜鹊飞来神仙住。"关于"索伦杆子"的来历，还有两个美丽的传说。

第一个传说是乌鸦救主。相传，当年明朝总兵李成梁率军攻破了常常袭边作乱的王杲屯寨。王杲是努尔哈赤的外祖父，此时正在外祖父家中逃避继母迫害的努尔哈赤也做了明军的俘虏。但聪明机敏又胸怀大志的努尔哈赤深知以屈求伸的道理，当即跪拜在李成梁的马前，痛哭流涕请赐一死。李成梁见这孩子机敏伶俐又乖巧可怜，便免其一死并留在帐下做了书童，专门侍候自己。一天晚上，努尔哈赤侍服李成梁洗脚，不经意间发现这当朝一品大将的脚心有一颗红痣，无意中他告知李成梁，说自己的脚心有7颗红痣。说者无心，听者有意，李成梁对此大为震惊，而偏偏在这个时候北京的钦天监观察天象时发现辽东有王气出现，断定这里会出皇帝，为此，朝廷立即派员来追查。李成梁想到当初努尔哈赤脚心的那7颗红痣，马上怀疑到朝廷要抓的就是自己帐前的这个小小的书童。聪明机敏的努尔哈赤也意识到了李成梁对自己的警觉，为此他随即逃出李府，一口气逃到辽阳城北的一个草滩上。但后面李成梁的追兵越来越近，精疲力竭的努尔哈赤索性躺在一条草沟里听天由命。适逢此时飞来一群乌鸦落在他的身旁，将草沟里几乎绝望了的努尔哈赤严严实实地遮盖住，因此躲过了李成梁的追兵。躲过追兵的努尔哈赤连夜逃离辽阳遁入长白山深处，靠着挖掘人参维持生计，又凭借自己的才智招揽四方将士走出长白山南征北战，统一女真各部，建立大金国做了皇帝。大权在握的努尔哈赤为了感报乌鸦当年的救命之恩，下令满洲百姓都要在自己的院子里竖立木杆套锡斗以盛上粮食喂乌鸦。这就是满洲民间流传的"索伦杆子"的由来。

第二个是神鹊的传说。索伦杆上的锡斗除了敬奉乌鸦外，同时还敬奉着喜鹊。因为喜鹊也有大恩于满洲人的祖先。相传爱新觉罗·布库里雍顺被三姓人推举为贝勒之后，不知过了多久，建起了鄂多哩城。建城后，又不知过了多少年，由于布库里雍顺的后裔们不善抚民理政，致使族人反叛，奋起而攻打鄂多哩城。只见那刀光剑影之中，爱新觉罗的子孙们纷纷惨遭杀戮。在那血肉模糊的尸体中，唯有布库里雍顺的正宗嫡孙范察，因年纪尚轻，人小体弱，在兵荒马乱中幸免一死。待范察从死难的父兄尸体中爬出，撒腿逃命时，又被杀红眼的叛族发现，呐喊着追杀过去。惊魂未定的范察一看有人追杀过来，吓得面无人色，呆若木鸡，木桩般立在那里不知所措。就在范察死到临头的当口，忽然从远处飞来一只神鹊，不偏不倚正好落在了木然伫立的范察头上，俨然鸟鹊在枯树木桩上栖息鸣啭。这时，叛族们已追杀过来。追着追着，不知怎的，那落荒而逃的孩童忽然不见了，茫茫荒野上唯见一只鸟鹊在枯树木桩上鸠鸠哀鸣，振翅欲飞。此刻，日已西沉，天色将晚。叛族们追杀一日疲惫不堪，再加之那枯树孤鹊，给人以悲凉凄惶之感，使叛族们一个个顿觉征战之苦，自动停止了追杀，垂首返程了。又不知过了几个时辰，在神鹊的鸣叫下，范察才幡然醒悟，匆匆地整理了一下行装，沿着神鹊飞走的方向，逃命去了。就这样，爱新觉罗家族方留下了范察这一嫡传子孙。又经过了多少年的拼搏抗争，繁衍香火，才使得爱新觉罗家族重新自立于各部落之中，从猛哥帖木儿，历传至董山、妥罗、福满、觉昌安、塔克世，乃至努尔哈赤、皇太极，及至末代皇帝溥仪。

关东有三怪，窗户纸贴在外，怕被冷风刮下来；大姑娘叼个大烟袋，逍遥又自在；养活孩子吊起来，舒服又凉快。东霍尔莫津的达斡尔人和满洲人都把摇车吊在房梁上。摇车像一叶扁舟，是一个有二三十公分高的小槽，婴儿睡在里面，用皮带或布条带捆着，摇车上端底部拴着许多各式各样的兽骨、鱼骨，下端底部拴着长长的绳，缠在屋里做活妇女的脚上，她们手忙着各种针线活，只要脚稍稍一动，摇车立刻摇动起来，随着摇车上的兽骨、鱼骨的撞击发出的有节奏的声响，婴儿慢慢地进入梦乡。此外，有些老房子还有棚花和旧时的床头柜。

中华人民共和国成立前，东霍尔莫津村的富裕人家建有类似满洲的四合院住房，长幼分室居住，东屋为大，西屋为小，居室、灶房、仓库各有其所；平常人家只建朝南正房，为土草结构，屋顶起脊，居室搭南、北炕，南炕为大，北炕为小，几代人同室而居；贫苦人家只能建"马架子"，南北狭长，东西较窄，开南门，外间设灶，里间住人，合家居于一室。中华人民共和国成立后，多建正房，建筑结构渐向砖木房过渡，居住面积不断增加，长幼分居渐多，有条件单设客厅、储藏室、卫生间。

东霍尔莫津村的满洲人的住房以朴素御寒为主，有砖瓦房、草房、土房三种。东霍尔莫津地区寒冷，以草房居多，房架以松木为柱，椽子搭成架，用草拌泥拧成辫子拴在四壁木板上，而后里外抹土三遍即成墙。房盖苫泥草。草房一般为正房，冬暖夏凉，门窗多是朝南开。屋内宽敞，多为两间，外屋为厨房，内安置锅灶。里屋为卧室，有三铺炕，北、西、南砌成"圈炕"，即"万字炕"。西炕上方正墙上供奉神龛，称为"祖宗板"。以西炕为贵，家中来贵客可请在西炕住；北炕为大，家中长辈多住北炕；南炕为小，小辈姑娘媳妇可住南炕。在西炕上是不允许女人和孩子去坐卧，也不许锉锯、磨斧、搓麻绳，更不允许将用狗皮做的帽子放在西炕上，否则将遭到主人的斥责乃至驱赶。因为满洲人以西炕为尊，他们认为这些都是对祖宗不恭不敬的行为。满洲院落较为宽敞，多有篱笆围成。碾子、磨一定放在西厢房，磨为青龙，碾为白虎，马圈里有5个罗汉柱，横串3道马杆子。

黑龙江地区地域辽阔，各城村屯相距遥远，因此各族人民的出行必须借助马、牛、驯鹿等动物及车船等交通工具。达斡尔族的勒勒车，俗称"大轮车"，适合于在山地草原和沼泽河溪地带载物行走，也称"草上飞"。中华人民共和国成立前，东霍尔莫津村各民族的交通工具有花轱辘车、爬犁、小木船等。花轱辘车都是自家制造，轴、轮都是木头做的，牛、马驾驭。爬犁是一种在冬季里较灵活方便的交通工具，广为应用，有一匹马驾的，也有双马驾的，在雪道冰上奔驰。爬犁的构造有俄式和大杆两种，俄式爬犁，下边钉着铁瓦，上边有双翅。大杆爬犁以桦木弯曲做腿与辕，上面钉有横木，多数农民用大杆爬犁。小船，用木板或薄铁皮做成，体小灵便，是水上过河载人、渔民用以捕鱼的好工具。中华人民共和国成立后，东霍尔莫津村的满族、达斡尔族、朝鲜族在衣食住行方面都在改善和改变。除膳食上还保留一些传统，其余皆和汉族相似。

三 婚姻与丧葬

婚姻状况是考察一个村落的重要参考指标。旧社会各民族，婚姻大事都是听从父母之命、媒妁之言，包办婚姻。东霍尔莫津村的达斡尔族禁止同姓结婚，男女两家经过媒人说合，才可以订婚。东霍尔莫津村的达斡尔族中招女婿较多，而且认为离婚是不吉利的。东霍尔莫津村的满洲青年男女年龄到十六七岁时，即可订婚。汉军旗人婚礼由媒妁撮合，看八字，算命庚，经双方父母同意，由男方备礼品择日到女方家，与女方家的父母举盅行礼，即为定亲。汉人婚礼，凭媒妁，重相命，先相男后相女。

1950年中央人民政府颁布了《婚姻法》，1980年国务院又颁布修改后的《婚姻法》。这两次颁布的《婚姻法》中规定，实行婚姻自由，禁止包办买卖婚姻，不允许他人干涉婚姻自由的行为，禁止借婚姻索取财物。男女在结婚前，双方一同到乡政府登记，带着户口和介绍信，领取结婚证。从20世纪80年代开始，要求男女双方婚前都得到医院进行体检。结婚典礼一般都喜欢在双日举行，也有在节假日（如劳动节、国庆节、春节），也有选吉日的，这种现象农村重于城镇。50年代至60年代中期，结婚男女双方把原有的被褥拆洗干净搬入新房，身着旧衣，室内除有一个闹钟、两把暖壶外别无他物。招待来宾是喝茶水，吸烟，吃糖。极少数有家具的仅是两个木制箱子或一个炕琴。1977年，操办开始抬头，迎娶之时汽车迎接，放鞭炮，请客送礼和购置手表、自行车、缝纫机、大衣柜四大件等。改革开放后，家具有写字台、大衣柜、小衣柜、高低柜、组合柜、小茶几等，沙发由简易发展到全包，样式由捷克式到丰田式，单双、大小有别。这些家具，不是结婚时样样俱全，而是根据房屋大小、个人喜爱择优购置。1984年以后孙吴县工会要求各工厂、企事业单位的基层工会，要关心帮助未婚男女的婚姻大事，特别是30岁以上的大龄男女，工会干部主动做好事，当"红娘"。80年代开始，旅行结婚渐多，旅行地点一般到哈尔滨、北京、南京、上海、杭州等地。

东霍尔莫津村的人死后，死者不论老幼、男女均穿新衣，棺殓土葬。由于宗教信仰不同，风俗有异，所以丧礼仪式各不相同。东霍尔莫津村的达斡尔族人死后，在本家族的墓地上，同一莫昆按辈分的先后，由北向南一代一代地埋下去。东霍尔莫津村的满族人死后，停灵在院中，灵前供有香案，案上有供品。东霍尔莫津村的汉族人死后，儿子即到正房西烟筒下，手执铁饭勺向西指大呼指路。1945年后，各族殡葬仍然是棺殓土葬，但繁文缛节改革很多。丧事从简，大多隔日出殡。村里自选坟地，没有统一规划。

四　人口状况

根据1982年第三次人口普查，东霍尔莫津屯70户，男184人，女134人。达斡尔族：沃勒姓20户，得都尔姓15户，何音姓16户，多新姓2户，郭古尔姓3户，达卜拖勒姓1户，熬拉姓2户，索多尔姓1户。满族：宁古塔姓1户，葛哲勒姓1户，觉罗姓1户，泥产奇姓1户。汉族：孙姓1户，王姓2户，李姓1户，范姓1户，董姓1户。在党的正确的民族政策下，在国家各级政府和民委的默契配合下，各民族团结互助，共同发展，已把家乡建设得繁荣富强。

达斡尔人是在康熙二十二年（1683）由副都统萨布素率领官兵从吉林、宁古塔来到瑷珲，达斡尔官兵1000多人携带家属沿黑龙江两岸屯田驻守。很大一部分留在了东霍尔莫津屯。光绪二十六年（1900）沙俄再次侵犯我国东北，一些达斡尔人逃难到卜奎（齐齐哈尔）附近。1934年日本侵略者为了奴役蒙古族、达斡尔族，成立了伪兴安东省，强迫达斡尔族迁居该处。霍尔莫津屯的达斡尔人被迫迁往巴彦旗（今内蒙古自治区莫力达瓦达斡尔旗自治旗）。东霍尔莫津屯的达斡尔族姓氏有德都尔氏得姓、多新氏多姓、果古尔氏果姓、鄂嫩氏鄂姓、洼蓝氏蓝姓、德苏洛氏德姓、索多尔氏索姓、郭苏洛氏郭姓、何音氏何姓、沃勒氏沃姓、敖拉氏单姓、精奇勒氏积姓、达卜拖勒氏达姓、乌力斯氏吴姓。

孙吴县政府认真帮助民族乡村解决实际问题。2004年孙吴县政府与黑龙江省民族委员会一道为沿江乡争取到项目资金40万元，改善了群众生产生活条件。2006年孙吴县委统战部积极参与社会主义新农村建设，为沿江乡争取乡级卫生院改造资金10万元，为发展该乡养殖业争取大鹅养殖资金10万元。作为少数民族乡中的少数民族村，东霍尔莫津受益良多。

东霍尔莫津村有20名党员，其中正式党员18人，预备党员2人。性别结构：男党员15人，女党员5人。民族结构：汉族16人，少数民族4人。年龄结构：26—35岁的为6人，36—45岁的为5人，46—55岁的为1人，56—60岁的为2人，60岁以上的为6人。文化结构：大专以上的为3人，中专的为3人，高中的为2人，初中的为6人，小学的为3人，文盲为3人。

从东霍尔莫津村归来，引起我无尽的思考。黑龙江边的达斡尔族村屯见证了中国人民抗击侵略者的光辉历史，实践了改革开放以来的飞速发展，而那独具特色的少数民族文化也随着民族融合的步伐逐渐消逝。中华民族大一统的观念和中国共产党成功的民族政策，使得汉族与少数民族能够相互学习、相互帮助、和睦相处、共同发展，正因如此，我们的祖国才能日益强大。如今，人们保护少数民族文化遗产的意识已经大大提高，东霍尔莫津村与其他少数民族村屯一样，合理地保护和利用少数民族文化遗产，进行经济建设，而那些美妙的传说也将永远在东霍尔莫津村传扬。在党和政府对民族工作的重视下，东霍尔莫津村正凭借着少数民族乡村的独特优势，更好更快地发展各项事业，走在新时代乡村振兴的道路上。

东霍尔莫津村人口及劳动力使用情况如表6-1：

表6-1　　　　　东霍尔莫津村人口耕地统计表　　　　（单位：人、户）

年份	总户数	农业户	总人口	农业人口	从业人员	男性从业	女性从业	农林牧渔	工业	建筑业	交通业	商饮业	其他	外出合同工
1985	201	183	800	761	249	—	—	222	17	1	3	2	4	—
1986	201	190	800	768	240	—	—	214	18	—	1	1	6	—
1988	198	198	796	768	200	—	—	180	13	—	—	3	4	—
1989	213	210	920	897	190	—	—	178	1	—	2	4	5	1
1990	200	196	827	805	176	—	—	153	7	4	4	2	6	2
1992	208	183	777	713	194	—	—	183	5	—	—	3	3	—
1993	200	183	780	713	220	—	—	212	5	—	—	2	—	—
1994	211	205	789	770	220	192	28	210	7	—	—	2	—	—
1995	218	216	790	782	235	204	29	220	7	—	—	4	4	1
1996	220	218	797	790	288	260	28	277	8	—	—	3	—	—
1997	220	217	811	802	374	204	170	361	9	—	—	4	—	—
1998	223	221	820	810	450	228	222	435	10	—	—	5	—	—
1999	230	224	840	833	344	200	144	372	10	—	—	7	—	1
2000	275	272	960	948	542	400	142	529	6	—	—	7	—	1
2001	276	273	961	949	542	400	142	529	6	—	—	7	—	1
2002	360	358	1250	1243	698	510	188	682	4	1	1	9	1	1
2003	276	274	958	951	536	386	150	517	5	2	2	10	—	—
2004	280	278	962	956	546	398	148	527	4	—	2	7	6	—
2005	305	289	954	940	922	470	522	913	4	—	—	3	—	—
2006	258	249	796	745	513	267	244	498	—	—	3	3	9	—
2007	258	249	796	745	513	267	244	498	—	—	3	3	9	—

注：根据孙吴县人民政府统计局所编的《孙吴县国民经济统计资料》制成。

表6-2　　　　　　　　东霍尔莫津村实有耕地面积　　　　　　（单位：亩）

年份	年初数	当年增加	当年减少	年末数	其中水田	其中旱田	年末农民自留地
1985	12242		26	12216		12216	710
1986	12216		559	11657		11657	54
1988	11000			11000		11000	540
1989	11000			11000		11000	580
1990	11600			12350	120	12230	560
1992	853			853	12	841	37
1993	853			853		853	
1994	853			853		853	
1995	853			853	5	848	
1996	853			853		853	
1997	853			853		853	
1999	800			800		800	
2000	779			779		779	
2001	779			779		779	
2002	740			740	3	737	
2003	740			740		740	
2004	779	1		780		780	
2005	780			780		780	
2006	780			780		780	
2007	780	51		831		831	

注：根据孙吴县人民政府统计局所编的《孙吴县国民经济统计资料》制成。

第七章

索伦部与满洲关系的时代变迁

第一节 清代索伦部演变溯源

清代索伦部演变有其特殊原因，也有其必然性，共同的民族特征、合理的民族政策，以及沙俄势力的入侵实质上为索伦部的演变形成了内外因的共同作用，在内外因素共同作用下，索伦部形成了新的民族格局。对于相关问题的深入探究不仅有利于对这个当时的知名部族有更为深入的了解，同时也有益于当下民族团结、民族共同发展思路方面的清晰。

一 清代索伦部的历史演变概况

"索伦"原是达斡尔人对鄂伦春人的称呼，明末清初时期，由于索伦人性情强悍，雄于诸部，其他民族往往也愿意借助索伦族的名气自壮，自称为索伦人，因此很多学者认为所谓的"索伦部"实际上是对黑龙江地区鄂伦春族、达斡尔族、鄂温克族等几个土著民族的合称。直到清代中后期，索伦人才成为鄂温克人的专称。索伦部与满洲人在语言、习俗、发源地等方面的诸多共同点，深得清政府的信任，加上很多索伦人在清朝进入满洲八旗成为满族人，最终促成了索伦人和满洲的深度融合，形成了两者血脉相连的紧密关系，当时清朝还专门成立了索伦营。在清朝掌控中原之后，满洲八旗的战斗力逐渐下降，一直效忠于清朝的索伦人由于其极强的战斗力成为清军平定内乱、开疆拓土的先锋部队，如平定西北准噶尔部、攻打大小金川、大小和卓等战斗中，都有索伦部叱咤疆场的身影。由于索伦人在清政府统治时期的重要影响，以及清政府对索伦部的倚重，索伦部成为清朝时期东北重要的民族部落群体。

民族融合一直是民族历史发展的主题，在清朝时期，索伦部发生了重要变迁，虽然索伦部分布地带和满洲的形成地辽东地区有较远的距离，但是在清朝历史发展过程中，原本分布于东北北部黑龙江地区的索伦部和东北南部辽东地区的建州女真形成了密切关联，主要原因是努尔哈赤及皇太极父子先后采取征服与招抚并用的手段，把大量索伦人迁入辽东，编入八旗之中，使索伦人直接参与了满洲民族的形成。后来由于清政府的东征西战，部分索伦人奉命迁徙伊犁，驻防卡伦，促成了鄂温克、鄂伦春、达斡尔族三个东北世居民族在新疆地区的分布。因此从总体上来说，索伦部在清朝时期的发展经历了形成满洲、分散迁居他乡，最后分化为新民族的演变过程。虽然索伦部在清朝历史中有重要影响，但是学术界有关索伦部的研究并不够深入，索伦部的融合演变实际上是少数民族历史融合的一个重要范式，隐含着少数民族融合发展的共性规律，以古鉴今，其中相关问题的探究，对于当前民族问题的处理仍然具有重要的借鉴意义。

二 清代索伦部演变的原因分析

清代索伦部落能够从多民族发展至部分融入满洲，最后能够以独立民族的姿态和满洲联合，一方面是由于建立清政权的满洲和当地民族有紧密的地缘关系，以及在此基础上形成的索伦民族和满洲各种共性特征，使得这些民族在思想意识上有一种心理上的亲近意识；另一方面则是由于清政府多样化的民族政策，使索伦人的生产生活和满洲人形成了深度交互，从不同方面加强了索伦部和满洲的融入和亲近，另外，外敌入侵也在客观上强化了索伦部和满洲的亲近关系。

（一）良好的民族共性基础

索伦部能够由多个民族形成一个大的部落，并在后来部分融入满洲，是由于各民族之间本身在亲密地缘关系的同时还具有一些历史以来形成的民族共性基础，如语言、习俗、宗教信仰相同等，这为索伦部族的融合演变提供了现实基础。

首先，从索伦部和满洲的历史渊源来看，满洲的主体是女真族，是在此基础上和汉族、蒙古族等民众融合形成的民族共同体。而从女真族来看，其具有悠久历史，以肃慎、挹娄、勿吉、靺鞨等部落民族为民族主源，而根据史料记载，肃慎族主要发源于黑龙江流域，因此可以说黑龙江流域也是满洲直系族系的发源地。而索伦部本身就是黑龙江流域杂居民族的总称，这种历史上的地理渊源使得索伦人和满洲人有了天然上的亲近感。因此在清朝扩充人口时，索伦人自然就成为其人口扩充的必然选择。在天聪八年（1634），皇太极从索伦部落征迁人口时就派人向索伦人宣谕"尔之先世，本皆我一国之人"①，并以此为名义，招抚俘获了大量索伦部落人员迁往辽东地区。

其次，东北大部分民族都信仰萨满教，萨满教也是索伦族和满洲人共同的宗教信仰。民族是宗教的载体，宗教是民族的意识。宗教信仰是少数民族重要的思想意识基础，索伦部和满洲人在宗教信仰上的一致性，使得他们在思想意识深处具有达成共识的思想基础，这是非常难能可贵的。

再次，在东北黑龙江流域，索伦部是多民族的泛称，很多东北民族人以索伦人自称，这使得多民族之间在形式上形成了密切关系，这为民族之间的联姻奠定了良好的基础，各民族形成了紧密的联姻关系。清代初期，满洲人同样通过联姻保持对索伦部落的羁縻关系。联姻关系使得索伦部内部保持了良好的关系基础，也为满洲和索伦人的融合奠定了基础。

最后，索伦部落和满洲的融合，在很大程度上也是由于语言、风俗方面的共性。这一点从皇太极的话语中便可知，皇太极认为，黑龙江中上游地区民众与其国家民族语音一致，可以征用。而索伦部本身的形成也是由于相互杂居的各个民族长期友好相处，互相吸收对方语言词汇，互相学说对方语言，从而使得各民族能够互相通晓语言，从而加强了各民族的沟通，增进了各民族之间的情感，从形式上促进了民族内部形式

---

① 《清太宗实录》卷21，天聪八年十二月壬辰。

上的统一。

（二）清政府得力的民族政策

索伦部与满洲融合是清朝时期该部族历史演变的重要内容，在这个时期，索伦部族形成了其在历史的重大影响，同时满洲也由于对索伦部族的吸纳而极大地扩展了民族发展。在这个过程中，清政府的民族政策对于这种民族融合现象的形成发挥了决定性作用。

1. 军事征讨

明朝末年，努尔哈赤开始了统一黑龙江流域的步伐。之后皇太极对黑龙江流域的三次进入，各有不同的效果。在天聪八年（1634）第一次进入黑龙江流域时，皇太极以语言相同为借口，使人宣称索伦部族原和满洲为一体，且已经计入史册，只是由于索伦部族不知而已，在军事力量的辅助下，巴尔达齐、博穆博果尔等民族首领纷纷到满洲朝贡；在崇德四年（1639），由于博穆博果尔对满洲政权政治认同淡化，不再朝贡，皇太极派人对索伦部族开始第二次征讨，在民族意识兴起下，当时大部分索伦人开始对满洲政权进行反抗，索伦部因此被俘获了大量人口；崇德七年（1642），皇太极又派人征讨黑龙江流域的索伦部族，结果仍然是大量的索伦人被俘获。在不断的军事征讨中，一方面，大量的索伦人被编入满洲名册，成为事实上的满洲人；另一方面，通过军事力量的震慑，进一步加强了索伦部族对满洲的政治认同。

2. 朝贡赏赐

在清兵入关以前，由于后金政权对黑龙江流域各民族的征讨，从天命十一年（1626）包括索伦部族在内的黑龙江各部族都频繁到后金政权朝贡，同时索伦部也从清政权的赏赐中获得了巨大的经济利益。这种朝贡关系的建立，实际上就意味着索伦部对满洲贵族的政治认同。朝贡赏赐可以看作清政权军事征战的结果，这种结果反过来又促成了索伦部和满洲贵族的交流。无论这种朝贡赏赐关系的建立是自愿还是胁迫，都加强了索伦部和满洲的联系和思想意识上的认同。

3. 联姻策略

虽然在明朝时期，后金政权就开始了和黑龙江流域少数民族的联姻，但是这种联姻并没有起到明显的效果，一个重要原因便是当时的后金政权军事力量不足。在清政权建立后,清政权多次以大臣之女和黑龙江地区的各个部族建立联姻关系。天聪十年(1636),巴尔达齐与清朝建立了联姻关系。清政权和黑龙江各个流域部族的联姻,进一步加强了索伦部族等民族和清政权的血缘关系和交往程度。

4. 编旗设佐

在清政权平定博穆博果尔之后,满洲势力进入索伦部,索伦部被分为两个部分,一部分是愿意接受招抚南迁的人员,另一部分人是留在江北的人员。对于前者,清政府对其编旗设佐进行管理,有的人直接进入满洲八旗,成为满洲人,也有的人被编入布哈特八旗和黑龙江驻防八旗;对于后者,则继续实施朝贡政策。这种对于不同部落的编旗制度主要是按照当时各部落对清政权的认同程度,巴尔达齐对于清政权的积极认同得到了清政府的认可,因此对于该部族主要是以贡貂形式朝贡,而对于博穆博果尔主要采取编入索伦牛录和编入满洲八旗的方式。无论是编入索伦牛录,还是进入满洲八旗,很多索伦人在生活上都不断满洲化。另外不仅被俘获的索伦人被编入满洲八旗,清兵入关以后,清政府还在不断挑选索伦人入京生活,并充当侍卫。居住在京都的索伦人由于影响力弱小,和满洲人的边界逐渐淡化,以致最终消失,两个民族逐渐形成了融合。可以说,在清政府军事、政治、文化各种政策手段的软硬兼施下,索伦部在有意无意中加强了与满洲人的联系,增进了对满洲文化的认同。

(三) 共同抵御外敌

在清兵入关后,东北地区的边防逐渐空虚,沙俄乘虚进入,顺治六年(1649),派出了以叶罗菲·哈巴罗夫为首的"远征队",殖民者凭借武力,在攻占达斡尔头人阿尔巴西的雅克萨城后,以此为据点,四处烧杀攻掠。沙俄对黑龙江流域的入侵,从最初的几十人到上千人,从临时驻扎到建立永久城堡,侵略规模不断扩大,这给索伦部族带来巨大灾难,不仅使索伦人在物质上遭受极大损失,也通过各种方式践踏了索伦人的民族尊严。在危难时刻,赫哲人和朱舍里人派代表到宁古塔求援,清政府开始派出军队对殖民者进行反攻,最终使沙俄的远征军计划破产。为了帮助索伦部人,清政府一方面组织军事力量与沙俄殖民势力对抗；另一方面又伸出援手，帮助索伦人南迁至嫩江流域。虽然清政府的插手并没有从根本上断绝沙俄对东北地区的侵扰，但是与沙俄带来的破坏不同，清政府的援助给予了索伦人极大的精神安慰和物质帮助，拉近了满洲和索伦人的心理距离，共同配合作战更是加强了两者之间的情感意识。而在南迁嫩江流域之后，索伦部完全处于清政权的势力范围内，索伦人很快被纳入清朝的管理体制中，满洲和索伦部由原来的羁縻关系转变为主属关系。

三　清代索伦部演变的启示

从以上分析可知，在清朝时期索伦部落的民族融合演变过程中，经历了战争和民族迁徙诸多曲折，最终才形成了新的民族格局。民族融合是一个永恒的主题，索伦部的融合演变过程波澜壮阔，对于当下的民族问题具有重要启示。

（一）文化认同是民族融合的基础

索伦部和满洲的融合并不完全是政权统治者的外力强制，这一点在皇太极第一次进入黑龙江流域时便知，其利用相同的语言从思想意识上拉拢索伦部人，同时采取优待俘虏的政策，以同一族源来争取索伦人的文化认同，以文化上的认同奠定了政治认同的思想基础，也奠定了民族融合的意识前提，因此才有了部分索伦人自愿接受招抚、加入满洲共同体的结果。虽然在索伦部落的族群融合中，不乏武力、战争和利益驱使，但是不可否认的是相同的文化基础为民族融合奠定了思想基础。

（二）民族政策影响民族发展走势

索伦部本是多个民族的泛称，虽然这些民族相互往来、使用共同的语言，且形成了联姻关系，但是鄂温克、鄂伦春、达斡尔并没有紧密融合在一起，只是名称上使用了一个统一的泛称，而在满洲进入索伦部后，索伦部就和满洲紧密融合，这主要得益于清政府正确有力的民族政策，无论是朝贡赏赐、联姻还是编旗设佐，都在一步步地以政策外力的方式推动索伦人向满洲人的意识和行为上的倾斜。因此可见，在民族融合发展历程中，民族融合大多是一个缓慢的长期过程，但是政府完全可以通过外力的方式来推动这种融合进程，关键在于，必须要采取合适的政策才能促进民族融合的正向发展。

（三）共同利益是民族联合基础

索伦部从最初的外族，不仅融入满洲，而且成为清政府可以倚重的重要军事力量，这和清政府所采取的各种政策推动有关，也和民族之间的历史渊源有关，但是这种实质性的融合、联合格局的形成，从根本上来说，是由于索伦人和满洲人在各种因素作用下形成了休戚相关的利益关系，形成了命运共同体。无论是沙俄入侵时，清政府对索伦部的帮助，还是索伦兵在清政府各种重要战争中的重要作用发挥，实际上都是以利益共同体为基础进行合作。因此，从民族融合方面来说，民族之间的文化认同、政治认同等方面的民族联合意识加强，最终的落脚点都在民族之间的共同利益上，只有寻求共同利益，才能使这种融合形成实质性的进展。

总之，在各种因素的共同作用下，索伦部族在清朝时期形成从部族到民族、从异族到命运共同体的新民族发展格局。虽然从整体上来说，索伦部的历史演变是由于国家历史发展潮流裹挟所致，但是能够形成民族融合、联合发展的结果，还有着具体的历史原因。只有从当时的历史发展状况来解读，才能抓住索伦部历史演变的客观规律，最终在理解历史的同时，对当下民族问题的处理具有更为清醒的认知。

第二节 索伦部与满洲关系的性质

清代满洲完成了统一多民族国家的历史任务。在这个民族众多的国家里，索伦部的三个民族即鄂温克族、鄂伦春族、达斡尔族均是弱小民族，历经清朝多次战争，人口大量伤亡，经济发展落后，但是其至今依然能够存在于中华民族大家庭里，可以说是一个奇迹。这与索伦部的民族意识有关，也与清朝的民族政策有关。研究索伦部与满洲关系，可以从中反映出诸多问题，供我们进一步思考。

索伦部与满洲关系的性质有一个形成、发展的过程。清代前期，满洲与索伦部的关系为羁縻关系；清代中期，索伦部与满洲的关系为主属关系。清代后期，主属关系逐渐弱化，直到清朝灭亡。

索伦部向后金朝贡始于后金天命十一年（1626），自此后朝贡不绝。满洲实行招抚策略，通过赏赐索伦部大量物资，与索伦部首领联姻，双方的关系为羁縻关系。努尔哈赤时期，满洲的军事力量都用于黑龙江下游及沿海和库页岛的东海女真。皇太极时期，满洲开始了统一索伦部的军事行动，三进黑龙江，平定博穆博果尔。从此索伦部再也没有能力与满洲对抗，各部落继续对后金政权朝贡。

　　清军入关后，东北边防空虚，索伦部在沙俄的侵入下大批南迁嫩江流域，清朝对其编旗设佐，开始了边疆与内地一体化的步伐，实际统治黑龙江地区。康熙二十二年（1683），设立黑龙江将军，下设都统、副都统，管辖黑龙江地区。清朝在边疆地区设治，宣示国家对黑龙江地区的主权。索伦部与满洲关系的性质由以前的羁縻关系过渡、转变为主属关系。索伦部作为从属地位，在政治上，必须依附满洲。这种依附是指被外力所支配或受其巨大影响的一种状态，索伦部在军事安全、社会组织、经济发展、文化发展等方面就处于受满洲影响甚至支配的状态。在民族关系中的相互依附是指以民族之间或不同民族的行为体之间以相互影响为特征的情形，索伦部与满洲之间相互影响、互相利用。索伦部在军事安全、社会组织、经济发展等方面需要满洲的帮助而依附满洲，而满洲在军事行动、巩固统治、文化保持等方面也需要索伦部的支持。当然，在这个过程中，满洲是主动者，索伦部是被动者。从生存的意义上来说，索伦部必须成为满洲的从属，基于此，满洲才得以自由地利用索伦部为其服务。满洲淡化索伦部的民族认同，强化地域认同，以文化认同为方法，也达到了加强国家认同的目的。

　　民族意识具有正负两种功能，"正功能主要指与民族意识的自识性内聚性向心性特点相关的凝聚民族成员的精神纽带作用，维护民族生存和稳定，促进民族发展和进步的护卫和推动作用，协调民族间和谐关系的调控作用；负功能是指民族意识所具有的一定的狭隘性，保守性、排他性和利己性及其所带来的阻碍或破坏民族正常发展正常交往的社会作用"①。在清初的乱世中，发挥民族意识的正功能对于国家政权的巩固，

---

① 金炳镐：《论民族意识》，《黑龙江民族丛刊》1991年第2期。

是非常必要的。在民族互动的过程中，通过自我认同与族外人的他认，通过文化认同的手段，才能形成强烈的地域认同。索伦部对国家的认同表现于对中华民族的自豪感、归属感和忠诚感，其中包含其对于国家历史与文化的深刻记忆，承认官方所构建的历史书写。但是国家认同与民族认同不可相互替代，二者具有冲突性与一致性，是辩证统一的。二者的关系需要政府制定合理的政策进行调整，强化一致性，淡化冲突性，才能实现社会的和谐。"在政治方面，实现现代化的标志是各种传统的、宗教的、民族的认同被世俗的国家政治权威的认同所替代，从而完成国家整合。"① 满洲正是通过政治认同，整合了索伦部。索伦部由于自身人数少，力量小，难以形成强大的力量去争夺政权，在其理性选择下，与满洲成为主属关系，使得自身利益得以保存。而满洲也需要利用少数民族来统治多数民族，利用以索伦部为主力的东北各民族去统治人数众多的、力量强大的、政治上不认同满洲的关内汉族、回族、漠西蒙古、维吾尔和藏族等民族，从而获得关内民族的政治认同，加强中华民族的凝聚力和向心力。

索伦部频繁参加统一多民族国家的军事实践，清朝对索伦部国民统一族性形成了有效的规约，增强了索伦部的国家认同，另外，在战争中索伦部充分与国内其他民族接触，民族意识也随之增强。根据多年来中国民族理论的发展，我们认识到民族认同与国家认同分属于两个不同层面，是辩证统一的关系，处理好了完全可以相互促进，激发各民族的正能量，共同建设统一多民族的强大国家。

索伦部频繁参加军事战争，崛起了一大批军功贵族，他们积极为清朝效力，极大地影响了索伦部成员的政治认同，使得这种主属关系得以强化。索伦部民族成员的社会地位有了上升的渠道。索伦部相对于满洲、蒙古来说，文化无疑是落后的，相对于汉族来说，更无须赘言。在清朝二百余年的统治过程中，索伦部的成员不可能凭借科举入仕，其上升的渠道只有凭借军功，依靠满洲贵族对其的封赏而进入社会的上层。

---

① ［美］塞缪尔·P. 亨廷顿：《变化社会中的政治秩序》，王冠华、刘为等译，生活·读书·新知三联书店1989年版，第32页。

"民族的语言和象征、民族的社会和政治运动以及民族的意识形态都必须以一定的民族感情为前提,在既定的群体中,即使这种民族感情没有表现在所有人身上,也无论如何要在民族主义者之中体现出来。这是因为民族感情所起的作用是将该群体中主动的、有组织的部分与被动的、分散的、通常占据更大人口比例的部分连接起来。"[1] 民族感情没有表现在索伦部民众的身上,却无论如何要在其民族精英中体现出来。乾隆朝以后,达呼尔人功高者甚多,很多改隶京旗,成为八旗满洲。可惜"诸先烈只知效忠王室,鲜能顾及宗邦,子孙亦甘为王室爪牙,徒供奔走,罔知振作,坐视大好故乡沦为异域,良可慨也"[2]。索伦部的军功贵族集团成为左右索伦部历史抉择的关键性人物,从而强化了索伦部与满洲贵族的民族感情,而这正是政治认同的关键性所在。

清代后期,满洲汉化日深,八旗兵腐化,战斗力严重下降。在清代中期和后期的频繁战争中,索伦部人口大量伤亡,经济滞后,社会发展缓慢。但是国内的其他力量没有可以击溃满洲的,索伦部与满洲的关系依然为主属关系。清代后期索伦部的民族意识逐渐发展,由自在到自觉,已经认识到本民族的利益。出于繁重的军事义务和经济义务,索伦部已经出现兵源枯竭的现象。这与清代中期形成了鲜明的对比,主属关系逐渐弱化,直到清朝灭亡。

第三节 索伦部与满洲关系的特点和评价

一 索伦部与满洲关系的特点

索伦部与满洲关系的特点是强制性、笼络性、防御性、灵活性,这是根据大量史实总结出来的。这种民族关系比较复杂,在清朝构建多民族国家的过程中起到了重要作用,特点十分鲜明,在研究其他民族关系时,可以作为借鉴。

---

[1] [英]安东尼·史密斯:《民族主义:理论、意识形态、历史》(第二版),叶江译,上海人民出版社2011年版,第6页。
[2] 《达呼尔纪略》,李兴盛主编:《黑龙江地方古籍整理》(第一辑)(二),第999页。

（一）强制性

满洲强制索伦部服兵役和劳役。黑龙江驻防八旗中的鄂温克族、鄂伦春族、达斡尔族官兵，新疆索伦营都是清朝的八旗兵，具有军事和屯田的义务。负责战时出兵，闲时屯田。还有驻守卡伦、定期巡边、为驿站军台提供劳役的义务。布特哈鄂温克族、鄂伦春族、达斡尔族是清朝的后备军事力量，具有军事和经济义务（贡貂）。这些军事是强制性的。

（二）笼络性

满洲统治者也实行恩赏笼络的怀柔政策，以对索伦部进行更有效的利用。第一，任用鄂温克族、鄂伦春族、达斡尔族人为清朝各级官员，管理军务和政务。尤其是达斡尔族的民族分层明显改变，军功集团崛起，官至将军、都统、副都统、总管、副总管者很多。海兰察、博尔奔察、穆图善、阿兰保、阿那保、都兴阿、多隆阿、由屯、长顺、穆腾阿、色楞额，等等，举不胜举，均是官高爵显。第二，对索伦部实行满洲化的同化教育，强调满语骑射。战时派教官到队中教学满语，在黑龙江地区八旗驻防地设置学校，教索伦部佐领子弟满语骑射。皇帝经常召见索伦部官员，通过木兰围场围猎和贡貂义务。加强索伦部的骑射本领。第三，赐予索伦部官员封建特权，笼络民族精英。索伦部军功集团出现后，他们与索伦部普通民众不同，享有封建特权，得到很多利益，加强其在政治上认同满洲。凭借军功获得佐领的索伦官员，有世袭权，犯错也不得剥夺。世袭佐领在本民族有着极大的权威，子女在军功集团内部联姻。满洲对世袭佐领给以高官厚禄的物质奖励，和宣扬功劳的精神奖励。索伦部中的特权阶层占有奴隶、牲畜、土地和火枪，并且在本族内受到尊敬。第四，赏赐奴隶。清朝将大量罪犯赏赐给驻防八旗中的新满洲（包括鄂温克族、鄂伦春族、达斡尔族）官兵披甲为奴，以笼络之，显示出满洲统治者对驻防八旗的重视。

（三）防御性

满洲对科尔沁蒙古族采取盟旗制，多封众建，对其进行防御。同样，满洲与索伦部的关系可显示出防御性的特点。布特哈八旗设满洲总管与达斡尔总管、鄂温克总管一起管辖。将索伦部各族兵丁派往黑龙江各驻防城披甲驻防，派满洲八旗、汉军八旗与之同驻，既分散、交叉派往，又有满洲八旗、汉军八旗监视，体现了分而治之的思想。索伦部各族很难合在一处，形成潜在威胁。黑龙江将军、副都统全由满洲担任，负责管辖和监视索伦部各族。

（四）灵活性

以达斡尔族为例，达斡尔语属于阿尔泰语系蒙古语族，与蒙古语很相近，达斡尔族也使用蒙古文，达斡尔族源也有出自蒙古的说法。如果清朝强制达斡尔族信奉喇嘛教，禁止其信仰萨满教，令其编入蒙古盟旗而不是布特哈八旗和黑龙江驻防八旗，就可能会改变其习性和族属，成为蒙古族。达斡尔族民间一直流传萨吉哈尔迪汗的传说，将其尊为唯一尊崇的大汗。这与蒙古族尊崇成吉思汗为民族领袖是不同的。同时，达斡尔族对乌尔阔（金长城东北路，达斡尔长城）有着深厚情感，情系聚居地布特哈，如果强行令其信奉喇嘛教，可能会出现沙俄强行土尔扈特部信仰东正教，逼迫其迁徙反抗之事例。这种灵活的因俗而治的政策，还表现在不干涉索伦部各族的社会结构、经济类型、生活习俗上。

二 索伦部与满洲关系的评价

清代前期，索伦部与满洲关系为羁縻关系，在这种关系之下，索伦部如果政治上认同清朝，就不会产生大的成员牺牲，能够保存实力。清代中期，索伦部与满洲关系为主属关系，又在军功集团的影响下，不得不积极地参与满洲领导的政治、经济、军事、文化活动，在古代社会民族不平等的环境里，处于从属地位的索伦部不可避免地受到利益损失。索伦部在清朝的军事战争中，境内战守、境外征调、剿捕盗匪、镇抚叛变，人口大量死亡。清朝战争频繁征调黑龙江兵，"官与兵数，统计六万七千七百三十有奇。庆生还者，十不一二也。不死于锋镝战争之场，即死于瘴暑厉疫瘴烟之地。即或有事乎远戍更替，非皓首归来，即勤劳致疾。竟有酬庸有典，而贫不能堪；恤赏渥颁，而无人承袭"[①]，造成了黑龙江省地广人稀。同治六年（1867）丁宝桢欲调东三省兵参加与

---

① 万福麟监修、张伯英总纂：《黑龙江志稿》卷59，第2536页。

捻军的战斗，上谕："东三省劲旅，万难再行征调。"① 文宗在与捻军作战中斥责胜保征调黑龙江马队的请求，曾言："以东三省劲旅，因调度无方，致令纷纷战殁，言之实堪痛恨……所有请调之处，著不准行。"② 到同治初期，"盛京吉林黑龙江马队官兵，夙称劲旅。近来屡次征调，渐至疲软"③。可见东三省兵牺牲之大。索伦部强盛的战斗力导致频繁征调，"前后共计六七十次，转战几达二十二省……详查被调官兵，大都效命疆场，其获庆生者，十不得一"④。民族经济发展滞后，民众生活困苦。布特哈索伦部民众还深受贡貂制度的剥削，经济负担沉重，并有巡查边境、驻守卡伦等任务。

本书讨论的核心内容是论证索伦部与满洲的关系，从清代前期的羁縻关系到清代中期的主属关系，这个转变不只是政治关系的转变，而且影响到索伦部民族的分化过程和满洲的联合过程，满洲大量吸收索伦部三个民族的成员加入满洲，同时利用索伦部三个民族的力量，从而壮大了清朝政府的实力，加快了清朝盛世形成的步伐。只有从这个高度来看待索伦部与满洲的关系，才能抓住索伦部与满洲关系的实质和核心。在观察分析历史问题时，既要看到动机，又要看到结果，结果要比动机更为重要。方针政策是否得当，关键要看结果，这是处理历史问题必须把握的原则。满洲主要是利用索伦部三个民族的武功，结果是有利于清朝多民族国家的统一，但是牺牲了索伦部三个民族才社会经济发展和大量成员的伤亡。

清朝是中国古代最后一个王朝，它集历代王朝之大成，富于创造、勇于进取、成就辉煌。尤其是"华夷一家，天下一统"的大一统民族新观念，实行满蒙汉一体，联合其他弱小民族，在边疆民族地区建治，完成了统一多民族国家的历史重任。解决了长期以来的北方少数民族与汉族的农牧冲突，通过一国多治，因俗而治，灵活多样的民族政策，成功地处理了国内的民族关系，巧妙地实行满蒙联姻结好蒙古，尊崇喇嘛

---

① （清）刘锦藻：《清朝续文献通考》卷228，浙江古籍出版社1988年版，第9742页。
② 《清文宗实录》卷311，咸丰十年三月乙酉。
③ 《清穆宗实录》卷13，咸丰十一年十二月辛未。
④ 万福麟监修、张伯英总纂：《黑龙江志稿》卷30，第1299页。

教安抚蒙藏，积极推崇儒家文化，以处理好满汉关系。这些解决民族问题的历史经验，是中华民族的文化精华，值得我们认真总结和汲取。

满蒙联姻是清朝奉行的民族政策之一，是满洲贵族治理北部边疆、处理满蒙关系的重要方法。其目的在于以婚姻关系、血缘亲情交好，结成政治联盟，巩固北部边防，对清朝实现大一统，形成统一多民族国家起到了重要作用。满蒙联姻持续时间长达300年（1612—1912），近600人次。明万历四十年（1612）努尔哈赤娶漠南蒙古科尔沁部贝勒明安之女，为满蒙联姻之始。随后努尔哈赤多个儿子皆与蒙古联姻。天命二年（1617）努尔哈赤以其弟舒尔哈齐之女嫁给喀尔喀蒙古巴约特部恩格德尔台吉，开始了戚属关系，联姻成为满蒙之间的双向互动。太祖时期满洲与蒙古的联姻活动主要是跟科尔沁部和内喀尔喀五部。太宗和世祖时期，满蒙联姻发展迅速。太宗编制蒙古八旗，提出满蒙一家的思想，同蒙古联姻41次，其中与科尔沁部联姻达18次，孝端文皇后、孝庄文皇后和宸妃海兰珠均为科尔沁部人。太宗很重视与漠南蒙古察哈尔部联姻。太宗将次女嫁给林丹汗之子额哲，打败林丹汗后，额哲投降，太宗又将孝端文皇后所生的固伦公主嫁给额哲，自己娶了林丹汗的囊囊福晋和窦土门福晋。代善、济尔哈朗、多尔衮、阿巴泰、豪格这些位置重要的亲贵均娶了林丹汗的福晋或女儿。通过联姻得到了漠南蒙古的这个盟友，使满洲贵族在进关夺取中原的路上壮大了实力、巩固了后方。康熙时期统一中原，前期为联姻低潮期，统一历程充满坎坷。准噶尔部噶尔丹割据西北，威胁中央，在西北发动叛乱，圣祖三次亲征才得平定。圣祖废掉长城，中外一家，以喀尔喀为长城，中期以后继续实行满蒙联姻，迎来高峰期。平定噶尔丹叛乱后，满洲与喀尔喀蒙古土谢图汗部和札萨克图汗部联姻，扩大了范围。雍正至乾隆中期，多次平定西北叛乱，与喀尔喀蒙古、漠西蒙古联姻更为紧密，盛世达到鼎盛。嘉庆以后至清末是自主通婚期，国家统治日久，政权稳定，满洲贵族已不像前期那样迫切与蒙古联姻。清朝的满蒙联姻以指婚制为核心，形成制度性联姻。清朝在军事优势的局面下，主动派嫁，显示了其治理多民族国家的政治成熟性，经营边疆的积极性。除了巩固统治之外，对蒙古地区的经济发展和文化交流均起到了积极作用。

总之，本书研究中国古代的民族关系只是一个初步的尝试，大体上勾勒出了索伦部和满洲关系的轮廓，但是还有很多问题没有充分展开论述。本书研究索伦部是以政治、军事为经，以经济、文化（广义的文化）为纬，纵横交错，全方位、多角度地揭示索伦部与满洲的关系。这是由于索伦部的历史发展特点和相关资料分布的不平衡性所决定的。索伦部社会发展迟缓，长期停留在氏族部落阶段。达斡尔是索伦部中最先进的，在黑龙江江北时期，正如陈述先生指出：达斡尔"是以氏族组成的屯落为内部组织的中心链条，屯落以内或各屯落之间，各有自己的大小首领"①。阶级分化不明显，没有形成部落联盟，以血缘为基础的氏族组织长期存在。内迁嫩江流域以后，布特哈打牲部落由于编入八旗，氏族组织与军事组织合而为一，强化了氏族组织的作用。

达斡尔尚且如此，鄂温克和鄂伦春更是不可能超出此状况。因此，在文献中关于政治军事活动的记载比较多，而关于经济文化活动的记载偏少。这种情况促使了笔者对本书的写作，必须以政治、军事为主，而以经济、文化为辅，这导致了本书涉及索伦部与满洲之间的经济关系、社会关系和文化关系的内容较少。今后应该深入研究探讨达斡尔族民族共同体的形成，在索伦部的三个民族中，达斡尔族最为重要，其人口多、势力大，经济发展最先进。但是关于达斡尔族民族共同体的形成问题，前人很少提及，本书在论述中涉及此问题。

另外，有一些认识还需要进一步完善，诸如怎样区分清朝与满洲、索伦部与索伦兵之间的关系，如何将马克思主义民族理论与中国历史现实相结合，这些都是需要深入分析的。在叙述史实的基础上所作的理论探讨还需要进一步加深，这对本书的深度和广度都有一定影响。

---

① 陈述：《试论达斡尔的族源问题》，《民族研究》1995 年第 8 期。

参考书目

一 古籍文献

（清）阿桂等：《满洲源流考》，辽宁民族出版社1988年版。

（清）阿桂：《盛京通志》，辽海出版社1986年版。

巴德玛等：《鄂温克族历史资料集》，内蒙古文化出版社1993年版。

（清）保泰等：《平定廓尔喀纪略》，中国藏学出版社2006年版。

（清）长顺修，李桂林纂：《吉林通志》，吉林文史出版社1986年版。

《达斡尔资料集》编辑委员会、全国少数民族古籍整理研究室编：《达斡尔资料集（第二集）》，民族出版社1998年版。

《达斡尔资料集》编辑委员会、全国少数民族古籍整理研究室、黑龙江省档案馆编：《达斡尔资料集第九集档案专辑》，民族出版社2009年版。

《达斡尔资料集》编辑委员会、全国少数民族古籍整理研究室编：《达斡尔资料集（第10集）》，民族出版社2011年版。

（清）鄂尔泰等修：《八旗通志》，东北师范大学出版社1985年版。

复旦大学历史系中国近代史教研组：《中国近代对外关系史资料选辑（1840—1949）》，上海人民出版社1977年版。

（清）傅恒等：《平定准噶尔方略》，北京图书馆出版社2006年版。

故宫博物院明清档案部编：《清代中俄关系档案史料选编（第三编）》，中华书局1979年版。

关嘉禄等译：《天聪九年档》，天津古籍出版社1987年版。

"国史馆"：《清史稿校注》，台湾商务印书馆1986—1991年版。

黑龙江省档案馆、黑龙江省社会科学院历史研究所合编：《清代黑龙江历史档案选编（光绪十六年—二十六年）》，黑龙江人民出版社 2009 年版。

（清）弘昼等编：《八旗满洲氏族通谱》，辽沈书社 2002 年版。

（清）黄维翰：《黑水先民传》，吉林文史出版社 1987 年版。

（清）计六奇：《明季南略》，中华书局 1984 年版。

（清）纪昀：《钦定八旗通志》，吉林文史出版社 1985 年版。

《康熙起居注》，中华书局 1984 年版。

李兴盛、吕观仁主编：《渤海国志长编（外九种）》，黑龙江人民出版社 1995 年版。

李兴盛等：《陈浏集（外十六种）》，黑龙江人民出版社 2001 年版。

李兴盛、马秀娟主编：《程德全守江奏稿（外十九种）》，黑龙江人民出版社 1999 年版。

李兴盛主编：《黑龙江地方古籍整理（第一辑）》，黑龙江人民出版社 2010 年版。

李兴盛主编：《会勘中俄水陆边界图说（外十一种）》，黑龙江人民出版社 2006 年版。

《辽海丛书》，辽沈书社 1985 年版。

辽宁省档案馆、辽宁社会科学院历史研究所、沈阳故宫博物馆译编：《三姓副都统衙门满文档案译编》，辽沈书社 1984 年版。

（清）刘锦藻：《清朝续文献通考》，浙江古籍出版社 1988 年版。

刘民声等编：《十七世纪沙俄侵略黑龙江流域史资料》，黑龙江教育出版社 1998 年版。

贺灵、佟克力辑注：《锡伯族古籍资料辑注》，新疆人民出版社 2004 年版。

贺玲主编：《中国新疆历史文化古籍文献资料译编》第 40 卷《索伦》，克孜勒苏柯尔克孜文出版社、新疆人民出版社 2016 年版。

贺玲主编：《中国新疆历史文化古籍文献资料译编》第 37 卷《锡伯族》，克孜勒苏柯尔克孜文出版社、新疆人民出版社 2016 年版。

潘喆等编：《清入关前史料选辑（三）》，中国人民大学出版社 1991

年版。

《钦定巴勒布纪略》,中国藏学出版社2006年版。

《钦定廓尔喀纪略》,中国藏学出版社2006年版。

《清朝通典》,浙江古籍出版社1998年版。

《清初内国史院满文档案译编》(中册),光明日报出版社1989年版。

清国史:《嘉业堂钞本》,中华书局1993年版。

《清入关前史料选辑(第一辑)》,中国人民大学出版社1985年版。

《清实录》,中华书局1985—1987年版。

任国绪主编:《宦海伏波大事记(外五种)》,黑龙江人民出版社1994年版。

(清)昭梿:《啸亭杂录》,中华书局1980年版。

宋小濂:《宋小濂集》,吉林文史出版社1989年版。

(清)托津等:《平定三省教匪纪略》,北京图书馆出版社2006年版。

万福麟监修、张伯英总纂:《黑龙江志稿》,黑龙江人民出版社1992年版。

王普文等主编:《吉林军事》,天津古籍出版社1993年版。

王锺翰点校:《清史列传》,中华书局1987年版。

(清)魏源:《圣武记:附夷艘寇海记》,岳麓书社2010年版。

(清)温达等:《亲征平定朔漠方略》,北京图书馆出版社2006年版。

(清)西清:《黑龙江外记》,黑龙江人民出版社1984年版。

西藏社会科学院西藏学汉文文献编辑室:《平定金川方略》,全国图书馆文献缩微复制中心1991年版。

西藏社会科学院西藏学汉文文献编辑室:《平定两金川方略》,全国图书馆文献缩微复制中心1991年版。

西藏社会科学院西藏学汉文文献编辑室:《平定准噶尔方略》,全国图书馆文献缩微复制中心1990年版。

新疆维吾尔自治区古籍办公室:《锡伯族历史资料拾零》,新疆人民出版社2005年版。

(清)徐世昌等编纂:《东三省政略》,吉林文史出版社1989年版。

(清)赵尔巽等:《清史稿》,中华书局1977年版。

中国第一历史档案馆、中国社会科学院历史研究所译注：《满文老档》，中华书局1990年版。

中国第一历史档案馆编：《乾隆朝满文寄信档译编（全24册）》，岳麓书社2011年版。

中国第一历史档案馆编：《乾隆朝上谕档》，档案出版社1991年版。

中国第一历史档案馆、鄂伦春民族研究会编：《清代鄂伦春族满汉文档案汇编》，民族出版社2001年版。

中国第一历史档案馆编：《清初内国史院满文档案译编（中册顺治朝）》，光明日报出版社1989年版。

中国第一历史档案馆编：《清代档案史料丛编（第14辑）》，中华书局1990年版。

中国第一历史档案馆编：《清代中俄关系档案史料选编（第一编）》，中华书局1981年版。

中国第一历史档案馆、莫力达瓦达斡尔族自治旗达斡尔学会、莫力达瓦达斡尔族自治旗达斡尔民族博物馆编：《清宫珍藏达斡尔族满汉文档案汇编》，辽宁民族出版社2018年版。

中国第一历史档案馆、鄂温克族自治旗民族古籍整理办公室编：《清宫珍藏海兰察满汉文奏折汇编》，辽宁民族出版社2008年版。

中国第一历史档案馆、鄂伦春民族研究会编：《锡伯族档案史料》，辽宁民族出版社1989年版。

中国第一历史档案馆满文部，黑龙江省社会科学院历史研究所合编：《清代黑龙江历史档案选编（光绪朝元年—七年）》，黑龙江人民出版社1986年版。

中国第一历史档案馆满文部，黑龙江省社会科学院历史研究所合编：《清代黑龙江历史档案选编（光绪朝八年—十五年）》，黑龙江人民出版社1986年版。

中国藏学研究中心、中国第一历史档案馆、中国第二历史档案馆，西藏自治区档案馆、四川省档案馆合编：《元以来西藏地方与中央政府关系档案史料汇编》，中国藏学出版社1994年版。

二 今人著作

白新良:《乾隆皇帝传》,百花文艺出版社 2004 年版。

北京师范大学清史研究小组:《一六八九年的中俄尼布楚条约》,人民出版社 1977 年版。

波·少布主编:《黑龙江满族》,哈尔滨出版社 2008 年版。

波·少布:《黑龙江鄂温克族》,哈尔滨出版社 2008 年版。

陈跃:《新疆农牧业历史研究》,人民出版社 2017 年版。

成崇德:《18 世纪的中国与世界·边疆民族卷》,辽海出版社 1999 年版。

程妮娜:《古代东北民族朝贡制度史》,中华书局 2016 年版。

程妮娜:《古代中国东北民族地区建置史》,中华书局 2011 年版。

程妮娜主编:《中国地方史纲》,吉林大学出版社 2007 年版。

达力扎布主编:《中国民族史研究 60 年》,中央民族大学出版社 2010 年版。

《达斡尔族简史》编写组:《达斡尔族简史》,内蒙古人民出版社 1986 年版。

戴逸、张世明:《18 世纪的中国与世界·军事卷》,辽海出版社 1999 年版。

戴迎华:《清末民初旗民生存状态研究》,人民出版社 2010 年版。

邸永君:《民族学名家十人谈》,民族出版社 2009 年版。

丁石庆:《达斡尔语言与社会文化》,中央民族大学出版社 1998 年版。

刁书仁:《清代八旗驻防与东北社会变迁》,科学出版社 2017 年版。

定宜庄:《满族的妇女生活与婚姻制度研究》,北京大学出版社 1999 年版。

定宜庄:《清代八旗驻防研究》,辽宁民族出版社 2003 年版。

杜家骥:《清朝满蒙联姻研究》,人民出版社 2003 年版。

《鄂伦春族简史》编写组:《鄂伦春族简史》,内蒙古人民出版社 1983 年版。

方素梅、蔡志纯等编著:《中国少数民族革命史(1840—1949)》,广西民族出版社 2000 年版。

都永浩：《鄂伦春族 游猎·定居·发展》，中央民族学院出版社 1993 年版。

费孝通：《费孝通民族研究文集》，民族出版社 1988 年版。

费孝通：《乡土中国　生育制度》，北京大学出版社 1998 年版。

费孝通主编：《中华民族多元一体格局》（修订本），中央民族大学出版社 1999 年版。

傅朗云、杨旸：《东北民族史略》，吉林人民出版社 1983 年版。

傅乐焕：《辽史丛考》，中华书局 1984 年版。

富育光、于敏编著：《东海沉冤录》，吉林人民出版社 2007 年版。

富育光、孟慧英：《满族萨满教研究》，北京大学出版社 1992 年版。

干志耿、孙秀仁：《黑龙江古代民族史纲》，黑龙江人民出版社 1987 年版。

高凯军：《论中华民族——从地域特点和长城的兴废看中华民族的起源、形成与发展》，文物出版社 2010 年版。

高凯军：《通古斯族系的祖先》，中华书局 2012 年版。

葛兆光：《历史中国的内与外——有关"中国"与"周边"概念的再澄清》，香港中文大学出版社 2017 年版。

葛兆光等：《殊方未远：古代中国的疆域、民族与认同》，中华书局 2016 年版。

关纪新：《满族书面文学流变》，中国社会科学出版社 2015 年版。

关凯：《族群政治》，中央民族大学出版社 2007 年版。

郭布勒·巴尔登：《新疆达斡尔族》，天马出版社 2005 年版。

韩达：《中国少数民族史（第一卷）》，广东教育出版社、云南教育出版社、广西教育出版社 1998 年版。

韩狄：《清代八旗索伦部研究——以东北地区为中心》，中国社会科学出版社 2011 年版。

韩世明：《明代女真家庭形态研究》，中国社会科学出版社 2006 年版。

韩有峰：《黑龙江鄂伦春族》，哈尔滨出版社 2002 年版。

何光岳：《女真源流史》，江西教育出版社 2004 年版。

华立：《清代新疆农业开发史》，黑龙江教育出版社1998年版。
黄光学主编：《中国的民族识别》，民族出版社1994年版。
姜树卿、单雪丽：《黑龙江教育史》，黑龙江人民出版社2002年版。
金炳镐：《民族关系理论通论》，中央民族大学出版社2007年版。
金炳镐：《民族理论通论》，中央民族大学出版社1994年版。
景爱：《达斡尔族论著提要》，人民出版社2015年版。
景鄂海、巴图宝音编著：《中国达斡尔族史话》，民族出版社2005年版。
孔繁志：《敖鲁古雅的鄂温克人》，天津古籍出版社1989年版。
孔繁志：《敖鲁古雅鄂温克人的文化变迁》，天津古籍出版社2002年版。
孔经纬：《清代东北地区经济史》，黑龙江人民出版社1990年版。
李燕光、关捷主编：《满族通史》，辽宁民族出版社2001年版。
李毅夫、赵锦元主编：《世界民族概论》，中央民族学院出版社1993年版。
李治亭：《努尔哈赤》，人民文学出版社2011年版。
李治亭：《清康乾盛世》，江苏教育出版社2005年版。
梁启超：《梁任公近著第一辑（下卷）》，商务印书馆1923年版。
林耀华主编：《民族学通论》，中央民族大学出版社1997年版。
林永匡、王熹：《清代社会生活史》，中国社会科学出版社2016年版。
刘金明：《黑龙江达斡尔族》，哈尔滨出版社2002年版。
刘文鹏：《清代驿传及其与疆域形成关系之研究》，中国人民大学出版社2004年版。
刘小萌：《爱新觉罗家族史》，中国社会科学出版社2015年版。
刘小萌：《满族从部落到国家的发展》，辽宁民族出版社2001年版。
刘小萌：《清代北京旗人社会》，中国社会科学出版社2008年版。
刘小萌、定宜庄：《萨满教与东北民族》，吉林教育出版社1990年版。
刘毅政：《中俄雅克萨战争史》，黑龙江人民出版社1991年版。
吕光天、古清尧编著：《贝加尔湖地区和黑龙江流域各族与中原的关系史》，黑龙江教育出版社1991年版。

栾凡:《明代女真文化研究》,吉林文史出版社 2013 年版。

马戎编著:《民族社会学:社会学的族群关系研究》,北京大学出版社 2004 年版。

马戎编:《西方民族社会学的理论与方法》,天津人民出版社 1997 年版。

满都尔图等主编:《中国各民族原始宗教资料集成:鄂伦春族卷、鄂温克族卷、赫哲族卷、达斡尔族卷、锡伯族卷、满族卷、蒙古族卷、藏族卷》,中国社会科学出版社 1999 年版。

孟慧英:《中国北方民族萨满教》,社会科学文献出版社 2000 年版。

孟志东:《云南契丹后裔研究》,中国社会科学出版社 1995 年版。

孟志东主编:《中国达斡尔族通史》,辽宁民族出版社 2018 年版。

潘洪钢:《清代八旗驻防族群的社会变迁》,人民出版社 2018 年版。

秋浦:《鄂伦春社会的发展》,上海人民出版社 1978 年版。

秋浦等:《鄂温克人的原始社会形态》,中华书局 1962 年版。

齐红深主编:《东北地方教育史》,辽宁大学出版社 1991 年版。

奇文瑛:《满—通古斯语族民族宗教研究——宗教与历史》,中央民族大学出版社 2005 年版。

萨冈彻辰:《新译校注蒙古源流》,内蒙古人民出版社 2006 年版。

沈斌华、高建纲:《鄂温克族人口概况》,内蒙古大学出版社 1991 年版。

沈斌华、高建纲:《中国达斡尔族人口》,内蒙古大学出版社 1998 年版。

宋念申:《发现东亚》,新星出版社 2018 年版。

宋培军:《中国边疆治理的"主辅线现代化范式"思考》,社会科学文献出版社 2015 年版。

孙进己、冯永谦总纂:《东北历史地理》(下),黑龙江人民出版社 2013 年版。

孙进己:《东北民族源流》,黑龙江人民出版社 1989 年版。

孙进己、孙泓:《女真民族史》,广西师范大学出版社 2010 年版。

孙进己、孙泓:《契丹民族史》,广西师范大学出版社 2010 年版。

孙守朋：《汉军旗人官员与清代政治研究》，人民日报出版社 2011 年版。

孙文良等：《乾隆帝》，江苏教育出版社 2005 年版。

孙文良、李治亭：《清太宗全传》，江苏教育出版社 2005 年版。

陶增骈主编：《东北民族教育史》，辽宁大学出版社 1994 年版。

滕绍箴、苏都尔·董瑛：《达斡尔族文化研究》，辽宁民族出版社 2014 年版。

佟冬主编：《沙俄与东北》，吉林文史出版社 1985 年版。

汪立珍：《鄂温克族宗教信仰与文化》，中央民族大学出版社 2002 年版。

汪荣祖主编：《清帝国性质的再商榷：回应新清史》，台北："中央大学"出版中心 2014 年版。

王鸿宾等主编：《东北教育通史》，辽宁教育出版社 1992 年版。

王宏刚：《满族与萨满文化》，中央民族大学出版社 2002 年版。

王明珂：《华夏边缘——历史记忆与族群认同》，台北：允晨文化实业股份有限公司 1997 年版。

王伟光主编：《新大众哲学》，中国社会科学出版社、人民出版社 2014 年版。

王希恩：《民族过程与国家》，甘肃人民出版社 1998 年版。

王希恩：《全球化中的民族过程》，社会科学文献出版社 2009 年版。

王延华：《齐齐哈尔移民史》，哈尔滨船舶工程学院出版社 1994 年版。

王锺翰：《王锺翰清史论集》，中华书局 2004 年版。

王卓、杨春风：《东北文学文化》，社会科学文献出版社 2018 年版。

翁独健主编：《中国民族关系史纲要》，中国社会科学出版社 1992 年版。

吴守贵：《鄂温克历史文化发展史》，中国社会科学出版社 2015 年版。

吴守贵：《鄂温克人》，内蒙古文化出版社 2000 年版。

吴守贵：《鄂温克族社会历史》，民族出版社 2008 年版。

谢元媛：《生态移民政策与地方政府实践——以敖鲁古雅鄂温克生态移民为例》，北京大学出版社 2010 年版。

辛培林等主编：《黑龙江开发史》，黑龙江人民出版社1999年版。

徐凯：《满洲认同"法典"与部族双重构建：十六世纪以来满洲民族的历史嬗变》，中国社会科学出版社2015年版。

阎崇年主编：《20世纪世界满学著作提要》，民族出版社2003年版。

杨茂盛：《中国北疆古代民族政权形成研究》，黑龙江教育出版社2004年版。

杨妍：《地域主义与国家认同——民国初期省籍意识的政治文化分析》，天津人民出版社2007年版。

杨优臣、何文钧主编：《达斡尔族研究论文选》，哈尔滨出版社2009年版。

杨毓骧：《蒙元以来云南契丹后裔考释》，云南大学出版社2016年版。

姚念慈：《康熙盛世与帝王心术：评"自古得天下之正莫如我朝"》，生活·读书·新知三联书店2015年版。

袁闾琨等：《清代前史》，沈阳出版社2004年版。

袁少芬、徐杰舜主编：《汉民族研究》，广西人民出版社1989年版。

曾慧：《东北服饰文化》，社会科学文献出版社2018年版。

张博泉：《中华一体的历史轨迹》，辽宁人民出版社1995年版。

张海洋：《中国的多元文化与中国人的认同》，民族出版社2006年版。

张佳生主编：《满族文化史》，辽宁民族出版社2013年版。

张世明：《法律、资源与时空建构：1644—1945年的中国（一至五卷）》，广东人民出版社2012年版。

张泰湘：《黑龙江古代简志》，黑龙江人民出版社1989年版。

赵东升编著：《扈伦传奇》，吉林人民出版社2007年版。

赵复兴：《鄂伦春族游猎文化》，内蒙古人民出版社1991年版。

赵英兰：《清代东北人口社会研究》，社会科学文献出版社2011年版。

赵志忠：《中国萨满教》，青海人民出版社2011年版。

钟焓：《重释内亚史——以研究方法论的检视为中心》，社会科学文献出版社2017年版。

钟焓：《清朝史的基本特征再探究——以对北美"新清史"观点的反思为中心》，中央民族大学出版社2018年版。

周喜峰：《清朝前期黑龙江民族研究》，中国社会科学出版社 2007 年版。

周喜峰、胡绍增：《齐齐哈尔民族史》，哈尔滨出版社 1994 年版。

周喜峰、隋丽娟：《黑龙江史话》，黑龙江人民出版社 2006 年版。

庄孔韶主编：《人类学通论》，山西教育出版社 2004 年版。

三　国外著作

［英］安东尼·史密斯：《民族主义：理论、意识形态、历史》（第二版），叶江译，上海人民出版社 2011 年版。

［苏］勃罗姆列伊：《民族与民族学》，李振锡、刘宇端译，内蒙古人民出版社 1985 年版。

［苏］勃罗姆列伊、马尔科夫主编：《民族学基础》，赵俊智译，中国社会科学出版社 1988 年版。

［英］拉文斯坦：《俄国人在黑龙江》，陈霞飞译，商务印书馆 1974 年版。

［日］稻叶君山：《清朝全史》，但焘译，上海社会科学院出版社 2006 年版。

［美］弗·阿·戈尔德：《俄国在太平洋的扩张（1641—1850 年）》，陈铭康、严四光译，商务印书馆 1981 年版。

［苏］弗·克·阿尔谢尼耶夫：《在乌苏里的莽林中》，黑龙江大学俄语系翻译组译，商务印书馆 1977 年版。

［苏］格·瓦·麦利霍夫：《满洲人在东北（十七世纪）》，黑龙江省哲学社会科学研究所第三室译，商务印书馆 1976 年版。

郝建恒等译：《历史文献补编——十七世纪中俄关系文件选译》，商务印书馆 1989 年版。

［英］霍布斯鲍姆：《民族与民族主义》，李金梅译，上海人民出版社 2000 年版。

［日］间宫林藏：《东鞑纪行》，黑龙江日报（朝鲜文报）编辑部、黑龙江哲学社会科学研究所译，商务印书馆 1974 年版。

［苏］杰烈维扬科：《黑龙江沿岸的部落》，林树山、姚凤译，吉林文史

出版社 1987 年版。

［日］河内良弘：《明代女真史研究》，赵令志、史可非译，辽宁民族出版社 2015 年版。

［美］柯娇燕：《孤军：满人一家三代与清帝国的终结》，陈兆肆译，人民出版社 2016 年版。

［美］路康乐：《满与汉：清末民初的族群关系与政治权力（1861—1928）》，王琴、刘润堂译，中国人民大学出版社 2010 年版。

［英］马丁·阿尔布劳：《全球时代——超越现代性之外的国家和社会》，高湘泽等译，商务印书馆 2001 年版。

［比］南怀仁：《鞑靼旅行记》，杜文凯编：《清代西人见闻录》，中国人民大学出版社 1985 年版。

［俄］尼古拉·班蒂什·卡缅斯基编著：《俄中两国外交文献汇编（1617—1792 年）》，中国人民大学俄语教研室译，商务印书馆 1982 年版。

［苏］诺维科夫·达斡尔斯基等：《阿穆尔州地志博物馆与方志学会论丛（选辑）》，黑龙江人民出版社 1978 年版。

［美］欧立德：《乾隆帝》，青石译，社会科学文献出版社 2014 年版。

［俄］P. 马克：《黑龙江旅行记》，吉林省哲学社会科学研究所翻译组译，商务印书馆 1977 年版。

［韩］任桂淳：《清朝八旗驻防兴衰史》，生活·读书·新知三联书店 1993 年版。

［美］塞缪尔·P. 亨廷顿：《变化社会中的政治秩序》，王冠华、刘为等译，生活·读书·新知三联书店 1989 年版。

［俄］史禄国：《北方通古斯的社会组织》，吴有刚、赵复兴、孟克译，内蒙古人民出版社 1984 年版。

［俄］史禄国：《满族的社会组织——满族氏族组织研究》，高丙中译，商务印书馆 1997 年版。

苏联科学院远东研究所等编：《十七世纪俄中关系（第一卷 1608—1683 年）》，厦门大学外文系《十七世纪俄中关系》第一卷翻译小组译，商务印书馆 1978 年版。

苏联科学院远东研究所等编：《十七世纪俄中关系（第二卷1686—1691年）》，厦门大学外文系《十七世纪俄中关系》第一卷翻译小组译，商务印书馆1975年版。

［俄］瓦西里耶夫：《外贝加尔的哥萨克（史纲）（一～三卷）》，徐滨、许淑明等译，商务印书馆1977—1979年版。

［苏］谢·弗·巴赫鲁申：《哥萨克在黑龙江上》，郝建恒、高文风合译，商务印书馆1975年版。

［荷］伊兹勃兰特·伊台斯、［德］亚当·勃兰德：《俄国使团使华笔记（1692—1695）》，北京师范学院俄语翻译组译，商务印书馆1980年版。

［英］约·弗·巴德利：《俄国·蒙古·中国》，吴持哲、吴有刚译，商务印书馆1981年版。

［美］张勉治：《马背上的朝廷：巡幸与清朝统治的建构（1680—1785）》，董建中译，江苏人民出版社2019年版。

后　　记

　　古人著书，三资必备，落笔惊人谓之才，博极群书谓之学，论断千古谓之识，达此境界，当非为常人。自从2007年跟随黑龙江大学周喜峰教授学习明清史，至今已有十余年。考研录取后，尚未开学，周老师即为我开列书单，将中国断代史逐一详细阅读，夯实基础。

　　入学以后，将学习重点逐渐转移到清史上。方知清史具有极其广阔的研究领域，所留资料浩如烟海，用之不竭。三年学成，周老师鼓励我继续考博深造。

　　在黑龙江大学李朋教授的推荐下，2010年我进入中央民族大学跟随著名历史文献学家李德龙教授学习边疆民族史，结合硕士阶段的积累，将研究重点定在清史满族史，后扩展至东北民族史。李老师学术功底深厚，其代表作《黔南苗蛮图说研究》问题意识清晰，论证有力，尤其对版本目录的研究，令人拍案叫绝。感觉并没有运用高深的理论，却能得出令人信服的结论。其文献整理的代表作《〈新疆四道志〉校注》的注释部分价值极高，是我学习的典范。李老师为人谦虚，性格随和，在给我的赠书中写到"彦震同学兄，请指正"，令我钦佩之至，受宠若惊。李老师告诉我，我的师爷中央民族大学终身教授，清史满族史泰斗王锺翰先生就是这样给他签名赠书的，由此我深深地感受到学术的传承。如今拙著出版，李老师欣然接受我的请求，为本书题签，鼓励之情溢于言表。平心而论，中央民族大学人才济济，同学校友中佼佼者甚多，我的天赋、基础与努力皆为一般，但是李老师从来没有批评抱怨，而是鼓励有加，使我在异乡求学备感温暖。得遇良师，实为此生之幸运。中央民族大学是我国民族院校的最高学府，各种民族研究的思想激烈碰撞，在这里我系统学习了马克思主义民族理论、中国民族历史、西方民族学人类学理论，并且有机会经常跟名家请教。

读博期间我赴南开大学拜访著名清史专家杜家骥教授，杜先生让我关注清代东北少数民族官兵征调从征问题，将清代战争史与东北民族史结合起来，探究东北少数民族在国家统一战争中的贡献，对我很有启发。经过查阅大量资料和进一步的思考，我最终将清代东北民族关系史确定为研究方向。民族关系史属于交叉学科，既属于历史学领域，又涉及民族学范畴，该书是二者融会贯通之作。从学科角度而论，根植于自身传统之中的中国史学，引入西方民族学的学科规范和方法，才能走向世界；就作为舶来品的民族学而言，若不能使其扎根于中国原有的学术土壤，与中国传统学术找到最佳契合点，就无法结出中国化学术果实而在中国立足。

国家清史编纂委员会清史专家李治亭研究员为我讲解清帝"大一统"论，对史料的梳理解读要在大一统的视角下，注重清朝集历代之大成，统一多民族国家政治方略的演进，坚决抵制美国新清史学派。中国社会科学院滕绍箴研究员指导我要从中华文化认同的高度理解清朝的合法性，这样很多问题会迎刃而解。将清史与满族史有机结合，打通断代史与民族史的壁垒，并且要注意学术规范，滕先生特别轻视底注不详的著作，这对我影响很大，本书每一个底注都进行了仔细核对。中国社会科学院邸永君研究员堪称当代翰林，其提出翰林四能：为国分忧，著书立说，诗词曲赋，书画金石。考察学者，以此四尺量之，高下立见。邸老师的翰林三部曲《清代翰林院研究》《清代满蒙翰林群体研究》《百年沧桑话翰林：晚清翰林及其后裔》是学术战略规划的样板，为我树立了榜样。邸老师为我篆刻名章，欣然为拙著撰写推荐语，提携后辈，不遗余力。

2013年我进入吉林大学跟随衣保中教授学习东北农业史，将经济学与历史学结合起来。同年进入陕西学前师范学院历史文化与旅游学院工作，将本书的选题申报教育部人文社会科学研究基金项目，本书即为该项目的最终成果，在此将该项目的阶段性成果一并列出。

（1）《清代索伦部族群演变溯源》，《贵州民族研究》2018年第4期。

（2）《论索伦部农业生产方式的类族辨物》，《北方民族大学学报》（哲学社会科学版）2014年第6期。

（3）《清入关前满洲民族联合过程与满洲对索伦部的政策》，《北方论丛》2015年第1期。

（4）《〈散木居奏稿点校〉评介》，《北方文物》2019年第1期。

（5）《清代中期满洲对索伦部民族分化过程的影响》，《四川民族学院学报》2014年第5期。

（6）《清代索伦部与满洲民族关系的变迁》，《东北史地》2014年第6期。

（7）《苏联解体后俄罗斯民族学研究评述》，《学问》2016年第5期。

应该说一个人的兴趣与工作一致，无疑是幸运的。在教学科研中，我有幸得到了学校领导和众多老教师的指导与帮助，在此深表谢意。相艳副校长多次关心本书的写作情况，穆渭生教授指导我从民族历史地理的角度分析问题，王越群教授指导我将历史研究与基础教育相融合。投身学术道路，需要多年积累，感谢我的父母从小学到博士多年来对我的支持，感谢妻子在工作与生活中的帮助。我的儿子十分喜欢翻看我的书籍，希望他尊重知识，热爱学习，健康成长。

在本书的出版过程中，感谢中国社会科学出版社责任编辑安芳师妹，认真并且宽容，为本书增色很多。感谢我的研究生同学胡珀博士多次帮我校对书稿，提出问题，避免了很多错误。由于本人学识尚浅，书中缺点错误在所难免，敬请专家读者赐教。

黄彦震

2020年9月于西安长安神禾园